超越陷阱

BEYOND THE TRAP

BEYOND THE TRAP

超越陷阱

从中美贸易摩擦说起

强世功 宋 磊
李庆明 李诗鸿
慕 峰 王 军
郑 戈 陈 平
柯贵福 ——著

当代世界出版社
THE CONTEMPORARY WORLD PRESS

目　录

世界帝国的战略转型与中美“贸易战”

强世功*

一、“公平贸易”：自由帝国的转型

> 我们只有理解美国从主张“自由贸易”向主张“公平贸易”的帝国转型，才能理解中美“贸易战”的性质。

2017 年 8 月 14 日，美国总统特朗普签署了行政备忘录，授权美国贸易代表莱特希泽对中国所谓的“不公平贸易行为”展开调查，其中包括中国有关法律、政策和实践可能不合理或歧视性地损害了美国知识产权、创新或技术的发展等行为。这些审查将成为与中国展开贸易谈判或采取相应制裁措施的依据，以确保“公平和对等的贸易规则”。从“一战”后成长为全球性大国开始，美国就一直自我标榜为“自由世界”的象征，致力于推动“全球自由贸易”。然而，在这次中美“贸易战”中，美国不再谈“自由贸易”问题，相

* 强世功，北京大学法学院教授。

反，长期被西方嘲讽为“闭关锁国”象征的中国这次却将“自由贸易”作为其核心主张，以至于中国常驻世贸组织代表张向晨在世贸组织会议上援引亚当·斯密的理论来回应美国对中国发起的“贸易战”。这个有趣的现象恰恰为我们理解中美“贸易战”提供了切入点，我们只有理解美国从主张“自由贸易”向主张“公平贸易”的帝国转型，才能理解中美“贸易战”的性质。

1.“自由帝国”的转型：从“自由贸易”到“公平贸易”

国家之间的竞争从来都是实力的竞争，而意识形态话语的策略转变从来也是与其实力变化联系在一起的。18世纪大英帝国与欧洲列强在全球争霸中逐渐取得技术、贸易和金融的优势地位，相应地产生了“自由贸易”的思想。因为通过“自由贸易”，英国可以利用自己的这些优势打开其他国家的贸易大门，从而使这些国家成为英国工业的原材料产地和产品的销售市场，这反过来又进一步巩固了其在全球竞争中的优势地位。比较而言，在技术、贸易和金融上处于劣势的国家则需要用国家力量来保护其国内产业免受自由贸易的冲击。经济贸易领域的较量必然变成了两个国家

国家之间的竞争从来都是实力的竞争，而意识形态话语的策略转变从来也是与其实力变化联系在一起的。

实力的总体较量，而这个较量最终往往要通过战争的方式体现出来。因此，大英帝国的自由贸易主张始终与其殖民主义的炮舰政策联系在一起，通过炮舰打开其他国家的大门，使其丧失了保护民族产业发展的能力。这其实是1840年以来中国人最熟悉的一段历史。

进入19世纪晚期和20世纪初期，大英帝国在全球贸易中遇到了美国、德国乃至日本这些新兴竞争对手强有力的挑战。大英帝国开始放弃自由贸易理论，采取贸易保护政策，通过构筑英联邦关税同盟，来应对这些竞争对手的挑战。在两次世界大战中崛起的美国利用其技术、工业、贸易和军事上的优势，名正言顺地接过大英帝国的“自由贸易”的口号，将其塑造成“自由帝国”。正是在“自由贸易”的旗帜下，美国率先推动西方国家签订关税贸易协定，以打破关税壁垒，推动全球贸易和经济的发展，最后将越来越多的国家纳入其中，形成了今日的世界贸易组织（WTO）。需要注意的是，美国在推动签署关贸总协定的时期，在自由贸易的旗帜下始终保持贸易顺差。

为了捍卫其在全球贸易的主导地位，美国开始制定并不断修订贸易法来应对自由贸易带来的挑战，其中重要的法律手段就是不断强化《1974年贸易法》中的“301调查”。

进入1970年代末期，随着欧洲、东亚国家的经济复苏，美国开始出现贸易逆差。为了捍卫其在全球贸易的主导地位，美国开始制定并不断修订贸易法来应对自由贸易带来的挑战，其中重要的法律手段就是不断强化《1974 年贸易法》中的“301 调查”。与此同时，美国在经济贸易中的意识形态话语也逐渐从强调“自由贸易”转向了强调“公平贸易”。1985 年里根总统在《贸易政策行动计划》中正式提出“自由和公平贸易”这个概念，并组成贸易反击小组。后“冷战”时代，美国政府更是把全球战略重点从军事转向经济，转向了确保美国对全球经济的主导控制能力，“经济安全”成为美国外交政策的首要目标。克林顿政府公开宣称“把进行公平贸易作为扩大贸易的国家经济战略的一部分”。

然而，“公平贸易”始终存在内部竞争，后发国家主张用公平贸易反对发达国家的自由贸易政策，而美国则试图用公平贸易来捍卫其全球经济的主导地位。由此，美国一方面用“自由贸易”政策来打击和控制后发国家，另一方面又用“公平贸易”来应对欧盟、东亚发达国家乃至“金砖国家”这样的新兴经济体的挑战。这就形成了美国看起来自相矛盾的“自由且公平的贸易”主张。因此，美国政府毫无疑问按照其自身的利益来定义何谓“公平贸易”。事实上，其不断强化所谓的“301 调查”，就掌握着“公平贸易”的定义权。只要美国认定贸易对手采取“不正当的”、“不合理的”或“歧视性的”贸易措施，致使损害美国利益

美国一方面用“自由贸易”政策来打击和控制后发国家，另一方面又用“公平贸易”来应对欧盟、东亚发达国家乃至“金砖国家”这样的新兴经济体的挑战。这就形成了美国看起来自相矛盾的“自由且公平的贸易”主张。

或导致美国产品拓展海外市场受到限制，美国总统就可以在其权限内采取行动，消除这些贸易障碍，甚至采取制裁等报复手段。可以说，“301 调查”为美国在贸易自由政策下保持优势地位提供了法律大棒。任何国家在自由贸易中超越美国从而损害美国利益，美国都可以对其发起“301 调查”并施加惩罚。在全球贸易体系进入 WTO 时代之后，美国依然置 WTO 贸易争端解决机制于不顾，将其国内法凌驾于国际法之上，直接对其他国家启动“301 调查”。因此，当特朗普签署授权对中国展开贸易调查时，美国所谓的“公平贸易”实际上是要解决对华贸易长期处于逆差的问题。

2. 全球化与世界帝国秩序：中美经济深度融合与内在分工

早在 1979 年中美签署贸易关系协定的当年，两国就发生了关于中国纺织品出口限额的贸易争端。由于中国经济快速发展，廉价产品迅速进入全球市场，中国出口贸易量在全球出口贸易额中的比重从 1981 年的 1.09%增加到 2015 年的 13.76%。由此，中国始终是美国乃至其他西方国家进行反倾销、反补贴等贸易调查的主要对象。在中美贸易中，美国对华贸易的逆差越来越大。根据美国商务部的统计，2016 年，美国商品贸易逆差总额达到7343亿美元，其中对华贸易逆差为3470亿美元，占美国逆差总额的47.3%。因此，要解决美国贸易长期面临的逆差，中国首当其冲。

1991年以来，美国对华已经发起了6次“301调查”，每一次都对中国提出具体的解决办法，比如要求中国加强知识产权保护、取消对某些产业的政府补贴等等。中国根据自身发展需要，结合美国提出的一些合理要求，对相关法律、政策进行了修改和完善。然而，中国采取有关措施后，美国对华贸易逆差不但没有减少，反而越来越大。中国政府始终认为，中美贸易逆差问题不在于国际贸易，而恰恰在于全球分工形成的比较优势。由于中国拥有安全稳定的经济环境、便利的基础设施、完善的产业供应链、廉价的技术工人和高素质的劳动力，再加上中国拥有巨大的市场，整个经济持续蓬勃发展。由此，中国成为全球资本最佳的投资场所，国际资本大规模进入中国投资。相比较之下，美国制造业成本越来越高，没有人愿意投资美国普通的制造业。在这个意义上，恰恰是美国在后“冷战”时期推出试图打造“世界帝国”的“全球化”政策，促成了中美经济的深度交融和分工。中国廉价的工业产品输入美国，提高了美国人民的生活质量，而中国产品出口美国赚取的美元又回过头来用于购买

中美“贸易战”不是贸易的问题，而是涉及两国关系乃至全球秩序未来走向的问题。特朗普的政策之所以被一些人解读为“逆全球化”，是因为其看起来与此前美国推行的全球化战略背道而驰。

巨额的美国国债，从而有利于维护美元作为全球货币的价值。由此，中美经济进入了深度交融，形成“你中有我”“我中有你”的局面。中美“贸易战”不是贸易的问题，而是涉及两国关系乃至全球秩序未来走向的问题。特朗普的政策之所以被一些人解读为“逆全球化”，是因为其看起来与此前美国推行的全球化战略背道而驰。

毫无疑问，中国是美国推动经济全球化的受益者，也因此是经济全球化乃至自由贸易的主张者和推动者。2017 年美国对中国启动“301 调查”时，不少中国官方媒体和经济学界对两国通过谈判解决贸易争端普遍持乐观态度，认为这不过是“贸易摩擦”而已。这种乐观建立在过去几十年处理中美经济深度融合的经验基础上，即中美在经济上高度互补、相互依赖，互谅互让符合双方共同利益。

当然，中国对这种“高度互补”也有抱怨。一个形象的比喻就是，中国向美国出口几千万条牛仔裤才能换回一架波音飞机，一部苹果手机中国只能赚到二十分之一的制造利润，剩下的全部被苹果公司攫取。这说明中美经济互补是以中国处于制造业的低端，而美国处于高端赚取垄断利润为分工模式的。与此同时，中国人还在抱怨美国对华贸易逆差的一个重要原因是美国限制高科技对华出口。更何况，自从美元与黄金脱钩之后就不再承担世界货币的责任，其结果为中国通过出口辛辛苦苦赚取的美元最后又以购买国债的形式回流到美国，不断给美国输血，维持了美国的经济繁荣。更重要的是，有学者指出，所谓中美贸易逆差仅仅体现在商品贸易中，如果将中美服务贸易计算其中，仅仅互联网接入一项服务中国就要向美国缴纳巨额的“买路费”，美国对华商品贸易的逆差与美国对华服务贸易顺差大体可以相互抵消。这样美国人就不需要从事辛苦的制造业，只要控制住美元和互联网霸权就可以轻轻松松过日子。

可见，中美经济“高度互补”论的实质在于中国处在低端制造业上，而美国始终保持对高端技术和制造的垄断，保持对全球货币体系和互联网体系的垄断。维持这种美国主导的全球经济“中心”与“边缘”的不平等分工体系，实际上也是美国学者抛出“中美国”“中美共治”这些概念对中国进行战略引导和战略塑造的目的所在。然而，中国并不愿意永远处在这种由美国主导的全球分工体系的边缘位置，相反积极推动产业升级和技术革新，向全球分工体系的上游移动。这就意味着中美“贸易战”表面上关注的是贸易不平衡问题，背后乃是与经济分工和产业链分工以及由此密

贸易战必然与科技战、金融战乃至政治意识形态的“新冷战”联系在一起，其背后反映的是，后“冷战”时期形成的美国单极支配的世界帝国秩序正面临着深刻的变化。

切关联的科技实力问题。贸易不平衡的问题不仅涉及全球化的问题，而且涉及美国构造的“世界帝国”体系中“中心”与“边缘”关系的变动这个更为敏感的政治问题。因此，贸易战必然与科技战、金融战乃至政治意识形态的“新冷战”联系在一起，其背后反映的是，后“冷战”时期形成的美国单极支配的世界帝国秩序正面临着深刻的变化。

3. 美国的政治重组：建构世界帝国的战略调整

显然，中美两国都已经意识到这种全球秩序面临的深刻变化。特朗普批评的不是简单的中美贸易不平衡，而是指责中国成为WTO框架下全球化最大的受益者，美国反而成为受害者，中国“利用”了美国的全球化战略，“剽窃”了美国的知识产权等。特朗普甚至公开宣称，在这场中美“贸易战”中，美国早已输给了中国，因为美国人的生活完全处在“中国制造”之下。早在2005年，美国记者萨拉·邦焦尔尼就亲身体验，如果家庭生活中不用“中国制造”的产品会是什么样子。一年下来，她发现如果离开“中国制造”，美国人几乎不可能生活。为此，她撰写了畅销书《离开中国制造的一年》，讲述其与“中国制造”搏斗并最终失败的生活故事。这些生活故事恰恰成为特朗普在竞选中将矛头指向中国的证据，因为当美国人日常生活离不开“中国制造”时，就意味着“美国制造”已经衰落了。

美国“铁锈地带”的衰落带来了传统白人蓝领阶层的失业问题。从1960年代美国校园革命的“文化左派”运动以来，以民主党人为主体的美国自由派就以平等的名义转向拥抱黑人以及新移民，而以共和党人为主体的美国保守派采取的“南部战略”则牢牢抓住了这部分白人群体。而美国在后“冷战”时期推行世界帝国的全球化运动进一步加速了其内部社会结构的变迁，美国面临着前所未有的社会撕裂和政治力量的重组。来自共和党的特朗普竟然成为了基层蓝领工人的代言人，而曾经代表基层力量的民主党候选人希拉里却成了全球互联网公司的代言人。因此，美国乃至欧洲等地的政治力量按照“全球化”与“反全球化”的内在逻辑进行了重组，民粹主义和狭隘的民族主义主张重新崛起。2017年美国总统大选是美国政治版图重组的分水岭，民主党候选人希拉里代表了在全球化浪潮中获益的跨国企业，包括新兴的计算机企业、互联网企业和华尔街的全球投资企业，以及在全球化浪潮中可以自由进入美国的非白人族裔。他们正在按照“新罗马帝国”的逻辑建构世界帝国，就像罗马帝国赋予帝国内所有人“罗马人”的身份一样，美国自由派的政治理想也是赋予所有移民在美国平等的公民身份，黑人可以当选美国总统，穆斯林可以当选议员。美国自由派正以“世界帝国”和“世界政府”的构思来塑造美国和世界。在这个意义上，无论在美国，还是在欧洲，无论在亚洲，还是在非洲，全世界的自由派正在团结起来，拥抱建构“新罗马帝国”的事业，希望进入这个自由开放的世界帝国。

特朗普的民粹主义主张恰恰代表着美国的本土派，代表着美国的民族资产阶级的利益，而希拉里代表的是跨国派，代表全球跨国阶层的利益。

然而，在美国保守派看来，美国（世界帝国）究竟是谁的美国（世界帝国），这才是美国政治的根本问题。用美国保守派思想家亨廷顿的话来说：“我们是谁?”是最初以“昭昭天命”来建国的WASP（白人盎格鲁—撒克逊新教徒），还是越来越多“鸠占鹊巢”的其他族裔和信仰的新移民？特朗普提出的美国要实现“再次伟大”，无疑是按照二战后或后“冷战”初期美国保守派图景中的“世界帝国”，来实现“美利坚民族的伟大复兴”。虽然特朗普政府具有强烈的民族主义倾向，甚至在全球进行战略收缩，但他依然秉持传统保守派的基本立场。因此，从经济角度看，美国保守派将自由派看作是全球化和国际化中代表着全球买办资本的利益，他们是一个漂浮在全球且偶然附着于某个国家的跨国资本，他们没有祖国，不分民族，热衷于在中美合作框架下在中国捞钱，根本不会和美国人民同呼吸共命运，而特朗普则代表着美国的国家利益，代表着在全球化浪潮中受损的美国企业，尤其是本土制造业以及美国本土的基层白人。换句话说，特朗普的民粹主义主张恰恰代表着美国的本土派，代表着美国的民族资产阶级的利益，而希拉里代表的是跨国派，代表全球跨国阶层的利益。

而从文化价值角度看，美国保守派将自由派看作是美国精神的摧毁者，自由派要么以“解放”的名义推动性解放和同性恋等摧毁传统价值观和基督教信仰，要么以“平等”的名义引入各种文化和信仰，尤其导致伊斯兰教在美国迅速扩张。当美国人在中东的前方与“异教徒”作战流血的时候，美国自由派却在后方为“异教徒”从内部摧毁美国打开了大门。在他们看来，伊斯兰教之所以能在欧洲急剧扩张并导致欧洲基督教文明的没落，全球自由派乃是首当其冲的罪魁祸首。而欧洲的衰落恰恰成为美国的前车之鉴。特朗普和犹太人深度捆绑，也是期望构建犹太教—新教的世界帝国，共同面对伊斯兰教的挑战。由此，我们看到特朗普要实现“美国再次伟大”，就始终瞄准两大敌人：一个是经济科技层面上的中国，另一个就是宗教精神层面上的穆斯林。他当选之后就开始两面作

我们看到特朗普要实现“美国再次伟大”，就始终瞄准两大敌人：一个是经济科技层面上的中国，另一个就是宗教精神层面上的穆斯林。

战，一面与中国展开“贸易战”，另一面推出“禁穆令”和修建边境墙（很多移民都是穆斯林），而最近与民主党的穆斯林议员隔空对骂更是美国历史上前所未有的。

我们只有深刻理解美国保守派及特朗普政府与美国自由派及奥巴马政府在建构“世界帝国”的图景和战略上的根本分歧，才能理解特朗普政府的一系列举措，才能理解中美“贸易战”在全球秩序未来走向中具有的重要意义。

我们只有深刻理解美国保守派及特朗普政府与美国自由派及奥巴马政府在建构“世界帝国”的图景和战略上的根本分歧，才能理解特朗普政府的一系列举措，才能理解中美“贸易战”在全球秩序未来走向中具有的重要意义。许多人不理解，既然美国想对中国发起“贸易战”，为什么不团结欧盟、日本，反而对这些传统盟友也纷纷发起“贸易战”呢？为什么特朗普不顾盟友反对发起一系列“退群”运动——不仅退出美国原本计划遏制中国而一手打造的TPP，还退出《巴黎协定》，退出伊朗核协议等？曾经有不少人把特朗普“退群”政策看作是回到传统的孤立主义。然而，我们必须认识到，用孤立主义与国际主义/理想主义的摇摆来分析美国的对外政策只能解释一战之前的美国外交，却无法解释一战后（尤其二战后）的美国外交政策。因为从这个时候开始，美国外交的战略目标就是建构称霸全球的“世界帝国”，唯一的区别是采取多边主义思路建构盟国体系来维持霸权，还是采取单边主义的思路建立美国主导的世界帝国。这其实就是美国自由派与保守派的重要分歧所在。这种分歧在“冷战”之前由于受到外部的巨大压力而表现得不明显，但后“冷战”以来，美国便由于缺乏外部压力而将内部分歧深刻地展现了出来。

特朗普虽然在恢复保守派的全球战略，即主要依靠美国自己的力量来建构世界帝国，但是不同于此前布什新保守主义的全面军事战争策略，特朗普采取的是全面的经济战争策略。无论是对于作为盟友的欧洲、日韩还是印度、拉美国家，还是对于作为中国、俄罗斯、朝鲜，都必须臣服于美国通过美元和互联网建构的世界帝国之下，而这恰恰是特朗普抡起关税大棒恐吓其盟友及对手的基础。这个世界帝国类似于中世纪的基督教帝国，美国依赖其控制的作为全球货币的美元和互联网高科技所形成的全球经济体系，随心所欲地对任何不臣服的国家实施“经济制裁”。世界各国要么臣服于美国，要么被驱逐到美国控制的全球经济体系之外，就像中世纪教皇革除教籍一样。正是在这套新战略的背景下，特朗普批评过往民主党政府采取多边体系的失败。如果采取多边体系，美国就要在政治上团结欧盟和日本等盟友，就必须在经济上给这些国家让渡利益，而欧盟和日本都与中国有着紧密的经济联系，以至于中国对于欧盟和日本都具有强大的议价

如果采取多边体系，美国就要在政治上团结欧盟和日本等盟友，就必须在经济上给这些国家让渡利益，而欧盟和日本都与中国有着紧密的经济联系，以至于中国对于欧盟和日本都具有强大的议价能力，这意味着美国维持多边体系要付出巨大的经济代价，而这恰恰是目前的美国所无法承担的。

能力，这意味着美国维持多边体系要付出巨大的经济代价，而这恰恰是目前的美国所无法承担的。为此，作为商人的特朗普完全从美国当前的经济着眼，利用后“冷战”以来美国建构起全球经济帝国的优势，挥舞关税和制裁大棒，迫使各国接受其全球经济帝国的统治，从而攫取直接可见的经济利益。

在这种背景下，中美关系必然从美国自由派主导的对中国在合作基础上处于相对优势地位的霸权支配，转向美国保守派主导的在竞争基础上对中国采取“极限施压”来迫使中国接受美国的世界帝国支配。这才是中美“贸易战”的真正焦点所在：美国构想的世界帝国图景与中国构想的多极世界图景根本不同。特朗普之所以采取这种“遏制”的战略，绝不仅仅是因为熟悉商业“谈判的艺术”，而在于他认为在既定的多边国际体系中，美国的霸权行动受到多边关系的约束，以至于无法有效地打击和遏制中国，反而使中国逐渐崛起进而在实力上挑战美国。在这种背景下，美国对中国的战略从过去几十年的“接触”与“合作”战略转向“遏制”与“竞争”战略。然而，由于美国的实力在不断下降，美国本土的保守派与全球自由派在价值上的根本分歧导致美国与其传统盟友的关系逐渐变成了利益交换关系，在政治上开始离心离德。这无疑

特朗普之所以采取这种“遏制”的战略，绝不仅仅是因为熟悉商业“谈判的艺术”，而在于他认为在既定的多边国际体系中，美国的霸权行动受到多边关系的约束，以至于无法有效地打击和遏制中国，反而使中国逐渐崛起进而在实力上挑战美国。

导致特朗普政府的遏制中国战略面临着内在矛盾：一方面需要盟友的参与和帮助，尤其是建构印太战略，共同遏制中国；但另一方面又需要用关税大棒从盟友那里攫取利益，这无疑又会损害其与盟友的关系。

二、理解中美“贸易战”的五个尺度

2019年是中美建交四十周年。这四十年间中美关系从“蜜月期”走到了今天的“贸易战”，甚至发展为所谓的“新冷战”。一方面，中国政府突出两国的共同利益，强调中美“合则双赢、斗则俱伤”，努力争取通过协商谈判来降低可能的冲突，以维护中美关系稳定，维持全球自由贸易体系、全球经济繁荣和世界和平。另一方面，美国政治精英及其背后的利益集团在对中美究竟是不是“敌人”的问题上有分歧，但一致认为中美冲突不是单纯的经济贸易问题，而是贸易背后的科技产业力量和资本力量的较量，关系到美国的国际地位和国家安全。中国经济发展开始威胁到美国建构“新罗马帝国”这个“单一世界帝国”（a single World Empire）的霸权地位，因此中美关系从“合作伙伴”转向“战略竞争者”关系。这种“从合作到竞

美国政治精英及其背后的利益集团在对中美究竟是不是“敌人”的问题上有分歧，但一致认为中美冲突不是单纯的经济贸易问题，而是贸易背后的科技产业力量和资本力量的较量，关系到美国的国际地位和国家安全。

争”的转变，引发了美国内部关于“修昔底德陷阱”的讨论，其中自由派正在努力将中美“贸易战”推向因中国脱离美国预设的轨道而转化为意识形态分歧的“新冷战”，极端保守派则更喜欢具有种族主义色彩的“文明冲突”。虽然特朗普政府试图将冲突控制在经贸乃至科技领域，希望通过关税大棒来实现压制中国的目的，但特朗普身后的“影子政府”（the Deep State）正按照自由派和保守派各自的剧本来激化美中矛盾。可以想象，若特朗普政府对中国关税制裁的“极限施压”失败，中美无法达成相应的贸易协定，中美关系将会越来越走向“新冷战”乃至“文明冲突”，这必然是一场漫长煎熬中的“持久战”。

面对美国不断升级的“极限施压”，中国政府虽然尽量降低冲突的烈度，避免落入“修昔底德陷阱”，但也被迫“见招拆招”，以应对美国不断升级的全面施压。经过这一年多的摸底较量，中国对这场“贸易战”已有基本判断。我们已经认识到中美“贸易战”源于中美之间的结构性矛盾，中美不可能通过谈判迅速解决全部争端，哪怕达成贸易协定，依然会在其他领域出现摩擦和争端。中美关系要避免发展为全面冲突对抗，但边打边谈的局面似乎不会一下子改变，中国更需要以“持久战”的心态来面对美国的挑战。然而，

我们已经认识到中美“贸易战”源于中美之间的结构性矛盾，中美不可能通过谈判迅速解决全部争端，哪怕达成贸易协定，依然会在其他领域出现摩擦和争端。

我们的应对绝不能被动地落入美国导演的剧本中，而应当在这种“见招拆招”经验累积的基础上，不断形成和明确我们要实现的战略目标和方向，并以此来积极地引导和塑造中美“贸易战”的发展走向。这就意味着我们绝不能陷入具体应对手段中，并被其推着往前走，而忽略、偏离甚至背离我们最初的方向和目标。这就意味着我们必须以一种真正科学的、实事求是的态度，客观、冷静地分析中美关系的实质和中美关系面临的结构性矛盾，任何简单预设的道德价值判断和意识形态的想象非但不能帮助我们处理好中美关系面临的困境，反而会使我们偏离既定的目标。我们需要逐渐明确世界格局的未来走向以及中国在其中扮演的角色，从而努力将中美关系引导到我们所期待的目标上。所谓“你打你的，我打我的”就是这样一种“以我为主”的战略原则，并通过这种方式来主动塑造中美关系乃至世界秩序。这就意味着我们不仅要对中美“贸易战”的性质、中美关系中的结构性矛盾有清晰的认识，而且对未来全球秩序有明确的构思，并在这种构思大框架下来积极应对并引导中美关系的未来发展走向。

首先在于我们从哪个时间节点来看待中美“贸易战”，不同的时段选择意味着一种不同的问题视角，进而看到事物不同性质的面相。

要准确把握中美“贸易战”的性质和定位，首先在于我们从哪个时间节点来看待中美“贸易战”，不同的时段选择意味着一种不同的问题视角，进而看到事物不同性质的面相。如果我们从 2017 年美国总统授权对中国发起“301 调查”开始算起，中美“贸易战”的性质就是围绕“贸易不平衡”展开的纠纷，说轻点就是“贸易摩擦”，说重点也就是“贸易战”。然而，如果我们从 2010 年“中国崛起”开始算起，中美“贸易战”源于两国实力差距不断缩小所引发的紧张和恐惧，其性质就在于中国能否最终崛起以及能否通过和平的方式崛起。如果我们从 1978 年改革开放甚至从 1949 年新中国成立开始算起，中国走了一条不同于西方资本主义的现代化道路，这条道路虽然经历了市场经济改革，但却最终拒绝走西方式的政治民主化这条“改旗易帜的邪路”，而是走上了“中国特色社会主义道路”，在美国看来，中国不断完善其中国特色社会主义的发展模式，甚至提出了现代化的“中国方案”来挑战美国所捍卫的“普适价值”。在这个意义上，中美“贸易战”似乎正在变为两种意识形态和发展道路相互竞争的“新冷战”。

然而，如果我们从 1840 年开始算起，中国作为一个东方文明大国始终在探索一条不同于西方的现代化道路，既不是欧美模式的资本主义道路，也不是苏联模式的社会主义道路，而是要走出一条新的道路，这条道路对西方现代化道路及其背后的“历史终结”构成了挑战，以至于中美“贸易战”被看作是“文明冲突”的展现。如果我们更进一步，从地理大发现以来的历史算起，中美“贸易战”乃是海洋国家与大陆国家最后的斗争。英美海洋世界的兴起，先后战胜了法兰西帝国、德意志帝国和苏联帝国三次大陆帝国的崛起，如今的中美“贸易战”若可以看作是第四次搏斗，其结果抑或是英美海洋世界一统天下，抑或是欧亚大陆联手崛起再次主宰世界，当然可能还有其他的答案。

可见，从不同的时间尺度来观察和分析，对中美“贸易战”的理解和看法就各不相同。

需要注意的是，本文并不主张中美进行“新冷战”，更不赞同美国保守派主张的“文明冲突”，之所以使用这些概念，不仅是因为美国学者们在普遍使用，更重要的是，我希望从学术角度提供分析问题、观察问题的视角。本文希望将中美“贸易战”放在世界帝国与文明秩序的框架下，看地理大发现以来，西方建构帝国秩序的历史演变，尤其是从“一战”“二战”之后发展起来的英美海洋帝国经过“冷战”之后发展为美国单极主宰世界的“新罗马帝国”，而这个世界帝国的战略一方面以反恐的名义通过武力手段改造伊斯兰世界，另一方面是以“接触”和“合作”的形式诱

需要注意的是，本文并不主张中美进行“新冷战”，更不赞同美国保守派主张的“文明冲突”，之所以使用这些概念，不仅是因为美国学者们在普遍使用，更重要的是，我希望从学术角度提供分析问题、观察问题的视角。

导中国走向美国的发展道路，建立一个“民主化”的政府，成为世界帝国的“东方行省”，从而分享“责任承担者”的中美共治。而一旦中国偏离美国设定的发展轨道，美国就必然从“合作”转向“竞争”，两者之间发展为从“接触”转向“遏制”的“新冷战”模式。中国之所以坚持走自己独立自主的现代化发展道路，而不可能像日本那样“脱亚入欧”，不仅是由中国五千年独特文明的历史传统决定的，而且是由中国身处欧亚大陆与太平洋之间的独特地缘格局所决定的。因此，中美“贸易战”背后隐含着不同文明以及不同地缘特征对人类历史和未来世界秩序的不同理解。

中美“贸易战”背后隐含着不同文明以及不同地缘特征对人类历史和未来世界秩序的不同理解。

中美贸易争端的本质与根源*

宋　磊**

主流观点认为，大国之间的贸易争端主要围绕进出口商品的种类和数量展开，这种争端的走向又主要由综合国力决定。这证实了为什么中国各界关于中美贸易争端的讨论多以国际贸易和综合国力为主题。但是，我们若从政治经济学、特别是比较政治经济学的角度来看，会发现不同国家进出口商品的种类和数量本质上是由这些国家的生产组织方式的相对效率体现的，综合国力竞争的胜败归根结底是由这些国家的生产组织方式的相对效率决定的。

生产组织方式之争既是引发中美贸易争端的根本原因，也是决定中美贸易争端走向的核心变量。

基于上述认识，我们认为生产组织方式之争既是引发中美贸易争端的根本原因，也是决定中美贸易争

* 本文为北京大学国家治理研究院国家治理现代化发展战略研究项目，并在《中央社会主义学院学报》2018 年第 6 期的基础上扩展而成。

** 宋磊，北京大学政府管理学院教授，北京大学国家治理研究院研究员。

端走向的核心变量。理解中美贸易争端的发生原因和长期走向的前提是把握中美两国的生产组织方式的特征及其演进方向。

乔瓦尼·阿里吉的中美经济竞争论[1]

在关于中国经济的重要著作中，《亚当·斯密在北京》是最为特殊、同时也是最容易被忽视的一本，尽管本书充分地论证了中国经济崛起的理论价值和世界史意义，明确地预言了中美经济之间冲突的必然性，并对中国经济的长期表现给予了乐观的评价。[2]对于本文来说，特别重要的是，阿里吉以生产组织方式为中心，讨论了中美经济之间的竞争的走向。

阿里吉的世界体系论和中国经济论在本世纪初相继被引入中国。需要注意的是，尽管阿里吉的世界体系论并未全面地讨论中国的经济问题，但是为他的中国经济论提供了理论基础。

阿里吉认为，市场经济可以区分为热那亚周期、荷兰周期、英国周期、美国周期以及正在出现的东亚-中国周期。

（一）阿里吉的世界体系论的分析框架

阿里吉的主要理论工作是世界范围的资本主义发展史。借助"体系积累周期"这一范畴，他对市场经济的发展阶段以及主导国家的更替进行了区分。用马克思的术语来表达，所谓“体系积累周期”即世界体系层面的M-C-M’过程。在这一视角之下，阿里吉认为，市场经济可以区分为热那亚周期、荷兰周期、英国周期、美国周期以及正在出现的东亚—中国周期。进一步地，每个周期都由物质扩张时期（M-C）和金融扩张时期（C-M’）组成。

在阿里吉看来，上述周期具有以下特点。第一，周期的持续时间越来越短，但是每个周期的主导国家所涵盖或控制的区域、资源、权力和网络则越来越大。第二，每个周期的物质扩张阶段表现为连续的变化，市场经济沿着单一的发展路线增长，每个周期的金融扩张阶段则表现为断续的变化，市场经济在经过重组之后转向新的发展路线。第三，推动周期更替的主要变量是国家之间围绕流动资本所展开的竞争和具有复杂组织能力的政治结构。在资本积累达到极限的时候，国家之间的长期斗争开始出现，那些控制着最为丰富的资本来源的国家成为下一个周期的主导国家。第四，每一个周期的主导国家都发挥着“铺轨机”的作用：一方面为本国资本寻找出路；另一方面，为其他国家指示发展方向。在这样的过程中，其他国家被整合进主导国家控制的政治经济体系。第五，在微观层面，

在资本积累达到极限的时候，国家之间的长期斗争开始出现，那些控制着最为丰富的资本来源的国家成为下一个周期的主导国家。

周期的更迭伴随着主流企业组织形态的变迁，主导国家的企业组织形态成为特定周期的主流组织形态。第六，主导性积累体制和主流组织形态的变迁不是以直线的形式进行的。新出现的积累体制往往呈现同时向前和向后的“双向运动”。所谓向前运动指发展出新的积累形式，所谓向后运动指新的积累体制包含着已经被前一种体制替代的政府和企业的战略和结构。第七，在周期转换期，特别是最近的周期转换期，由于“专业技术知识的传播”以及“主导国工人阶级和骨干阶层的收入难以连续上升”，主导国企业的竞争优势逐渐被侵蚀，新兴的主导国家崛起。

在阿里吉看来，近年来，经济的金融化表明美国周期已经进入下降期，以日本为代表的东亚“资本主义群岛”以及中国正在呈现出成为新的经济中心的趋势。

尽管对于资本主义的早期发展给予了关注，阿里吉的研究重点仍然是1970年代以来的资本主义，即美国周期的危机问题。在他看来，近年来，经济的金融化表明美国周期已经进入下降期，以日本为代表的东亚“资本主义群岛”以及中国正在呈现出成为新的经济中心的趋势。阿里吉的中国经济论正是在这样的背景下出现的。

（二）阿里吉的中国经济论的主要内容

阿里吉的中国经济论的理论框架来自于对斯密的文本的再发掘和再解读，主要内容可以归纳为两个关键词：自然的发展道路和积极政府。

首先，阿里吉将中国的经济增长视为斯密所重视的自然的发展道路的典型。在阿里吉看来，斯密区分了市场经济发展的两条道路：自然的和非自然的。在自然的发展道路下，资本首先被用于农业，然后是制造业，最后才是外贸。在非自然的发展道路下，制造业和外贸首先发展，然后带动了农业的发展。换言之，市场经济的发展存在两种路径。一种路径出现在既定的社会框架之中，利用那个框架的潜力实现增长，并不从根本上改变框架。当然，社会框架有可能发生变化，但是变化的动力来自于非经济性质的社会过程。相反，另外一种路径倾向于破坏社会框架。阿里吉将第二种路径之下的增长称为熊彼特式增长，即资本主义的增长，而将第一种路径之下的增长称为斯密式增长或市场经济的增长。在这里，斯密式增长和自然的发展道路基本是同义词。接下来，阿里吉强调指出，斯密更推崇自然的发展道路。在完成上述工作之后，阿里吉以援引加州学派的方式强调，至少在所谓大分流之前，中国经济和欧洲经济同样采取自然的发展道路。沿着这种思路，阿里吉指出，改革之后的中国经济发展并非是一般意义上的资本主义的增长，而是市场经济的增长；乡镇企业的发展典型地体现了自然的

阿里吉指出，改革之后的中国经济发展并非是一般意义上的资本主义的增长，而是市场经济的增长；乡镇企业的发展典型地体现了自然的发展道路。

发展道路。

其次，阿里吉以转述一些被忽视的研究的形式指出，在斯密那里，政治经济学是“政治学或者立法者科学的一个分支”，斯密的理论贡献在于提供了关于法律和政府的“总原则”。在阿里吉看来，斯密从未宣称市场只有在没有国家介入或者存在最低限度国家的情况下才能运行得最好，相反，斯密认为国家创造了市场，利用市场作为实现特定社会目的的工具并校正市场在社会和政治上的不良影响。在这种思路之下，阿里吉重新梳理并肯定了政府在中国经济史和改革时期的作用。

借助于对斯密的再发掘和再解读，阿里吉不但成功地将中国的经济增长纳入经典文献的分析框架，而且在一般原理的层次上为中国经济发展中的政府介入找到了依据。在这样的视角之下，斯密所理解的经济发展动力确实体现在中国的经济发展之中。但是，如果阿里吉的分析停留在这个阶段，那么《亚当·斯密在北京》的主要目的，即论证中国有可能成为新一轮体系积累周期的主导国家，并未令人信服地达到。特别重要的是，在这种论述方式之下，中国并未展现出主导国家所应该具有的部分关键特征。具体而言，这种论述方式无法证明中国在生产组织方式上的创新。

借助于对斯密的再发掘和再解读，阿里吉不但成功地将中国的经济增长纳入经典文献的分析框架，而且在一般原理的层次上为中国经济发展中的政府介入找到了依据。

将阿里吉从上述窘境中解脱出来的是由东亚经济史学家所倡导的勤劳革命论（industrious revolution）。勤劳革命论由速水融首倡，杉原薰将其发展为全球史领域的关键范畴。如果说欧洲的工业革命（industrial revolution）的要点在于以资本替代劳动的话，那么出现在日本江户时期的勤劳革命的要点则是以劳动力替代资本。需要注意的是，勤劳革命伴随着生产主体之间的协调、勤劳和收入上升之间的联系未必存在于个人层面，而是更多地存在于家庭和组织层面。从这一视角出发，杉原薰等学者将勤劳革命和日本以及东亚的长期经济发展联系起来。

杉原薰将勤劳革命的特征归纳为劳动力吸纳型制度和劳动密集型技术的结合。相对于欧洲的资本—资源密集型工业化，他认为东亚地区工业化的特征是劳动密集和资源节约。在依据上述视角讨论了东亚的早期经济成长之后，杉原薰指出，战后日本的经济发展以劳动密集—资源节约型工业化为主，借鉴了资本—资源密集型工业化的部分内容。

正如在《漫长的20世纪》中大量地援引布罗代尔一样，在《亚当·斯密在北京》中，阿里吉大量地援引杉原薰的观点，并将改革之后的中国经济发展理解为劳动密集—资源节约型工业化或中国式的勤劳革命。

正是在引进杉原薰基于勤劳革命论而提出的分析框架之后，阿里吉确认了中国的生产组织方式的意义，并完整地论证了为什么以中国为核心的东亚地区可能成为下一个体系积累周期的主导者。至此，他的中国经济论得以完结。

四化叠加：当代生产组织方式的动力机制

阿里吉关于中国的生产组织方式的论述极具理论色彩和现实意义。但是，他的研究存在两个问题。首先，他关于中国的生产组织方式的论述更多地借助了杉原薰的相关研究；其次，他的相关论述没有考虑中国的生产组织方式的时代背景。

笔者认为，20 世纪 90 年代初期以来，模块化、内置化、平台化和金融化相继出现，即所谓四化叠加现象构成了当代生产组织方式的动力机制。这一现象同时存在于中美两国。但是，在中美两国的生产组织方式之中，四化的性质并不完全相同。

模块化、内置化、平台化和金融化相继出现，即所谓四化叠加现象构成了当代生产组织方式的动力机制。这一现象同时存在于中美两国。

（一）模块化

理解模块化的内涵需要从产品建构这一范畴开始。

所谓产品建构是工业设计之中的术语，指关于产品结构（或加工工序）与产品功能之间的对应关系。对于具体的工业制品来说，如果这种对应关系接近一一对应，则产品建构接近模块型（modular architecture）；如果这种对应关系属于一对复数即一个部件（或工序）对应复数的功能，则产品建构接近集成型（integral architecture）。所谓模块化是指产品建构从集成型转向模块型的过程。在社会科学文献之中，最早注意模块化的意义的是专注于技术创新研究的管理学者。这些学者着重研究产品建构的模块化对于企业竞争力的影响。[3] 随后，其他领域的管理学者注意到，20 世纪 90 年代初期以来，在 ICT 和消费者电子等领域，与产品建构的模块化同步，企业或产业的组织形态也开始转向模块化。[4] 针对这种现象，这些学者以技术—组织互补性原理为依据，以产品建构的模块化为起点来解释近二三十年来国际分工体系的变化。[5]

产品建构的模块化意味着构成产品的部件之间的连接关系或生产产品的工序之间的相互影响向越来越简单、越来越开放的方向演进，所以以内制所有部件或将所有工序集中到同一企业内部的垂直统合型的企业组织形态的经济价值逐渐降低，相反，强调将部分部件或部分工序向外发包的水平分工型的企业组织形

产品建构的模块化意味着构成产品的部件之间的连接关系或生产产品的工序之间的相互影响向越来越简单、越来越开放的方向演进。

态的经济价值逐步上升。正是在这样的过程中，分别具有垂直统合型和水平分工型组织形态特征的日美两国企业的竞争力发生逆转。同样是在这样的过程中，由于模块化极大地降低了生产活动的技术壁垒，所以中国企业开始大规模地在ICT和消费类电子产业进行扩张。

（二）内置化

需要注意的是，在产品建构的模块化的发展过程之中，以美国企业为代表的西方国家企业是模块化的推动者，而以中国企业为代表的后进国家企业则是模块化的接受者。那么，西方国家企业究竟以何种方式推动模块化的出现，中国企业究竟以何种形式接受模块化的影响？这两个问题与模块化同时出现的内置化密切相关。

所谓内置化是指产品内部的复杂性或加工过程的关键技术和技术诀窍越来越多地转移到关键部件或加工设备之中。

一般来说，工业产品可以区分为由零部件构成的产品和不由零部件构成的产品，而不由零部件构成的产品大多经由不同的工序加工。如上文所述，20世纪90年代初期以来，这两类工业产品都经历了模块化的过程。值得注意的是，这两种模块化的驱动力量是两种内置化（encapsulation）。所谓内置化是指产品内部的复杂性或加工过程的关键技术和技术诀窍（know-how）

越来越多地转移到关键部件或加工设备之中。[6]

对于由零部件构成的产品来说，产品建构的模块化是以关键部件越来越复杂为前提的。所谓关键部件越来越复杂意味着产品的复杂性被更多地包含在关键部件之中。这是内置化的第一种形态。由于具体产品的复杂性是给定的，所以复杂性更多地进入关键部件就意味着产品整体的复杂性降低。对于由零部件构成的产品来说，所谓模块化就是在这样的过程中发生的。对于经由不同工序加工的产品来说，产品建构的模块化是以加工过程中的关键技术和技术诀窍越来越多地包含在加工设备之中为前提的。关键技术和技术诀窍进入到设备之中意味着加工现场的管理能力的重要性下降。这是内置化的第二种形态。在这种背景下，对于关键部件和关键加工设备的生产企业来说，提高产量是获取利润的重要途径，所以关键部件和关键加工设备开始在国际范围内大规模流通。在国际分工体系之中，关键部件和关键加工设备的主要提供者是美国等西方国家企业。从这个意义上说，以美国企业为代表的西方国家企业以推动两种内置化的方式促进了模块化的出现，以中国企业为代表的后发国家企业则以接受两种内置化带来的模块化的形式进入了国际分工体系，同时也在事实上开始受控于控制了关键部件和

由于具体产品的复杂性是给定的，所以复杂性更多地进入关键部件就意味着产品整体的复杂性降低。

以美国企业为代表的西方国家企业以推动两种内置化的方式促进了模块化的出现，以中国企业为代表的后发国家企业则以接受两种内置化带来的模块化的形式进入了国际分工体系，同时也在事实上开始受控于控制了关键部件和关键加工设备的西方国家企业。

关键加工设备的西方国家企业。

（三）平台化

平台化有两个含义。一个含义是企业开发产品的特定方法，另一个含义是商业模式的一种形态。作为产品开发方法的平台化指企业将特定的产品设计思路和产品部件作为开发一类产品的基础。这种开发方法早期出现在软件行业，随后扩展至汽车等行业。作为商业模式的平台化指企业以提供数字化交易平台的方式将供给方和需求方连接起来。[7] 本文关注作为商业模式的平台化。在这种平台化之下，如果可以确立盈利模式，那么企业往往可以实现低成本快速扩张。在盛行这种商业模式的行业之中，容易出现赢者通吃（winner takes all）的局面。同时，更为重要的是，决定采用这种商业模式的企业的营业额的重要变量是市场规模。这种商业模式最早由美国的互联网企业等西方国家企业创立，亚马逊、MSN、Airbnb、Uber 等企业采用的商业模式即是平台化的。在这种商业模式的价值呈现出来之后，中国的互联网企业开始大规模地采用，阿里巴巴、百度、腾讯即是其中的典型。在中国，由于市场规模庞大，存在进入壁垒，所以这些中国企业实现了快速扩张。

（四）金融化

所谓金融化，是指市场经济的黄金时代（二战后至1970年代）结束之后出现的经济现象。具体来说，金融化指以下现象：金融制度取代劳动制度成为市场经济的所有经济制度中的顶层制度、股东利益压倒从业员利益、限制金融资本的制度安排逐渐弱化、金融资产成为影响收入差距的重要因素、经济体系中的利润更多地由金融部门获得（Boyer，2005）。[8] 在部分产业中，金融化具有一定的积极意义。比如，风险投资的兴起对于高科技产业的发展发挥了推动作用。但是，金融化的问题在于割裂了劳动者和资本所有者之间的联系，弱化了经济成长和雇佣增加之间的关系。如果说在二战后二三十年的经济成长中物质生产部门占据了关键地位的话，那么金融化则明显地降低了物质生产部门以及非金融部门在经济体系中的地位。无节制的金融化在一定程度上导致西方国家的经济特别是美国经济呈现出虚体化的倾向。[9] 金融化主要是西方国家的经济现象，但是，近年来中国经济之中也出现了金融化的倾向。

所谓金融化，是指市场经济的黄金时代（二战后至1970年代）结束之后出现的经济现象。

无节制的金融化在一定程度上导致西方国家的经济特别是美国经济呈现出虚体化的倾向。

上述四化的连续出现对于当代生产组织方式的形成和发展具有重要影响。关于这种影响，可以从马克思主义经济学中的生产力—生产组织方式—生产关系原理的角度进行分析。依据这一原理，生产组织方式是生产力和生产关系的相互影响机制的中间环节。具体来说，生产力以影响生产组织方式的形式影响生产关系，生产关系对于生产力的影响也通过生产组织方式得以发挥。[10] 本文讨论的四化中的模块化和内置化更多地属于生产力领域的现象，金融化更多的是生产关系领域的范畴，平台化则主要是非制造业领域的生产组织方式的具体形态。[11]

在上述视角之下，我们可以发现，作为技术变化的模块化和内置化、作为非制造业企业的商业模式的平台化和作为制度变化的金融化实际上共同构成了当代生产组织方式的动力机制。具体来说，四化叠加导致当代生产组织方式出现以下变化：第一，在传统制造业中，在金融资本的推动下，以技术领域出现的模块化和内置化为依托，产业资本在全球范围内重新布局，具有比较完备的工业体系的中国制造业快速成为世界制造业的中心，美国等西方国家企业则为中国企业提供关键部件和生产设备。第二，在非制造业中，中美两国的平台化企业在不同国家占据了主导地位，实际上处于相互隔离的状态。第三，金融部门在中美两国的地位上升。笔者认为，正是这种生产组织方式

作为技术变化的模块化和内置化、作为非制造业企业的商业模式的平台化和作为制度变化的金融化实际上共同构成了当代生产组织方式的动力机制。

决定了中美经济关系的本质以及中美贸易争端的走向。

四化叠加与中美贸易争端的起因与前景

四化不但同时存在于中美两国，而且在相当程度上将中美两国的经济联系起来。

对于中国来说，模块化和内置化是中国的ICT产业和消费类电子产业——中国出口部门的重要组成部分——崛起的关键技术原因。如果没有模块化和内置化，这些部门的快速崛起是难以想象的。同时，平台化在中国的互联网行业发展迅速，大量互联网企业依托网络平台实现了快速扩张。另外，中国经济中正在出现金融化的倾向，所谓“脱实向虚”正是这种倾向的表现。

同样地，美国经济也与四化紧密相连。首先，实现产品建构的模块化的前提是关键部件的复杂程度提高，即关键部件的集成化。在ICT和电子消费品产业，几乎所有的关键部件都是由包括美国企业在内的西方国家企业提供的。中兴事件以极端的方式反映了这一事实。其次，内置化的第二种形态，即关键技术和技术诀窍更多地进入加工设备的过程也是由西方国家企

在ICT和电子消费品产业，几乎所有的关键部件都是由包括美国企业在内的西方国家企业提供的。中兴事件以极端的方式反映了这一事实。

业主导的。这种现象在半导体产业和液晶产业表现得非常明显。第三，众所周知，平台化在美国经济之中发展迅速。最后，在西方国家之中，金融化的影响在美国经济之中最为突出。

如果说模块化和平台化直接将中美经济联系到一起，那么平台化连接中美经济的方式则间接一些。在互联网产业之中，平台化商业模式主要源自美国企业，中国企业则在引进这种商业模式的基础上进行了适应性改造。模块化和平台化同时给中美两国带来了利益。一方面，中国借助这种变化在大量现代工业部门快速扩张了生产能力；另一方面，美国则以出口关键部件和关键加工设备的方式分享了中国经济发展的成果。至于平台化，由于非市场因素的影响，两国的平台型企业均未大量进入对方国家。

如果模块化和内置化给美国带来的收益可以在国内循环的话，美国经济可以持续发展。但是，金融化意味着包括中美贸易利润在内的资金中进入实体经济的部分减少，传统的蓝领阶层越来越难以分享美国经济参与世界体系所带来的收益。所谓民粹主义就是在这种背景之下出现的。

如果仅存在模块化、内置化和平台化，那么中美经济关系大体上将会处于一个可以维持的平衡状态。问题在于金融化。在美国，模块化和内置化意味着生产过程外移或去工业化（de-industrialization）。如果模块化和内置化给美国带来的收益可以在国内循环的话，美国经济可以持续发展。但是，金融化意味着包括中美贸易利润在内的资金中进入实体经济的部分减少，传统的蓝领阶层越来越难以分享美国经济参与世界体系所带来的收益。民粹主义就是在这种背景之下出现的。这个问题在奥巴马时代已经显现，特朗普政府把这个问题扩大了。

中美两国的产业政策的作用主要是利用、助推模块化和内置化。因此，过于强调产业政策在中美贸易争端之中的地位未必是正确的思路。

在关于中美贸易争端的讨论之中，产业政策似乎正在成为最为重要的主题。但是，就本文的分析而言，产业政策仅仅扩大了四化之中的模块化和内置化的影响，未必是中美贸易争端的真正起因。正如中国学者近年来强调的那样，美国政府一直以各种形式推进产业政策。[12] 特别值得指出的是，美国政府长期以各种形式推动需要进行长期研发的行业的基础研究。比如，苹果公司的几乎所有产品的核心技术都直接受益于美国政府所支持的基础研发。[13] 正如我们在上文提到的那样，模块化的前提是关键部件的集成化，而实现这样的集成化需要长期、大量的投入。从产品建构的角度来看，美国政府针对部分行业的产业政策实际上推动了这些产业的模块化。相反，尽管中国政府推行产业政策，但是这种产业政策长期以来一直以技术引进和招商引资为主，只是在近年来才转向自主研发。依据上文的分析，中国政府以技术引进和招商引资为主的产业政策的作用实际上更多的是推动中国企业参与、利用以美国企业为首的西方国家企业主导的模块化和内置化过程。换言之，中美两国的产业政策的作用主要是利用、助推模块化和内置化。因此，过于强调产业政策在中美贸易争端之中的地位未必是正确的思路。

从上述逻辑出发，我们可以把握其他经济体对于中美贸易争端的态度，并从短期和长期两个角度来理解中美贸易争端的前景。

首先，由于中美贸易争端会降低世界经济的增长速度，所以其他经济体应该乐见争端平息。但是，在模块化和内置化的演进过程之中，美国企业和欧洲、日本企业在提供关键部件和关键设备的意义上是竞争对手；部分发展中国家企业和中国企业在利用这些关键部件和关键设备进行组装的意义上是竞争对手。这种局面意味着，中国的相关机构应该结合具体产业的情况来进行合纵连横，而不是简单地寄望于其他国家的支持与合作。

其次，关于中美贸易争端的走向，可以从短期和长期两个角度考虑。短期之内，中国企业难以全面地成为模块化和内置化的推动者，即难以大量地生产核心部件和关键设备。同时，其他发展中国家也难以完全替代中国作为制造业主要生产国的地位。所以，中美两国的经济联系不会彻底破裂。但是，长期来看，中美贸易争端会导致两种变化。第一，美国会转向扶持其他发展中国家。第二，中国会更为重视自主研发。

长期来看，中美贸易争端会导致两种变化。第一，美国会转向扶持其他发展中国家。第二，中国会更为重视自主研发。

中美两国经济关系的长期走向将取决于这样两种变化的相对速度。

注释

1. 本节的写作参考了宋磊：《阿里吉——杉原方法与中国故事的第二种讲法》一文，载《思想战线》2016 年第 6 期。

2. ［意］乔万尼·阿里吉：《亚当·斯密在北京：21 世纪的谱系》，路爱国等译，社会科学文献出版社 2009 年版。

3. Ulrich, K. and Epinger, S. (1995), *Product Design and Development*, New York: McGraw-Hill.

4. 作为产品的设计思路，模块化具有很长的历史。这一设计思路的影响之所以在 20 世纪 90 年代初期之后开始明显地显现出来，主要是因为这一时期的信息传递方式开始从模拟技术转向数字技术。

5. Baldwin, C. and Clark, K. (1997), "Managing in an Age of Modularity", *Harvard Business Review*, 75 (5): 84-93.

6. 新宅純二郎・小川紘一・善本哲夫（2006)，「光ディスク産業の競争と国際的協業モデル—擦り合わせ要素のカプセル化によるモジュラー化の進展—」，『赤門マネジメント・レビュー』，5（2）：35-65。

7. Täuscher, K., Laudien, S. (2018), "Understanding Platform Business Models: A Mixed Methods Study of Marketplaces",

European Management Journal, 36（3）: 319-329.

8. Boyer, B.(2005),“The Global Financial Crisis in Historical Perspective: An Economic Analysis Combining Minsky, Hayek, Fisher, Keynes and the Regulation Approach, Accounting”, *Economics and Law*, 3（3）: 93-139.

9. Boyer, R.(2000),“Is a Finance-led Growth Regime a Viable Alternative to Fordism? A Preliminary Analysis”, *Economy and Society*, 29（1）: 111-145.

10. 关于生产力和生产关系之间的联系，政治经济学界存在多种解读，本文采取中介说。孟捷、杨志：《技术创新与政治经济学的研究对象的拓展》，载《当代经济研究》2003 年第 12 期。

11. 在生产力—生产组织方式—生产关系原理的视角之下，生产组织方式即企业层面的制度安排和组织形态的变化可以较好地得到分析。本文第一节用马克思主义经济学的术语对比较政治经济学的核心原理进行表述的原因就在于此。

12. 封凯栋、李君然、付震宇：《隐藏的发展型国家藏在哪里？——对二战后美国创新政策演进及特征的评述》，载《公共行政评论》2017 年第 6 期。

13. Mazzucato, M.（2013）, *The Entrepreneurial State: Debunking Public vs. Private Sector Myths*, London: Anthem.

美国在国际多边体制中的角色变迁及中国的应对

李庆明*

引言

单边主义或多边主义并没有权威的定义，只是用来描述国家是否遵循现有的多边规则。[1] 现行国际多边体制的产生和运作，离不开美国的筹划和贡献。在第二次世界大战后，美国主导发起设立了以联合国为核心的国际政治体制，以关税与贸易总协定、国际货币基金组织、国际复兴开发银行为核心的国际经贸体制。

长期以来，自由贸易既是美国的价值观，也是美国外交政策的重要工具。美国曾经认为，多边贸易安

* 李庆明，中国社会科学院国际法研究所国际私法研究室副主任、副研究员，法学博士。

排与和平、繁荣紧密相连，自由贸易规则是推进良好的政治价值观的有效途径。然而，随着欧洲和日本经济的腾飞，美国贸易保护主义力量抬头，开始指责欧洲、日本的"不公平竞争"。[2] 在与欧洲、日本的贸易摩擦中，美国出台和滥用"201 调查""232 调查""301 调查"、进出口管制措施、反垄断调查，不断扩大域外管辖和美国法的域外适用，利用国家力量打压外国的实体和个人。

近年来，"美国优先"政策指导下的美国政府对中国和欧盟以及其他国家发起贸易战，严重损害国际多边体制以及整个国际法律秩序，给国际社会的和平与发展造成威胁。

包括中美两国在内的世界各国均是二战后设立的国际多边体制和国际法律秩序的受益者。然而，近年来，"美国优先"政策指导下的美国政府对中国和欧盟以及其他国家发起贸易战，严重损害国际多边体制以及整个国际法律秩序，给国际社会的和平与发展造成威胁。中国应继续参与、维护国际多边体制，促进世界多极化和推动构建人类命运共同体。

美国与现行多边体制

在实用主义的底色下，理想主义也融入了美国人的性格中。[3] 美国虽然不是其经常自我宣称的那样为全世界谋取利益，但的确创建和维护了现行的多边体制。

美国倡导成立的国际联盟为联合国的建立提供了教训。美国总统威尔逊1918年1月8日提出十四点建议，希望以此作为和谈的基础，并维护和平，其中的举措包括成立国际组织解决争端等。威尔逊的这一提议得到各国尤其是欧洲国家人民的广泛支持。[4]1920年，依据《凡尔赛条约》成立了国际联盟，但美国因为孤立主义思潮的影响，并未加入国际联盟。国际联盟虽然是一个松散的体制，虽未能阻止第二次世界大战的发生，但为1945年建立联合国进行了扫清道路的试验。[5]

美国在建立以联合国为中心的多边政治体制中发挥了主导性作用。为了早日战胜法西斯国家，扩大反法西斯的力量，丘吉尔和罗斯福代表英美两国于1941年8月14日签署了《大西洋宪章》，表示英美两国将基于尊重主权、限制使用武力等原则建立战后新的国际秩序。为了让惨绝人寰的战争悲剧不再重演，1945年7月26日，美国与英国、苏联、中国等55个国家的代表在美国旧金山签署《联合国宪章》，希望通过集体安全体制，防患于未然，避免不能控制使用武力而导致的武装冲突、战争扩大而危及国际和平。联合国确立了五大国一致原则，即中美英法苏是安理会的常任理事国，未经安理会授权，除非行使自卫权，否则不得使用武力。二战后，在以联合国为中心的多边政治体制下，和平是国际社会的主流。

美国为多边贸易体制的建立和维护作出了重要贡献。两次世界大战期间，美国、德国、英国、法国等国家之间出于重商主义的考虑，实行贸易保护主义，造成了严重的世界性经济危机，最终也危害了世界和平。[6] 为吸取教训，在二战结束前后，美国认为自由贸易规则比炮舰政策要好，可以通过多边贸易安排来促进和平、繁荣。[7] 二战后，以欧洲为中心的世界秩序已无力恢复，美国无可争议地成为世界上最强大的国家。美国也认识到，美国不能再孤立于世界，并主导设立了布雷顿森林体系、关税与贸易总协定（后来的世界贸易组织）、国际货币基金组织、国际复兴和开发银行（世界银行）等多边贸易体制。多边贸易体制加深了国际社会的联系，加快了全球化进程，给世界经济体系带来巨大的裨益，[8] 是一种成功的国际机制。

美国也认识到，美国不能再孤立于世界，并主导设立了布雷顿森林体系、关税与贸易总协定（后来的世界贸易组织）、国际货币基金组织、国际复兴和开发银行（世界银行）等多边贸易体制。多边贸易体制加深了国际社会的联系，加快了全球化进程，给世界经济体系带来巨大的裨益，是一种成功的国际机制。

很多因素促成美国成为霸权国家，[9] 美国也曾经利用多边机制这一全球公共产品推进霸权。[10] 全球公共产品就是在世界、全球层次上提供的公共物品，各个国家都可以从中获益。[11] 多边贸易体制是一种典型的公共产品，推动全球经济增长，促进国际贸易法治，深化多边主义合作。[12]

美国单边主义对多边体制的破坏

美国的单边主义并非说其完全不顾多边机制，而是其对待多边机制采取“合则用，不合则弃”的标准。

20世纪70年代后，美国单边主义时隐时现，近年来更是甚嚣尘上。美国的单边主义并非说其完全不顾多边机制，而是其对待多边机制采取“合则用，不合则弃”的标准。如果多边机制有助于美国需求，美国考虑与多边机制合作。而在多边体制不能完全满足美国的利益及其他要求时，美国就批评多边机制妨碍美国采取自由行动，认同“使命决定同盟，而非同盟决定使命”，[13] 最终绕开多边体制而采取单边行动。曾经担任美国国务院政策规划司司长的理查德·哈斯（Richard Haass）在2001年形象地创造了“照单点菜式的多边主义”（a la carte multilateralism）一词来指称这种现象。[14]

美国实用主义地利用多边规则，将其作为一种工具，并可以随时依据其国内法不履行多边规则。

美国实用主义地利用多边规则，将其作为一种工具，[15] 并可以随时依据其国内法不履行多边规则。美国将条约分为自动执行的条约和非自动执行的条约，认为大多数多边条约均是非自动执行的条约，对美国没有约束力。此外，即使一项条约被视为自动执行条约，在美国具有约束力，美国也可以在同一事项上制定国内法，并根据后法优于前法的原则，宣布其制定的国内法效力优先于条约。当然，美国一般尽量将国内法解释为与条约一致，避免宣告美国不遵守国际法，以免有损美国国际形象。[16] 在国际贸易领域，美国也从来都认为其有权不遵守相关的多边贸易规则。1994 年 3 月 23 日，贸易代表办公室（USTR）总顾问杰克逊教授出席美国参议院财政委员会听证会时表示，世界贸易组织和乌拉圭回合产生的条约不会自动在美国执行，专家组作出的裁决也不会成为美国法律的组成部分，而且根据美国的宪法体制，如果美国认为某种行为可能违反国际法规则，美国仍然有权违反该国际法规则。[17] 简言之，美国国会在批准国际协定时明确规定国际协定与美国法冲突时，应优先适用美国法。[18]

美国在对外政策上强调有法可依，这里的“法”首先是美国国内法，即使该国内法与国际法规则不一致，美国也仍然要求适用国内法。美国在政治、外交和对外经贸政策上的单边主义，也是以美国国内法的形式表现的，但鉴于“长臂管辖”的独特性，本文将美国在法律上的单边主义——过度域外管辖单列。

美国在对外政策上强调有法可依，这里的“法”首先是美国国内法，即使该国内法与国际法规则不一致，美国也仍然要求适用国内法。

（一）外交上的单边主义

在狭隘与僵化的实用主义指导下，美国自己“强则霸”。[19] 美国有学者承认，“政治家的思想和行动是从以权力界定的利益出发的”，[20] 在国际合作中，美国政府如果认为合作伙伴获得更多的优势，则必须打压合作伙伴，因为合作伙伴可能成为潜在的敌人。[21] 按照这种逻辑，即使建立了多边体制，美国也会打压潜在的竞争者。

冷战结束后，美国企图在任何领域都充当全世界的领导者，对外政策上不断采取单边主义，置多边机制于不顾。例如，美国政府拒绝签署《全面禁止杀伤性地雷公约》、国会拒绝批准《全面禁止核试验条约》和《京都议定书》，退出联合国教科文组织、《巴黎气候协定》、伊朗核协议等多边机制。在联合国不同意采取军事行动时，美国依据所谓的“先发制人”原则采取单边行动，威胁联合国集体安全体制。[22]

美国单边主义的背后是其霸权主义思想与国际法的不平等性。

美国单边主义的背后是其霸权主义思想与国际法的不平等性。传统国际法只适用于基督教文明的“文明国家”。[23] 美国国务院政策规划司司长基伦·斯金纳将中美关系界定为“文明较量”，虽然受到广泛批评，[24] 但也可以看出美国国内存在一些逆流。对于美国在没有安理会授权前提下武力攻击伊拉克，国际社会普遍认定美国是单边主义，但有学者就将其界定为合法化的霸权（legalised hegemony），认为这是在国际体系存在组织结构性危机时，大国创设新的法律制度。[25]

> 二战后，美国提出的许多规则，原本是希望制约英国等国家的，但随着美国取代英国成为世界霸主，却发现自己也得受多边规则的影响，不能再随意使用武力干涉其他国家，也不能任意制定经贸政策，自然就不喜欢多边规则，认为多边规则损害了美国的主权和自由行动。

美国不想在维护国际秩序上有更多的投入，也是其不断采取单边主义的重要背景。二战后，美国提出的许多规则，原本是希望制约英国等国家的，但随着美国取代英国成为世界霸主，却发现自己也得受多边规则的影响，不能再随意使用武力干涉其他国家，也不能任意制定经贸政策，自然就不喜欢多边规则，认为多边规则损害了美国的主权和自由行动。曾任特朗普总统国家安全事务助理的约翰·博尔顿在担任小布什政府副国务卿时甚至认为国际法限制了美国军事行动，导致美国人可能受到国际刑事司法机构的追究，故美国应多采用单边行动，保护美国国家利益和自由。[26] 他还认为，美国没有法律上的义务去遵守条约，而是考虑到利益才遵守条约。[27] 也就是说，美国可以只遵守符合其利益的多边规则，不理会对其利益不利的国际法规则。

（二）对外贸易政策上的单边主义——贸易保护主义

美国的贸易保护主义是其对外贸易政策上的单边主义。美国不是传统的以占领他国土地为目标的军事帝国主义，而是经济帝国主义，认同国家应将其财富建立在贸易基础上，当然贸易的背后又是以军事力量为支撑的国家实力。[28]

美国人认为二战后是“美国世纪”，但自20世纪70年代后面临欧洲和日本竞争时就已开始要求贸易保护，不受竞争的威胁。[29] 很多美国人在面对竞争失利时，不是从自己身上寻找原因，而是将责任推给外部，认为“市场失灵”，进而寻求干预。然而，政府干预可能会导致“政府失灵”，[30] 最终损害美国经济发展和公众权益，也损害国际社会共同利益。[31] 例如美国贸易保护主义挽救了美国钢铁业2800个工作岗位，但代价是保留每个岗位要花75万美元以及其他产业中52 000个工作岗位的消失，并导致美国钢铁业以高于世界市场的价格在美国国内销售，最终还是由消费者买单。[32]

美国人认为二战后是“美国世纪”，但自20世纪70年代后面临欧洲和日本竞争时就已开始要求贸易保护，不受竞争的威胁。很多美国人在面对竞争失利时，不是从自己身上寻找原因，而是将责任推给外部，认为“市场失灵”，进而寻求干预。

随着中国取代日本成为美国最大贸易逆差国，美国政府再次被利益集团俘获，成了利益集团寻租的工具，作出了贸易保护决定。同时，美国人难以接受不再完全领导国际经济事务，也对中国的这种发展满怀惊恐。为维护霸权，遏制中国发展，美国发起贸易战。[33] 由于世界贸易组织争端解决机制停摆，《关税与贸易总协定》第21条规定的安全例外本身也存在一定的模糊性，美国“201调查”“232调查”“301调查”措施难以得到纠正。[34]

随着中国取代日本成为美国最大贸易逆差国，美国政府再次被利益集团俘获，成了利益集团寻租的工具，作出了贸易保护决定。

“201调查”是美国依据《1974年贸易法》第

201-204 条的规定，美国国际贸易委员会对进口至美国的产品进行全球保障措施调查，对产品进口增加是否对美国国内产业造成严重损害或严重损害威胁作出裁定。美国国际贸易委员会完成调查后向总统提交报告并提出措施建议，由美国总统作出最终措施决定。[35] “201 调查”的发起不以是否存在倾销或者补贴为前提，是典型的单边主义措施。2018 年 1 月 22 日，美国总统特朗普宣布对进口光伏产品和大型洗衣机分别采取为期 4 年和 3 年的全球保障措施。[36]

“232 调查”源于美国《1962 年贸易扩展法》第 232 条。美国商务部认为进口产品损害美国国家安全的，有权启动“232 调查”，并应在 270 天内向总统提交调查报告。如果调查报告认定进口产品威胁国家安全，美国总统将有 90 天时间决定是否对产品进口作出调整或采取其他非贸易相关措施。[37]2017 年 4 月，美国以保障“国家安全”为由，对从中国进口的钢铁和铝产品发起“232 调查”。[38]

“301 调查”是美国依据 301 条款进行的调查。20 世纪 70 年代，随着欧洲和日本经济的恢复以及对美国出口的增加，美国就已认为《关税及贸易总协定》不利于美国利益，在《1974 年贸易法》第 301 条规定了单边报复条款，这就是所谓的“301 条款”的由来。

经过多次修改完善，美国形成了“一般301条款”、“特殊301条款”和“超级301条款”。2018年4月4日，美国贸易代表办公室公布了根据所谓“301调查”建议征收中国产品关税的清单，指责中国的产业政策和知识产权问题。[39]

在国际投资法领域，美国滥用国家安全措施，严格限制中国企业对当地企业尤其是高科技企业的投资并购，甚至将华为公司列入“实体清单”，以国家力量打压华为公司。美国的行为，严重损害全球产业链、供应链和价值链。

同时，在不能重构多边贸易规则时，美国开始选择双边谈判，签订双边贸易协定，[40]以互惠取代非歧视待遇原则，[41]以绕开取代现有多边规则，[42]重塑更加符合美国利益的国际经贸规则。

美国在管制网上赌博、金枪鱼/海龟案等案件中败诉，认为世界贸易组织过多干涉美国规制国内经济的权力，所以越来越不支持世界贸易组织的多边贸易规则，[43]阻止对世界贸易组织七人上诉机构空缺职位的任命，世界贸易组织争端解决机制将在2019年12月11日不再全面运行。美国单边主义抬头，希望不再受到多边贸易规则的约束，导致的结果是贸易争端解决机制回到过去，更多地依靠国家经济实力和其他力量而

美国单边主义抬头，希望不再受到多边贸易规则的约束，导致的结果是贸易争端解决机制回到过去，更多地依靠国家经济实力和其他力量而非规则与权利来解决争端。

非规则与权利来解决争端。[44]

（三）法律上的单边主义——过度域外管辖

对于依托国内法规的触角延伸到境外、管辖境外实体的做法，2018 年 9 月 24 日中国国务院新闻办公室《关于中美经贸摩擦的事实与中方立场》白皮书认为是美国的“长臂管辖”。中国政府批评美国不断扩充“长臂管辖”的范围。美国的“长臂管辖”涵盖了民事侵权、金融投资、反垄断、出口管制、网络安全等众多领域，并在国际事务中动辄要求其他国家的实体或个人必须服从美国国内法，否则随时可能遭到美国的民事、刑事、贸易等制裁。

“长臂管辖”是域外管辖的一部分。长臂管辖只是对人管辖权中的一种特别管辖权，是法院依据“长臂法规”对非本国（州）居民被告行使司法管辖权。

在美国法的语境下，“长臂管辖”（long-arm jurisdiction）是域外管辖（extraterritorial jurisdiction）的一部分。[45]长臂管辖只是对人管辖权（personal jurisdiction）中的一种特别管辖权，[46]是法院依据“长臂法规”（long-arm statutes）对非本国（州）居民被告行使司法管辖权。美国各州制定了内容大同小异的“长臂法规”，规定对非居民被告在该法有效时与该地有联系的管辖权。[47]虽然美国国会并未在联邦层面制定长臂法规，但《联邦民事诉讼规则》（the Federal Rules of Civil Procedure）第 4 条允许联邦法院“借用”其所在州制定的长臂法规，从而取得对外国被告的对人管辖权。[48]

长臂法规确立的对人管辖权规则源于“国际鞋业公司案”（*International Shoe v. State of Washington*），[49] 在该案中，华盛顿州要求国际鞋业公司缴纳失业补偿基金，但国际鞋业公司认为其注册地在特拉华州，主营业务地在密苏里州，并未在华盛顿州设立办公室，仅仅是雇用了居住在华盛顿州的十几名提成制业务员，业务员的工作主要是将鞋样给潜在买家以供后者决定是否购买，如决定购买，则由国际鞋业公司直接发货给买家，故华盛顿州对其没有管辖权。案件走过了华盛顿州法院系统的程序后上诉到美国联邦最高法院，联邦最高法院认定，如果非居民被告与法院地存在“最低限度的联系”，则对其诉讼并不违反“传统的公平与实质正义观念”。后来，美国联邦法院和州法院将“最低限度的联系”作为管辖外国人的依据，并称为“长臂管辖”。需要注意的是，长臂管辖的认定标准也一直在变化，并在“9·11 事件”后扩大至作为对部分刑事处罚的民事案件的依据。《美国爱国者法》（USA Patriot Act）第 317 条的标题是“对外国洗钱者的长臂管辖”，授权联邦地区法院就联邦行政部门对任何在美国境内部分或全部实施的洗钱行为的外国人实施、执行处罚提起的诉讼行使管辖权，甚至对于涉案的外国金融机

美国司法部对华为和孟晚舟发起的刑事诉讼不构成长臂管辖，只是将美国的刑法适用于并不是美国人的中国企业和公民，属于典型的美国刑法的域外适用。刑法一般具有属地性，美国要执行其刑法需要得到其他国家的配合，所以才向加拿大申请引渡孟晚舟。

构，只要该外国金融机构在美国境内的金融机构开设了银行账户，联邦地区法院对联邦行政部门以该外国金融机构为被告的洗钱处罚便具有管辖权。

域外管辖、长臂管辖、美国法的域外适用三个概念具有交叉性，但又存在很大区别。域外管辖是一个统称概念，长臂管辖限于对人管辖权中的特别管辖权，美国法的域外适用是美国行政机关和司法机关将立法机关通过的具有域外效力的立法适用于美国境外的人和事。

域外管辖指的是一国将其法律的适用范围或其司法和行政管辖范围扩展至该国领土以外，包括域外立法管辖权、司法管辖权和执法管辖权。媒体上所谓的“长臂管辖”更接近美国法的域外适用，是美国行政机关和司法机关将美国法适用于域外的人和事。[50] 美国司法部指控华为公司和孟晚舟涉嫌欺诈美国金融机构，导致美国金融机构为受到美国制裁的伊朗及相关公司提供清算业务，违反《美国法典》第 1344 条银行欺诈（bank fraud）等法律。美国司法部对华为和孟晚舟发起的刑事诉讼不构成长臂管辖，只是将美国的刑法适用于并不是美国所属企业和美国人的中国企业和公民，属于典型的美国刑法的域外适用。刑法一般具有属地性，美国要执行其刑法需要得到其他国家的配合，所以才向加拿大申请引渡孟晚舟。

因此，域外管辖、长臂管辖、美国法的域外适用三个概念具有交叉性，但又存在很大区别。域外管辖是一个统称概念，长臂管辖限于对人管辖权中的特别管辖权，美国法的域外适用是美国行政机关和司法机关将立法机关通过的具有域外效力的立法适用于美国境外的人和事。

从 1870 年开始，美国就不断将域外管辖作为对外扩张的一种手段。第二次世界大战后，美国放弃孤立主义，选择积极介入国际事务。在介入国际事务时，美国除了选择多边机制，也大量运用国内法作为单边手段来弥补多边机制的不足。美国希望按其设想来规制国际经济贸易秩序，以美国国内法来追求美国的外交政策目标，典型的是在进出口领域对特定国家实施管制、制裁，以期改变相关国家的意识形态、政治制度和经济制度。因此，美国国会制定的立法中含有越来越多的域外适用内容，美国法院也允许美国行政部门调查、处罚域外的人和事，并提起刑事和民事诉讼，也允许美国私人当事人提起民事诉讼，行政部门也在积极扩张域外执法管辖权。

由于经济、科技的发展，跨国交往越来越频繁，为了保护利害关系国和当事人的合法权利，一国管辖域外的人和事也有其客观合理性。当然，英国、荷兰、德国、澳大利亚和加拿大等国家认为美国域外管辖范围太宽，从政治与外交上提出抗议，制定阻却立法（the blocking statutes），不执行美国行政机关和司法机关的相关命令、判决，也禁止在本国的人遵守美国具有域外效力的措施，并且还发展出管辖美国人的管辖权制度。

实用主义影响着美国法律、外交、社会、文化等各个方面,[51] 认为规则也只是解决现实问题的工具。[52] 美国内部在全球化进程中收益失衡,[53] 特朗普政府坚持"美国优先",更加优先考虑中下层的就业和收入水平,[54] 希望减少对全球事务的参与。[55] 美国的霸权地位是历史造成的,[56] 但美国随意制裁他国,[57] 存在正当性问题,[58] 引发了许多世界问题。[59] 当然,美国在多边体制中并非一无是处。[60] 有观点认为,中国和欧洲、俄罗斯、日本、印度等还没有能力在全球范围内提供公共产品,[61] 世界会在相当长的时期处于力量愈发均衡的秩序构建进程当中,[62] 多极化进程的转型仍然还很脆弱。[63] 美国霸权虽然受到全球化背景下多极力量的冲击,[64] 在很大程度上有所衰落,[65] 但美国仍然具有强大的实力。[66] 同时,在美国的权力制衡、决策机制、社会结构和文化传统中,仍然存在着不断修正、自我调整的因素,[67] 美国在相当长时期内仍然能延续其霸权。[68] 鉴于其他国家难以强制美国遵守多边规则,导致美国有恃无恐,对自己盟国日本的打压都经过了"贸易摩擦—汇率摩擦—体制摩擦"三个阶段,[69] 可以想见,中美贸易摩擦将会是长期的。

美国在多边体制中并非一无是处。有观点认为,中国和欧洲、俄罗斯、日本、印度等还没有能力在全球范围内提供公共产品,世界会在相当长的时期处于力量愈发均衡的秩序构建进程当中,多极化进程的转型仍然还很脆弱。

鉴于其他国家难以强制美国遵守多边规则,导致美国有恃无恐,对自己盟国日本的打压都经过了"贸易摩擦—汇率摩擦—体制摩擦"三个阶段,可以想见,中美贸易摩擦将会是长期的。

中国对美国单边主义的应对

虽然国际社会的组织化趋势在增强，但毕竟没有一个世界性政府，由主权平等的国家组成的国际社会仍然是无政府状态，国际无政府状态是国际政治结构的基本特征。[70] 也正是国际无政府状态，才有国际法。国际法是各国利益和意志的协调，[71] 在一定程度上限制了各国主权的行使，单个国家在遵守国际法时不能随心所欲行使主权。

国际无政府状态是国际政治结构的基本特征。

美国有学者认为，不断追求强权政治是国家生存下去的唯一途径，而获得权力的方式不但包括提升本国实力，也包括削弱其他国家的实力，这比对国际组织发挥影响力更重要。[72] 因此，霸权国家与其他国家利益产生冲突时，很容易认为多边规则限制了其主权行使，而这种限制是没有正当性的，就倾向于不遵守多边规则，并援引对自己有利的规则来保护自己的利益，不惜损害其他国家利益，破坏多边规则，威胁国际法律秩序。

中国应坚决反对美国的单边主义，更加积极地参与国际法的发展，促进中国“一带一路”建设和中国的全面发展，维护多边体制，构建人类命运共同体。

中国应坚决反对美国的单边主义，更加积极地参与国际法的发展，促进“一带一路”建设和中国的全面发展，维护多边体制，推动构建人类命运共同体。

（一）正确认识当前多边体制的变化

虽然美国主导建立的多边体制存在很多问题，但总体上好于以往。禁止使用武力原则总体而言得到了国际社会的遵守，政治上的和平、经济上的发展、贸易和投资上的自由化仍然是国际社会的主流。改革开放以来，中国不断融入国际多边体制，取得了举世瞩目的成绩。随着中国、欧洲、日本、俄罗斯的发展，美国在国际社会中的绝对影响力和相对影响力都有所衰落（不是衰弱），但美国在军事、经济、科技等领域仍遥遥领先于世界其他国家，是不折不扣的霸权国家。

随着中国、欧洲、日本、俄罗斯的发展，美国在国际社会中的绝对影响力和相对影响力都有所衰落（不是衰弱），但美国在军事、经济、科技等领域仍遥遥领先于世界其他国家，是不折不扣的霸权国家。

孤立主义是美国单边主义外交政策的基础，[73] 其本身并不违反国际法。国际社会一直处于无政府状态，没有统一的立法机构和执法机构，只要不违反国际法，美国采取单边主义还是多边主义，在何时以及在多大程度上参与多边体制，是否采取单边主义行动，均属于美国自主决定的事项。照理说，不能因为美国作为霸权国家，就否定其作为一个普通国家依据多边体制本身所规定的退出的权利。至于单边主义是否具有正当性，是否合理，是否损害其他国家利益以及国际社会的共同利益，则是倡导多边体制语境下要讨论的话题。

任何事物都有生命周期，多边主义也不例外，遇到挑战也是正常的。[74] 多边体制面临挑战，主要来自美国，但也并非是美国一个国家造成的。逆全球化和反全球化群体声势在增加，他们也有自己的诉求，包括就业机会、工作环境和条件、环境保护等。[75] 其他国家、非国家行为体、国际组织也在不同程度上影响了多边体制的正常运作。

任何事物都有生命周期，多边主义也不例外，遇到挑战也是正常的。多边体制面临挑战，主要来自美国，但也并非是美国一个国家造成的。

目前的多边机制仍然存在着有效性问题，[76] 美国等发达国家的民粹主义不断抬头，[77] 既反对中央政府层面的干预，更反对来自国际社会的多边规则的限制，多边体制越来越难以协调各国之间的利益冲突以及各国内部之间的利益冲突。[78] 在国际形势发生深刻复杂变化的局面下，我们要“牢牢把握世界多极化、经济全球化大势”，与各国以及非国家行为体、国际组织各方共同努力，促进多极化发展，制约美国滥用霸权，改革多边体制中不合理之处，增强多边体制参与方的获得感，最终构建人类命运共同体，促进全球治理体系变革。

（二）维护以联合国为核心的国际体系，促进多边主义，坚持推动构建人类命运共同体

美国“吃亏论”在美国国内有一定的市场，背后

多边体制的形成及运转，反映了国际社会的组织化趋势，归根到底是国际合作的需要，是国际社会的共同需求，离开了霸权国家，其他国家仍然会寻求多边合作。

实际上有霸权稳定论的影子。霸权稳定论者认为，美国作为霸权国家，为维护现行多边体制承担了过多的责任，却又不能通过制裁强制其他国家遵守国际制度，所以美国有权改变现行“不合理的”多边体制。然而，霸权稳定论者没有注意到，多边体制的形成及运转，反映了国际社会的组织化趋势，[79] 归根到底是国际合作的需要，是国际社会的共同需求，离开了霸权国家，其他国家仍然会寻求多边合作。[80]

美国和部分国家企图“用均势来平衡”及试图遏制中国的影响，[81] 中国则需要为其他国家提供更多的机会，让其他国家“搭车”和适应这一发展。中国虽然坚定地维护全球多边主义，但同时也要加强双边合作机制、区域一体化机制，为其他国家提供更多的公共产品。[82] 当然，中国在承担国际责任时，也要记得美国孤立主义者对提供公共产品付出的代价的担心和警告[83]。

维护多边体制，需要大力培养能在国际组织工作的国际化人才。二战以来，国际社会的组织化趋势越来越明显，对国际法的发展产生了深刻的影响，国际组织法飞速发展，以联合国为中心的国际组织网明显地加强了国际社会的造法功能和实施国际法的能力。[84] 国际组织的运作，主要是由在其中工作的国际公务员负责，而目前中国在国际组织工作的人员明显偏少，不符合中国的国际地位，也影响了中国在国际组织中发挥的作用。为此，中国应向欧美发达国家以及近邻的日本、韩国学习，加强人才培养，利用一切机会推荐和输送更多的公民进入各大国际组织实习、工作。

结语

国际法一直都处于变动状态，是国家实力、政策、意志、实践的综合反映与动态平衡。国际法不断限制乃至禁止使用武力，又鼓励和促成国家间越来越广泛和深入地参与国际经济关系，“共处的国际法”逐渐向“合作的国际法”过渡。[85] 在这个过程中，物质利益最大化是美国对外政策的最主要考虑因素，[86] 但不能否认“美国例外论”的影响，即美国人曾经希望将美国国内的制度推广到全世界。[87] 美国曾热情构建、拥抱国际法律秩序，促成了多边体制的建立，但同时也自负地为了实现美国的价值观而采取单边行动，冲击、破坏国际法律秩序。[88]

国际法一直都处于变动状态，是国家实力、政策、意志、实践的综合反映与动态平衡。

目前的国际形势发生着深刻、复杂的变化，不确定性在增加。在实现中华民族伟大复兴、实现“两个一百年”奋斗目标的关键时刻，中国的利益离不开和平与发展的国际环境，离不开以规则为基础的国际法律秩序，离不开国际社会的合作与相互尊重。因此，作为一个负责任的大国，中国在国际法律秩序中既要切实维护自身正当权益，又要积极履行国际义务，承担应尽的责任，“维护以联合国为核心的国际体系，促进多边主义和自由贸易”，更加积极主动地提出议题，更加全面深入地参与国际组织的运作与国际法规则的形成与发展，为世界多极化和人类命运共同体建设贡献中国智慧。

注释

1. 参见韩立余：《当代单边主义与多边主义的碰撞及其发展前景》，载《国际经济法学刊》2018年第4期，第24–26页。

2. 参见薛威、张明、陈骁：《美国贸易战历史回顾：擅长多维立体贸易战》，载《国际金融》2018年第5期，第25–32页；郝洁：《美国从倡导自由贸易转向贸易保护主义的内在逻辑——上世纪美日贸易摩擦对我国的启示》，载《中国发展观察》2018年第10期，第59–61页。

3. 参见［美］塞缪尔·P. 亨廷顿：《美国政治：激荡于理想与现实之间》，先萌奇、景伟明译，新华出版社2017年版，第 156 页。

4. 参见［挪威］盖尔·伦德斯塔德：《战后国际关系史》（第六版），张云雷译，吴征宇校，中国人民大学出版社 2014 年版，第 23-24 页。

5. 参见王铁崖：《国际法引论》，北京大学出版社 1998 年版，第 290-292 页。

6. 参见［挪威］盖尔·伦德斯塔德：《战后国际关系史》（第六版），张云雷译，吴征宇校，中国人民大学出版社 2014 年版，第 24 页。

7. 参见［英］菲利普·桑斯：《无法无天的世界：当代国际法的产生与破灭》，单文华、赵宏、吴双全译，单文华校，人民出版社 2011 年版，第 88-91 页。

8.［美］乔纳森·休斯、路易斯·凯恩：《美国经济史》（第八版），杨宇光、吴元中、杨炯、童新耕译，格致出版社、上海人民出版社 2013 年版，第 690 页。

9. 参见沈雅梅：《美国霸权的历史成因及其现实问题》，载《太平洋学报》2014 年第 12 期，第 59-68 页。

10. 参见门洪华：《国际机制与美国霸权》，载《美国研究》2001 年第 1 期，第 74-88 页。

11. 参见李增刚：《全球公共产品：定义、分类及其供给》，载《经济评论》2006 年第 1 期，第 131-140 页。

12. 参见黄志雄：《战后多边贸易体制六十周年的反思与前瞻——以“全球公共物品”为视角》，载《法学评论》2009 年第 1 期，第 64-70 页。

13. 参见［挪威］盖尔·伦德斯塔德：《战后国际关系史》（第六版），张云雷译，吴征宇校，中国人民大学出版社 2014 年版，第 139 页。

14. See Thom Shanker, "White House Says the U. S. is not a Loner, Choosy", *New York Times*, 31 July 2001, A10. 参见王联合：《美国单边主义：传统、历史与现实的透视》，载《国际观察》2006 年第 5 期，第 50 页。

15. 参见余建军：《美国霸权的多边主义行为及其动因》，载《教学与研究》2009 年第 7 期，第 64-69 页。

16. 参见［美］巴里·E. 卡特、艾伦·S. 韦纳：《国际法》（上），冯洁菡译，商务印书馆 2015 年版，第 221-258 页。

17. John H. Jackson, "Testimony Prepared for the U. S. Senate Finance Committee Hearing, March 23, 1994 on Uruguay Round", 转引自刘燕南：《实用主义法理学进路下的国际经济法》，法律出版社 2007 年版，第 83-84 页。杰克逊教授的立场其实是一贯的，认为关税与贸易总协定虽然构成行政协定，但国际贸易协定不影响美国国内法的优先性。John H. Jackson, "The General Agreement on Tariffs and Trade in United States Domestic Law", 66 *Mich. L. Rev.* 250, 312 (1967).

18. 参见韩立余：《美国外贸法》，法律出版社 1999 年版，第 7、54-65 页。2010 年，美国国会研究服务局（Congressional Research Service）发表过《国际法与协定：对美国法的效力》，专门讨论国际法在美国法律体系中的地位以及美国法的优先性。Michael John Garcia, "International Law and Agreements: Their Effect upon U. S. Law", https://www.gc.noaa.gov/documents/gcil_cong_RL32528.pdf，最后访问时间：2019年6月9日。

19. 参见余怀彦：《深层美国：实用主义与美国的300年》，中国友谊出版公司2015年版，第309-316页。

20. 参见［美］汉斯·摩根索著、［美］肯尼斯·汤普森、戴维·克林顿修订：《国家间政治——权力斗争与和平》，徐昕、郝望、李保平译，王缉思校，北京大学出版社2006年版，第29页。

21. 参见刘志云：《当代国际法的发展：一种从国际关系理论视角的分析》，法律出版社2010年版，第14-16、214-221页。

22. 参见黄瑶：《国际反恐与先发制人军事行动》，载《法学研究》2006年第1期，第148-160页；欧阳超：《"先发制人"战略与国际法》，载《现代国际关系》2005年第7期，第13-19页；吴慧：《从国际法角度析"先发制人"战略》，载《国际关系学院学报》2004年第2期，第20-26页；李伯军：《对美国"先发制人"军事战略的对外政策与国际法分析》，载《政法论丛》2003年第6期，第28-33页；汪伟民：《"先发制人"战略：一种法理角度的分析——美国"卡内基伦理与国际事务委员会"圆桌会议讨论述评》，载《国际观察》2003年第4期，第40-46页。

23. 参见［澳］杰里·辛普森:《大国与法外国家——国际法律秩序中不平等的主权》，朱利江译，北京大学出版社 2008 年版，中文版序。

24. 参见郑汉根:《危险的中美"文明冲突说"》，http://www.xinhuanet.com//world/2019-05/12/c_1124482932.htm，最后访问时间：2019 年 6 月 9 日。

25. 霸权者通常在意识形态的层面将其霸权行为合法化。参见［澳］杰里·辛普森:《大国与法外国家——国际法律秩序中不平等的主权》，朱利江译，北京大学出版社 2008 年版，前言，第 10-11、25 页。

26. John R. Bolton, "'Legitimacy' in International Affairs: The American Perspective in Theory and Operation, Remarks to the Federalist Society", *Washington*, *DC*, November 13, 2003, https://2001-2009.state.gov/t/us/rm/26143.htm (last visited June 8, 2019).

27. John R. Bolton, "Is There Really Law in International Affairs", 10 *Transnat'l L. & Contemp. Probs.* 1 (2000).

28. 参见［英］艾伦·麦克法兰主讲:《现代世界的诞生》，刘北成评议、刘东主持，管可秾译，上海人民出版社 2013 年版，第 26-29 页。

29. 参见［美］乔纳森·休斯、路易斯·凯恩:《美国经济史》(第八版)，杨宇光、吴元中、杨炯、童新耕译，格致出版社、上海人民出版社 2013 年版，第 701 页。

30. 参见［美］哈里·兰德雷斯、大卫·C. 柯南德尔：《经济思想史》（第四版），周文译，人民邮电出版社 2014 年版，第 511 页。

31. 参见［德］E.-U. 彼得斯曼：《国际经济法的宪法功能与宪法问题》，何志鹏、孙璐、王彦志译，高等教育出版社 2004 年版，第 17、359-368 页。

32. 参见［美］乔纳森·休斯、路易斯·凯恩：《美国经济史》（第八版），杨宇光、吴元中、杨炯、童新耕译，格致出版社、上海人民出版社 2013 年版，第 656 页。

33. 参见何一鸣、王新姿：《中美贸易战的路径推演》，载《中国海洋大学学报（社会科学版）》2019 年第 1 期，第 65-72 页。

34. 2018 年 9 月 24 日，中国国务院新闻办公室《关于中美经贸摩擦的事实与中方立场》白皮书，批评了美国通过“201 调查”“232 调查”“301 调查”等挑起中美经贸摩擦的单边行为。另见彭岳：《中美贸易战中的安全例外问题》，载《武汉大学学报（哲学社会科学版）》2019 年第 1 期，第 154-167 页；朱揽叶：《美国的单边主义行动违反国际法》，载《国际经济法学刊》2018 年第 4 期，第 1-11 页；冯雪薇：《美国对中国技术转让有关措施的“301 条款调查”与 WTO 规则的合法性》，载《国际经济法学刊》2018 年第 4 期，第 12-22 页；韩立余：《当代单边主义与多边主义的碰撞及其发展前景》，载《国际经济法学刊》2018 年第 4 期，第 23-41 页；翟雨萌：《历史会重演吗？——27年来中美贸易战的回顾与展望：以美国“301条款”为中心》，载《国际经济法学刊》2018年第4期，第42-60页。

35. 参见王志刚：《WTO保障措施的法律实践——兼评美国201条款的违法性》，载《比较法研究》2003年第4期，第105-112页；陈安：《十年来美国单边主义与WTO多边主义交锋的三大回合（上）——“201条款”争端之法理探源和展望》，载《世界贸易组织动态与研究》2005年第5期，第16-23页。

36. 参见陈进：《美国发起“201调查”中国光伏产品出口或再遭重创》，载环球网，http：//finance. huanqiu. com/lingdu/2018-01/11550624. html？agt = 15438，最后访问时间：2019年6月9日。

37. 参见彭德雷、周围欢、杨国华：《国际贸易中的“国家安全”审视——基于美国“232调查”的考察》，载《国际经贸探索》2018年第5期，第91-104页；李洁：《美国贸易232调查及中国的应对》，载《人民法治》2018年第10期，第59-62页；陈敏佳、刘滢泉：《中国针对美国232调查进行反制的合法性分析》，载《河北科技大学学报（社会科学版）》2019年第1期，第52-59页。

38. 参见高攀、江宇娟：《特朗普政府要求对进口铝产品加快调查》，载新华网，http：//www. xinhuanet. com//world/2017-04/29/c_ 1120893 436. htm，最后访问时间：2019年6月9日。

39. 参见黄汉权：《美对华301调查报告：以贸易逆差之名

行打压中国产业之实》，载《中国经济导报》2018 年 4 月 20 日，http：//www. ceh. com. cn/llpd/2018/04/1062104. shtml，最后访问时间：2019 年 6 月 9 日。

40. 参见［美］布鲁斯·E. 克拉伯：《美国对外贸易法和海关法》，蒋兆康、王洪波、何晓睿、竺琳译，黄胜强审定，法律出版社 2000 年版，第 8-9 页。

41. 参见孙南翔：《美国经贸单边主义：形式、动因与法律应对》，载《环球法律评论》2019 年第 1 期，第 179-192 页。实际上，从 19 世纪 80 年代起，美国国内在贸易自由还是贸易保护上就产生激烈分歧，后来达成的基本共识是互惠贸易。参见刘绪贻、杨生茂主编：《美国通史》（第三卷），人民出版社 2005 年版，第 336 页。

42. 参见廖凡：《从〈美墨加协定〉看美式单边主义及其应对》，载《拉丁美洲研究》2019 年第 1 期，第 43-59 页。

43. 参见［英］菲利普·桑斯：《无法无天的世界：当代国际法的产生与破灭》，单文华、赵宏、吴双全译，单文华校，人民出版社 2011 年版，第 97-104 页。

44. Farewell speech of Appellate Body member Peter Van den Bossche，https：//www. wto. org/english/tratop _ e/dispu _ e/farwellspeech_ peter_ van_ den_ bossche_ e. htm（last visited June 8，2019）.

45. 中国政府在广义上理解“长臂管辖”能在英国国际法学家詹宁斯（Jennings）和瓦茨（Watts）修订的《奥本海国际

法》中找到依据。詹宁斯和瓦茨理解的“长臂（long-arm）管辖”包括美国反垄断法的域外适用和《1976年外国主权豁免法》上的效果原则。在《奥本海国际法》第一卷第一分册1995年版的中译本中，译者使用了“长臂管辖”一词。参见［英］詹宁斯、瓦茨修订：《奥本海国际法》（第一卷第一分册），王铁崖、陈公绰、汤宗舜、周仁译，王铁崖校订，中国大百科全书出版社1995年版，第335页。

46. 美国法院要管辖一个外国人为被告的民事案件，需要同时满足对人管辖权、事项管辖权和审判地（venue）的要求。对人管辖权确定美国法院能管辖外国被告，事项管辖权则确定法院对相关案件及其所涉诉讼请求有管辖权，审判地则是确定地理意义上的起诉地点。参见［美］理查德·D. 弗里尔：《美国民事诉讼法》，张利民、孙国平、赵艳敏译，商务印书馆2013年版，第47页。

47. Bryan A. Garner（eds.），*Black's Law Dictionary*（West Group，10th edn.，2014），https：//www. next. westlaw. com，最后访问时间：2019年3月16日。日本学者按照美国理论界和实务界的理解，从长臂法规的角度来介绍美国立法和法院对外国（州）被告的侵权、商业交易领域的民事诉讼管辖权。参见日本国际法学会编：《国际法辞典》，外交学院国际法教研室总校订中文版，世界知识出版社1985年版，第116页。

48. See Gary B. Born and Peter B. Rutledge，*International Civil Litigation in United States Courts*（New York：Wolters Kluwer，6th edn., 2018), pp. 80-81.

49. *International Shoe v. State of Washington*, 326 U.S. 310, 326 (1945).

50. 参见李庆明：《论美国域外管辖：概念、实践及中国因应》，载《国际法研究》2019年第3期，第4-8页。

51. 参见余怀彦：《深层美国：实用主义与美国的300年》，中国友谊出版公司2015年版，第3页。

52. 参见刘燕南：《实用主义法理学进路下的国际经济法》，法律出版社2007年版，第43页。

53. 参见潘英丽、周兆平：《美国的全球化陷阱、贸易争端诉求与中国的战略应对》，载《国际经济评论》2018年第6期，第85-97页。

54. 参见钟飞腾：《超越霸权之争：中美贸易战的政治经济学逻辑》，载《外交评论（外交学院学报）》2018年第6期，第1-30页；赵明昊：《特朗普执政与中美关系的战略转型》，载《美国研究》2018年第5期，第26-48页；戴翔、张二震、王原雪：《特朗普贸易战的基本逻辑、本质及其应对》，载《南京社会科学》2018年第4期，第11-17页。

55. 参见［美］兰德尔·施韦勒：《新古典现实主义与中美关系的未来》，马骦译，载《国际政治科学》2018年第3期，第54-82页。

56. 参见陈启懋：《对美国霸权的另一种分析》，载《国际观察》2013年第5期，第1-6页。

57. 参见林民旺：《霸权的困惑：为什么美国不能恣意妄为？——读斯蒂芬·沃尔特的〈制服美国强权〉》，载《当代亚太》2009年第6期，第147-157页。另见段忠桥：《资本帝国主义视野下的美国霸权——戴维·哈维的〈新帝国主义〉及其意义》，载《中国社会科学》2009年第2期，第115-120页。

58. 参见［美］热拉尔·杜梅尼尔、多米尼克·莱维：《新自由主义与美国霸权的危机》，刘耀辉译，载《国外理论动态》2010年第2期，第13-18页；刘丰：《美国霸权与全球治理——美国在全球治理中的角色及其困境》，载《南开学报（哲学社会科学版）》2012年第3期，第9-16页；李琮：《关于美国霸权问题论争的评析》，载《世界经济与政治论坛》2009年第2期，第27-33页；冯艳君：《霸权稳定论和美国的新霸权主义》，载《贵州师范大学学报（社会科学版）》2003年第4期，第38-41页。当然，也有学者认为，对于国际社会秩序和世界经济运行的稳定与否，以美国为代表的霸权国家或者霸权国家集团的存在是中性的。保建云：《美国维护还是破坏了世界经济的稳定？——基于霸权收益计算的理论解释与实证分析》，载《世界经济与政治》2009年第5期，第17-27页。

59. 参见韩宏博、张敏：《对"霸权稳定论"的评析》，载《理论观察》2006年第2期，第45-46页。

60. 参见周丕启：《霸权稳定论：批判与修正》，载《太平洋学报》2005年第1期，第13-23页。

61. 参见宫力：《美国的"霸权焦虑"与中国的应对方略》，

载《现代国际关系》2010年第11期，第14-15页。

62. 参见宋国友：《美国霸权衰落的经济逻辑》，载《美国研究》2015年第1期，第54-65页。

63. 参见杨洁勉：《新兴大国群体在国际体系转型中的战略选择》，载《世界经济与政治》2008年第6期，第6-12页。

64. 参见王义桅：《全球公域与美国巧霸权》，载《同济大学学报（社会科学版）》2012年第2期，第49-54页；王义桅：《中国如何应对美国的"巧霸权"——基于"全球公域"理论的思考》，载《人民论坛·学术前沿》2013年第20期，第6-18页。

65. 参见潘亚玲：《应对霸权衰落：美国中长期战略前瞻》，载《美国研究》2013年第2期，第45-60页。

66. 参见宋国友、罗艳琦：《美国维系全球霸权的六个关键要素》，载《人民论坛·学术前沿》2015年第21期，第6-16页。

67. 参见王缉思：《美国霸权的逻辑》，载《美国研究》2003年第3期，第7-29页；沈琬：《美国：一个不断在霸权地位上自我修正的国家》，载《理论界》2012年第7期，第177-179页；刘昌明：《理性看待"美国霸权衰落论"》，载《人民论坛·学术前沿》2012年第9期，第67-75页。

68. 参见刘杨钺：《美国世纪的终结？——技术优势与美国霸权合法性》，载《世界经济与政治论坛》2010年第11期，第90-100页；刘建华、邓彪：《美国霸权：衰落还是延续》，载

《太平洋学报》2010年第1期，第26-35页；樊勇明：《霸权稳定论的理论与政策》，载《现代国际关系》2000年第9期，第20-23页；孙晓玲：《“霸权稳定论”与中国新安全观：一种比较视角》，载《世界经济与政治》2004年第2期，第52-56页。

69. 参见樊勇明、贺平：《经贸摩擦与大国崛起——日美经济战对中国的启示》，载《日本学刊》2006年第3期，第99-110页；李彤云：《霸权衰落：美国20世纪80年代的对日管理贸易——贸易保护和自由贸易的大辩论》，载《兰州学刊》2009年第5期，第50-53页。

70. 参见俞正梁：《国际无政府状态辨析》，载《外交学院学报》2002年第1期，第48-53页。

71. 参见周鲠生：《国际法》（上），武汉大学出版社2009年版，第8页。

72. 参见［美］尼古拉斯·斯皮克曼：《世界政治中的美国战略：美国与权力平衡》，王珊、郭鑫雨译，上海人民出版社2018年版，第16-19页。

73. 参见叶江：《单边主义与多边主义的相互转换——试析多边主义在布什第二任期回归的可能》，载《美国研究》2004年第4期，第59-72页。

74. Harlan Grant Cohen，“Multilateralism's Life Cycle”，112 *American Journal of International Law* 47（2018），pp. 47-66. 中译本见哈伦·格兰特·科本：《多边主义的生命周期》，李雪娇编译，王彦志校，载刘志云主编：《国际关系与国际法学刊》（第

8卷)，厦门大学出版社2019年版，第334-366页。

75. 参见［美］卡伦·明斯特、伊万·阿雷奎恩—托夫特：《国际关系精要》（第七版），潘忠岐译，上海人民出版社2018年版，第358页。

76. 参见任琳：《全球多边治理：实现有效性和开放性的融通》，载《国际关系研究》2014年第5期，第121-133页。

77. 参见屠新泉、苏骁、姚远：《从结构性权力视角看美国霸权衰落与多哈回合困境》，载《现代国际关系》2015年第8期，第29-35页；张帆：《国际公共产品理论视角下的多哈回合困境与WTO的未来》，载《上海对外经贸大学学报》2017年第4期，第5-17页。

78. 参见管传靖：《全球价值链扩展与多边贸易体制的变革》，载《外交评论（外交学院学报）》2018年第6期，第31-71页。

79. 参见梁西：《国际组织法（总论）》，武汉大学出版社2001年版，第327-330页。

80. 美国学者罗伯特·基欧汉曾经对霸权稳定论作出过深刻的批判。参见［美］罗伯特·基欧汉：《霸权之后：世界政治经济中的合作与纷争》（增订版），苏长和、信强、何曜译，苏长和校，上海人民出版社2012年版，第36-39页。另见刘志云：《当代国际法的发展：一种从国际关系理论视角的分析》，法律出版社2010年版，第388-393页。

81. 参见［美］塞缪尔·P. 亨廷顿：《文明的冲突与世界

秩序的重建》(修订版), 周琪、刘绯、张立平、王圆译, 新华出版社 2010 年版, 第 194 页。

82. 参见李增刚:《公共产品与国际组织——以世界银行和国际货币基金组织的职能演变为例》, 载《经济评论》2005 年第 3 期, 第 81-87 页; 冯维江:《中美权力博弈与新型大国关系的演进——基于公共产品与关系专用性投资的视角》, 载《世界经济与政治》2016 年第 11 期, 第 106-128 页。

83. 参见王立新:《踌躇的霸权: 美国获得世界领导地位的曲折历程》, 载《美国研究》2015 年第 1 期, 第 10-33 页。

84. 参见梁西主编:《国际法》(修订第二版), 武汉大学出版社 2000 年版, 第 7 页。

85. 参见王铁崖:《国际法引论》, 北京大学出版社 1998 年版, 第 289-304 页。

86. 参见高程: 《美国对外政策的驱动力: 物质利益至上?》, 载《美国研究》2012 年第 2 期, 第 82-96 页。

87. 参见周琪:《"美国例外论" 与美国外交政策传统》, 载《中国社会科学》2000 年第 6 期, 第 83-94 页。

88. 参见刘志云:《当代国际法的发展: 一种从国际关系理论视角的分析》, 法律出版社 2010 年版, 第 14-16、41-51 页。

美国的司法霸凌主义及中国的应对

强世功*

从中兴通讯被美国处罚，到孟晚舟在加拿大被扣，再到美国政府全面制裁华为公司，这些事件一方面让深度卷入全球经济的中国企业家和普通民众感受到了美国动用司法武器来介入企业市场竞争的巨大压力；另一方面，在中美“贸易战”的大背景下，尤其面对美国在全球治理领域建构法律帝国并推行赤裸裸的司法霸凌主义，也会让我们思考如何保护中国企业乃至外国企业在全球的合法权益。这些问题无疑会成为中国积极参与全球治理所必须面对的时代课题。

在这个意义上，《美国陷阱》的出版在中国具有标志性意义。在此之前，我们在建设与中国特色社会主义市场经济相适应的法治秩序的历史进程中，不可避免地要学习和借鉴西方尤其是美国建构市场经济秩序

* 强世功，北京大学法学院教授。

的法律体系和制度，由此我们往往看到美国建构全球市场经济法律秩序的积极一面，以至于法律界的某些人士自觉不自觉地美化、神化美国法律制度的意识形态，完全臣服于美国建立的全球法律秩序，从而主张中国的法治建设要与美国法治无缝“接轨”，完全忽视了美国法治和美国建立全球法治秩序的本质是维护美国的全球霸权地位、保护美国资本家在全球的垄断利益，忽略了美国建构全球法律帝国过程中采取的司法霸凌主义的黑暗一面。

因此，当中兴通讯事件发生后，不少法律界、经济界人士批评中兴缺乏法治观念和契约精神，完全不考虑美国长期僭越法治，将其国内法凌驾于国际法秩序之上，却无人批评中兴聘请的美国犹太律师竟然突破法律职业伦理的底线，违背信托义务充当告密者，将客户资料交给美国政府。直到孟晚舟在加拿大被扣，特别是美国没有任何证据却以危害国家安全为由围堵私营企业华为时，人们才真正感受到美国司法霸凌主义的本质。《美国陷阱》恰好是一本生动的教科书，让我们认识到美国法治的两面性，即对内保护资本集团的利益，对外维护美国霸权。美国所推动的“全球法律治理”，无论是高调宣扬“海外反腐”，还是扩展“长臂管辖”原则，其实质都是将美国国内法和司法权

美国所推动的“全球法律治理”，无论是高调宣扬“海外反腐”，还是扩展“长臂管辖”原则，其实质都是将美国国内法和司法权凌驾于国际法和国际社会之上，通过建构全球法律秩序来维护其不可避免地走向衰落的全球霸权。

凌驾于国际法和国际社会之上，通过建构全球法律秩序来维护其不可避免地走向衰落的全球霸权。唯有认识到美国建构全球法律帝国的本质，我们才能“师夷长技以制夷”，积极参与到全球的法律治理中，推动中国特色社会主义法治建设迈上一个新的台阶。

“美国陷阱”双重含义：“司法陷阱”与“经济/政治陷阱”

> “美国陷阱”具有双重含义。第一层含义是指皮耶鲁齐被美国逮捕而陷入美国诉讼法中“辩诉交易”的“司法陷阱”。

法国阿尔斯通公司是世界工业巨头之一，也是法国传统工业的骄傲。这家公司在能源电力和环境控制系统等领域都位居世界第一。然而，进入 21 世纪之后，公司在并购扩张过程中由于受到次贷危机的影响而几度陷入财务危机。美国电力巨头通用电气公司很快就瞄上了这块肥肉，并展开了收购阿尔斯通的商业谈判。在谈判过程中，阿尔斯通公司的高管皮耶鲁齐被美国司法部门以违反《海外反腐败法》的理由逮捕，并由此陷入“美国陷阱”之中。

在这本书中，“美国陷阱”具有双重含义。第一层含义是指皮耶鲁齐被美国逮捕而陷入美国诉讼法中

> 如果我们比较这种大陆法基于法律的政府主导原则与英美法中基于当事人双方自由博弈的仲裁原则，那么就会看出，美国的这种诉讼理念无疑更有利于有钱有势的资本家和拥有暴力的政府，因为面对弱小的个人，他们在这场决斗、仲裁中具有压倒性优势。

“辩诉交易”的“司法陷阱”。我们首先要认识到，美国诉讼法和中国诉讼法在理念、原则和操作等方面具有根本性差异。中国诉讼法秉持大陆法系的法院主导原则，控辩双方无论哪一方强大、哪一方有钱，都不能决定判决结果，司法判决秉持一种基于依据法律和事实的实质正义原则，即法院的司法判决理由必须严格依照法律的规定，法官酌情考虑的空间非常小。然而，美国诉讼法秉持的是一种当事人自由博弈的仲裁原则，即一切取决于控辩双方的博弈，诉讼更像是一个决斗过程，司法过程维持程序正义，法官只是消极的仲裁者。正是在这种诉讼原则下，美国诉讼制度形成了一种特殊的制度安排，即“辩诉交易”，如果被控告方主动认罪，控诉方可以提出减刑或免刑，而一旦双方达成协议，法官原则上予以认可。加之普通法中法官拥有自由裁量权甚至判例法的立法权，这就意味着为当事人之间的相互交易提供了更大的空间。如果我们比较这种大陆法基于法律的政府主导原则与英美法中基于当事人双方自由博弈的仲裁原则，那么就会看出，美国的这种诉讼理念无疑更有利于有钱有势的资本家和拥有暴力的政府，因为面对弱小的个人，他们在这场决斗、仲裁中具有压倒性优势。

在这个案件中，皮耶鲁齐早年在印度尼西亚的项目操作中，完全按照公司的相关规定来处理，他本人并没有任何违规的行为，严格意义上并不构成犯罪。然而，皮耶鲁齐被捕之后就陷入“辩诉交易”的司法陷阱中。要么以主动认罪作为交易条件，换取轻刑甚至免刑；要么他拒不认罪，那就意味着他自己必须在证据收集和法律辩护上足以对抗美国的司法机关。然而，作为一个外国人，他在美国的辩护律师是美国人指定的，巨额的律师诉讼费也不是他能承担的，更何况美国监狱的私营化意味着必须交付大量资金来承担自己在监狱中的漫长对抗。对于皮耶鲁齐这个弱小的外国人而言，他根本就无力对抗庞大的美国司法机器。而一旦辩护失败，就意味着自己可能被处以 125 年的监禁。正是面对“辩诉交易”这种可怕的“司法陷阱”，他不得不选择违心地认罪，因为漫长诉讼的身心伤害和经济消耗以及不确定的可怕判决，不是每个普通人都能承受的。皮耶鲁齐在书中细致地描写了他所面临的心理煎熬。

“美国陷阱”的第二层含义，即“司法陷阱”的背后乃是美国与其他国家展开经济竞争和政治竞争所涉及的“经济陷阱”甚至“政治陷阱”。

然而，皮耶鲁齐选择认罪之后，实际上落入了“美国陷阱”的第二层含义，即“司法陷阱”的背后乃是美国与其他国家展开经济竞争和政治竞争所涉及的“经济陷阱”甚至“政治陷阱”。美国司法部对皮耶鲁齐的调查“醉翁之意不在酒”，若真的判皮耶鲁齐

125 年监禁，这对美国意义并不大，但将皮耶鲁齐认罪作为筹码实现对阿尔斯通的低价收购却意义重大。从皮耶鲁齐被逮捕起，他就变成了美国政府在协助美国通用电气公司与法国阿尔斯通展开商业并购谈判的“人质”。皮耶鲁齐承认有罪就变成了通用电气公司与阿尔斯通公司商业交易中的筹码，要么阿尔斯通乖乖接受通用电气提出的商业并购方案，若不接受其方案，美国司法部就以皮耶鲁齐的认罪作为证据，对阿尔斯通违反美国的《海外反腐败法》做出巨额重罚。这才是美国将《海外反腐败法》推向全球，使其成为美国开展全球治理的法律工具所精心设计的陷阱。由此，“司法陷阱”与“经济陷阱”实现了无缝连接，最终迫使阿尔斯通为了避免巨额罚款而接受美国通用电气公司提出的并购方案。而美国通用电气通过这笔收购业务，控制了法国 75%的电力，这无疑控制了法国的经济命脉。这才是美国设计“司法陷阱”的真正目的。

这是一场“地下经济战”。之所以称之为“地下经济战”，就是表明，美国不仅利用通用电气公司在公开的市场交易与法国公司展开竞争，而且通过隐蔽的“司法陷阱”来与法国展开经济竞争，以达到控制法国经济命脉的目的。

正因为如此，皮耶鲁齐在书中一针见血地指出，这是一场“地下经济战”。之所以称之为“地下经济战”，就是表明，美国不仅利用通用电气公司在公开的市场交易与法国公司展开竞争，而且通过隐蔽的“司法陷阱”来与法国展开经济竞争，以达到控制法国经济命脉的目的。皮耶鲁齐认为，“美国陷阱”就是美国利用法律作为经济战的武器，削弱其竞争对手，最终达致低价收购对手，从而维持其经济垄断的地位。美国正是利用这种“经济陷阱”，成功地瓦解了欧洲的许多大型跨国公司。据书中记载，“自 2008 年以来，被美国罚款超过 1 亿美元的企业达到 26 家，其中 14 家是欧洲企业（5 家是法国企业），仅有 5 家是美国企业。迄今为止，欧洲企业支付的罚款总额即将超过 60 亿美元，比同期美国企业支付的罚款总额高 3 倍。其中，仅法国企业支付的罚款总额就将近 20 亿美元，并有 6 名企业高管被美国司法部起诉”。

让皮耶鲁齐倍感遗憾的是，这场法律战和经济战中，阿尔斯通首先选择了放弃皮耶鲁齐，迫使他面对美国的“司法陷阱”而孤立无援，最终不得不认罪。而阿尔斯通之所以放弃皮耶鲁齐，根本原因是面对美国司法部的压力，法国政府束手无策，只能屈从于美国司法部的压力而选择被通用电气公司收购。由此可见，个人诉讼的司法陷阱、公司并购的商业陷阱与国家关系的政治陷阱环环相扣，形成一个完整的链条，而这个链条就是美国以全球反腐败为名而精心打造的全球法律治理体系。

个人诉讼的司法陷阱、公司并购的商业陷阱与国家关系的政治陷阱环环相扣，形成一个完整的链条，而这个链条就是美国以全球反腐败为名而精心打造的全球法律治理体系。

“美国陷阱”的本质：全球经济秩序的法律建构

《美国陷阱》所展现的生动个案刺穿了这些年来在中国流行的美国神话，揭示了美国所推动和建构的全球秩序的政治本质。在这场诉讼中，我们首先关心的问题是为什么美国司法部介入到这个案件中，表面上看起来是打击全球腐败的个案行动，而这个个案行动却以“偶遇”的方式在配合通用电气并购阿尔斯通的商业行为。因此，在这场商业谈判中，阿尔斯通公司的对手不仅是通用电气，还有美国的司法部。

《美国陷阱》作为生动的个案揭示了美国动用国家权力介入全球商业竞争的真面目。美国司法部之所以逮捕皮耶鲁齐，表面上看起来是打击全球腐败的个案行动，实际上是在动用政府权力介入到通用电气并购阿尔斯通的市场经济活动中。这个案例让我们认识到，美国实际上是这个世界上最隐蔽的、也是最大的国家资本主义。这种国家资本主义不是通过计划的方式或者国有企业的方式进行，而是以这种精巧的法律之手建构起来的。

美国实际上是这个世界上最隐蔽的、也是最大的国家资本主义。这种国家资本主义不是通过计划的方式或者国有企业的方式进行，而是以这种精巧的法律之手建构起来的。

从理论上讲，美国司法部介入到全球商业争夺是由其资本主义的性质所决定的。在资本主义社会中，资本控制着国家和国家机器，私营企业的利益与国家利益进行了深度捆绑。因此，虽然美国市场经济的主体是私营企业，但它们的利益就是美国的国家利益，美国的两党都是华尔街利益的代表，美国的国家性质也慢慢从早期的军工联合体的利益发展到最新的科技联合体的利益。军工企业和科技企业在全球竞争中的失败，也必然导致美国在全球政治竞争中的失败。因此，美国通过国家法律手段来维护这些私营企业在全球竞争中的绝对优势是其内在的必然逻辑。这才是阿尔斯通、中兴通讯和华为所面临问题的实质所在。在这个意义上，《美国陷阱》恰恰反映了美国建构全球霸权的政治法律逻辑。因此，中美“贸易战”绝不是简单的经济商业之争，而是政治法律之争。

虽然美国市场经济的主体是私营企业，但它们的利益就是美国的国家利益，美国的两党都是华尔街利益的代表，美国的国家性质也慢慢从早期的军工联合体的利益发展到最新的科技联合体的利益。

中美“贸易战”绝不是简单的经济商业之争，而是政治法律之争。

回顾西方资本主义兴起和演变的历史，私人海上贸易与帝国海军相伴而行，全球商业贸易与殖民主义相伴而行。私营企业之间的竞争就变成国家之间的政治和军事竞争，市场与战场紧密地结合在一起。全球市场经济秩序的发展始终与大国兴衰联系在一起，私营经济的争夺是西方列强帝国争夺的主战场。大英帝国崛起“海盗资本主义”，就是用国家强力来支持海盗肆无忌惮地劫掠西班牙、葡萄牙的商船，最后通过战

今天美国对中国乃至欧盟、日本、印度、墨西哥等发起不同程度的贸易摩擦，实际上就是由美国的资本主义性质，尤其是美国建立全球霸权的本质所决定的。

争摧毁西班牙“无敌舰队”才取得全球贸易的主导权，建立起“日不落帝国”。而欧洲在历史上争霸最后引发两次世界大战，都源于资本主义在全球市场上的竞争。因此，马克思主义系统批判了这种市场与战场紧密结合的资本主义国家形态，认为一旦资产阶级掌握了国家机器，就必然动用国家暴力来确保他们在市场竞争中获胜，资本主义在带来对内剥削的同时，必然带来对外战争和殖民。今天美国对中国乃至欧盟、日本、印度、墨西哥等发起不同程度的贸易摩擦，实际上就是由美国的资本主义性质，尤其是美国建立全球霸权的本质所决定的。

这个“上层资本主义”编制了一个超越主权国家全上的全球金融、商业和法律网络，从而推动建构一个超越主权国家的世界帝国。这个世界帝国的中心从早期的威尼斯、荷兰一直到伦敦和今天的纽约，以至于推动形成20世纪的英美世界帝国。

两次世界大战之后，“老欧洲”在市场竞争中衰落，美国代表的“新世界”开始兴起。如果说“老欧洲”基于赤裸裸的国家暴力和殖民来保持其在全球市场中的优势地位，从而形成资本主义与殖民主义相伴而行的初级形态，那么，从大英帝国晚期到美国全球霸权的建立，实际上将资本主义发展为高级形态。这个高级形态就在于将赤裸裸的暴力隐蔽起来，更多地采用法律规则、投资贸易、金融体系、知识产权、人权、法治和文化意识形态渗透等来征服和扩大全球市场。如果用法国历史学家布罗代尔的话说，就是基于一套复杂的法律规则技术建构起金融、证券、投资和知识产权等来控制市场经济的“上层资本主义”。如果用约瑟夫·奈的概念来说，资本主义的全球霸权更多地借助了“软实力”和“巧实力”。然而，这些概念都不如霍布森和列宁的概念更为传神，即资本主义已经从早期的“殖民主义”发展到“帝国主义”这个高级阶段。这个“上层资本主义”编织了一个超越主权国家至上的全球金融、商业和法律网络，从而推动建构一个超越主权国家的世界帝国。这个世界帝国的中心从早期的威尼斯、荷兰一直到伦敦和今天的纽约，以至于推动形成20世纪的英美世界帝国。

正因为这一套复杂法律体系建构的世界帝国体系很隐蔽，以至于在很多人看来，美国乃是自由的象征，而忽略其本质乃是资本主义的全球自由帝国。尤其在冷战时代，由于意识形态的对抗，美国的自由特征被无限放大，而帝国本质未能充分显示出来。直到进入后冷战之后，美国成为唯一主宰世界的超级大国，其资本主义全球自由帝国的本质才逐渐暴露出来。美国精英阶层毫无掩饰地宣称美国的目标就是建立一个主宰全球的“新罗马帝国”。而它不同于罗马帝国的地方就是它将赤裸裸的军事征服尽可能地隐蔽起来，采用各种“软实力”或“巧实力”来建构“上层资本主义”：比如挟持国际组织来命令主权国家，利用国际货

美国精英阶层毫无掩饰地宣称美国的目标就是建立一个主宰全球的“新罗马帝国”。而它不同于罗马帝国的地方就是它将赤裸裸的军事征服尽可能隐蔽起来，而采用各种“软实力”或“巧实力”来建构“上层资本主义”。

币基金组织、世界银行的商业贷款附加私有化、市场化和民主化改革要求。编织“华盛顿共识”的“软实力”来推动弱小国家的体制改革，从而让美国资本轻而易举地控制弱小国家的经济命脉和政治力量，将其固定在世界帝国体系的边缘地带。为了推进全球帝国的控制，美国动用各种“软实力”来推动“颜色革命”，摧毁主权政权而建立依附于美国的“附庸国”。只有在这些“软实力”或“巧实力”无效的时候，美国才直接采取军事暴力来摧毁重建。

美国正是依靠军事的、经济的、法律的和文化的复杂手段，维持其全球霸权地位。任何一个国家如果在政治上不服从美国，在经济实力上开始挑战美国，就会遭到各种手段的系统打压，即使连美国的盟国也不例外。美国打压日本而签署的“广场协议”是最著名的例子。至于打压欧元也有各种例子，甚至包括对关键人员设计“司法陷阱”。比如，时任国际货币基金组织总裁的法国人卡恩积极推动欧元与美元展开竞争，并主张欧洲与亚洲联合起来，在全球经济中拥有更大的发言权。当他准备参加法国总统竞选的时候，美国就在纽约以“性侵”的理由逮捕并起诉卡恩，最终又将其无罪释放，但卡恩经此打击已错失参选法国总统的资格，黯然退出了政坛。由此可见，孟晚舟被扣和

孟晚舟被扣和皮耶鲁齐的审判绝不是一个孤立的个案，实际上是美国用来打压其经济和政治的竞争对手以维持全球帝国霸权的常规手段。

皮耶鲁齐的审判绝不是孤立的个案，实际上是美国用来打压其经济和政治上的竞争对手以维持全球帝国霸权的常规手段。

“长臂管辖”：美国司法霸凌与全球治理

在美国调查处罚中兴通讯事件的过程中，不少法律圈和商业圈的人认为美国的指控证据确凿，批评中国企业没有法治精神和契约意识。《美国陷阱》出版后，又有人认为，不要将这个案件与华为的问题联系起来。在他们看来，中兴通讯和阿尔斯通被重罚天经地义，好在美国如此庞大的司法机器至今没有找到华为“违法”的证据。然而，这些人将全球的法律治理变成美国的依法治理，从而自觉不自觉地站在美国霸权的立场上，将美国看作是世界警察在全球推行美国法。他们忘了追问一个根本的法理问题：为什么美国司法部可以调查一起法国公司与印度尼西亚的商业交易？为什么美国法院对美国领土之外的经济活动拥有司法管辖权？为什么美国可以将自己的国内法凌驾于国际社会之上，从而对其他主权国家或其他国家的公民进行司法调查和司法审判？如果美国的法理逻辑成立，那么中国司法机构或其他主权国家的司法机构是不是拥有类似的司法管辖权呢？这样的问题迫使我们在国际法的意义上思考全球法律治理问题。毫无疑问，今天的国际法虽然起源于西方的建构，但在第二次世界大战之后形成的联合国体制始终强调国际法的民主基础，即主权国家的承认和认可。然而，美国不断将自己的权力凌驾于国际法之上，从而形成了美国的法律霸权。这就构成了今天全球法律治理面临的主要矛盾：谁来制约不受约束的美国霸权，尤其是美国通过其国内法的“长臂管辖”所形成的全球司法霸凌主义？皮耶鲁齐之所以陷入美国的“司法陷阱”，其法律根源就在于美国将其国内法中的“长臂管辖”原则通过《海外反腐败法》伸向全球。我们只有深刻认识美国建构全球帝国霸权的法律技艺，才能思考如何应对和破解美国司法霸凌主义。

“长臂管辖”是美国联邦制的产物，它赋予一个州的司法机构对与该州发生“最低联系”的他州公民或法人行使司法管辖权。由于美国是一个判例法国家，每个案例中都可以由法官创造性地提出各种“最低联系”标准来扩大司法管辖权。在这个意义上，“长臂管辖”是美国打破各州分割的边界从而建构统一的联邦司法体系的重要手段。

“长臂管辖”是美国联邦制的产物，它赋予一个州的司法机构对与该州发生“最低联系”的他州公民或法人行使司法管辖权。由于美国是一个判例法国家，每个案例中都可以由法官创造性地提出各种“最低联系”标准来扩大司法管辖权。在这个意义上，“长臂管辖”是美国打破各州分割的边界从而建构统一的联邦司法体系的重要手段。二战后，随着美国霸权的建立，

“长臂管辖”也通过美国法逐渐延伸到对美国公民和美国企业在全球活动的司法管辖权。其中最重要的一次扩展就是1977年的《海外反腐败法》中明确禁止美国公司向外国的公职人员行贿。

在冷战时期，美国在全球扶持了很多腐败政府，比如我们熟知的韩国、南越以及中东、拉美的一些国家，美国利益与这些政府的腐败紧密联系在一起，且美国公司通过商业贿赂来打开外国市场已成为全球丑闻。比如美国企业在洪都拉斯制造的“香蕉门”（Banana gate）丑闻，洛克希德公司在日本通过贿赂销售飞机的丑闻甚至导致日本首相引咎辞职。在当时美苏竞争的冷战背景下，美国通过这个法律的首要目的是为了重新树立美国在国际上的道德形象。当然也有一些更深层的考虑，即担心美国公司依赖商业贿赂占据市场会损害其在研发上的投入，不利于维持美国公司在科技领域的竞争力。这个法律相当于美国对其公司在海外的活动进行严格的法律控制，防止其从事腐败活动。当然，这个法律在道德上的宣传效果远远大于法律实际效果，一方面因为当时美国取得海外证据有相当的难度，另一方面美国政府担心约束美国企业反而会将市场让给其他国家的竞争对手。

冷战结束后，随着美国推动“新罗马帝国”的建设，将国家战略重心从赢得冷战转向维护美国的全球经济利益，美国利用唯一超级大国的优势加快了将“长臂管辖”延伸到全球的步伐。一方面，美国运用其对盟国的政治影响力，将《海外反腐败法》国际法化。1997年，经济合作与发展组织（OECD）接受了美国推动的《海外反腐败法》，此后国际货币基金组织、泛美开发银行等都通过了类似的国际公约。另一方面，美国国会通过修改法律将其“长臂管辖”原则伸向域外的外国公司。根据修改后的法律，任何一家外国公司，只要它用美元计价签订合同，或者仅仅通过设在美国的服务器（如谷歌邮箱或微软邮箱）收发、存储（甚至只是过境）邮件，都进入到美国的“长臂管辖”范围。特别是“9·11事件”之后，美国借助打击恐怖主义和反恐战争的道义制高点，通过《爱国者法》授权美国司法机构获取个人、公司和金融机构的通讯信息、商业交易信息，这更加便利美国司法部门收集证据。而在2018年3月通过的《澄清境外数据合法使用法案》（简称《云法案》）更要求进入美国司法管辖的互联网公司要将云上存储的数据转交给美国政府。可以说，在互联网时代，通过“长臂管辖”原则从国内伸向全球每一个角落，美国将其他国家的公司、公司管理人员乃至普通公民都变成美国司法“长臂管辖”下的臣民。《海外反腐败法》从一个约束美国公司的美国法转变为美国干涉他国企业、打击外国企业的工具，变成美国对其竞争对手“发动经济战的神奇工具”。中央情报局、国家安全局和财政部的工作人员摇身一变成为“商业007”，利用“长臂管辖”对全球大企业、金融机构、基金会及各种非政府组织进行地毯式的扫描，对美国公司的商业竞争对手进行精准的打击。事实上，如果不是美国如此打压华为公司，可能连中国人都不知道华为究竟发展到了怎样的技术高度。在这个意义上，美国政府对中国企业的商业机密和中国公民的个人隐私的了解掌握程度恐怕超过中国政府。正因为如此，美国政府可以对美国企业的竞争对手在关键时刻发起致命的精准打击。阿尔斯通、中兴通讯和华为都不是孤立的个案。美国政府早在2008年处罚德国西门子3.5亿美金，2010年处罚英国宇航公司4亿美金，2014年处罚日本三菱日联银行3.15亿美金，2014年处罚法国巴黎银行89.7亿美金，2017年处罚德意志银行72亿美金。当然，面对高额处罚，这些企业都采取了和解认罚的方式接受美国的法律管辖。

随着中国企业逐渐成为美国企业的竞争对手，美国已经开始运用“长臂管辖”来打击中国企业。最近一些年来，不少中国企业已落入“长臂管辖”的司法陷阱，且无一例外地选择和解，忍气吞声认罪认罚以

随着中国企业逐渐成为美国企业的竞争对手，美国已经开始运用“长臂管辖”来打击中国企业。最近一些年来，不少中国企业已落入“长臂管辖”的司法陷阱，且无一例外地选择和解，忍气吞声认罪认罚以避免美国式诉讼拖累企业发展。

避免美国式诉讼拖累企业发展。最典型的例子就是2018年中兴通讯遭受22亿美元的处罚和公司管理层接受美国的改组方案。由于这种“长臂管辖”不仅针对企业，而且针对企业的管理人员，因此美国往往会从弱小的个人入手，从而胁迫公司做出让步。目前，华为公司已经成为美国政府的重点打击对象。美国利用“长臂管辖”使得孟晚舟在加拿大落入美国的“司法陷阱”。就像皮耶鲁齐的案件一样，美国的目标显然不是孟晚舟本人，而是将其作为迫使华为放弃在科技领域与美国展开竞争的人质。然而，华为公司不为所动，才迫使美国政府选择直接对华为下手。华为公司之所以如此坚定，不仅是技术领域的实力和华为在全球商业中始终合规经营，还在于华为公司勇往直前的商业竞争文化，更重要的是，在中美“贸易战”中，中国政府始终支持发展高科技的坚定立场，支持中国民营企业华为，支持孟晚舟。这才是为什么皮耶鲁齐（阿尔斯通）与孟晚舟（华为）在面对“美国陷阱”时做出不同选择的根本原因，前者主动接受“辩诉交易”而认罪，后者坚持用司法手段展开斗争。

今天的世界是一个被美元、互联网和美国法律支撑起来的全球世界，由于美国控制着美元交易和互联网，以至于任何一个公司和个人只要进入这个世界，就面临着“长臂管辖”的美国陷阱。

美国的“长臂管辖”之所以发挥作用，不仅基于法律，更重要的是法律背后的金融、互联网技术的支撑。换句话说，今天的世界是一个被美元、互联网和美国法律支撑起来的全球世界，由于美国控制着美元交易和互联网，以至于任何一个公司和个人只要进入这个世界，就面临着“长臂管辖”的美国陷阱。可以说，今天卷入到全球化浪潮中的每个人都在一定意义上落入到美国这个世界帝国的“长臂管辖”范围。

如果说全球化是美元、互联网和法律技术编织的世界，那就意味着这些支撑全球化的基础性技术和法律架座乃是全人类的公用品，属于“天下公器”，它们不能只属于美国人，而应当属于全人类。如果美国可以随心所欲地对其他竞争国家展开美元金融战、互联网战和“长臂管辖”的法律经济战，那无疑是“公器私用”，将全球变成美国的殖民地。由此我们要追问：我们是基于人类命运共同体理念，采取一种每个国家都平等参与的思路来推动全球治理，还是基于西方种族主义的新罗马帝国理念，采用一种“美国优先”（“白人优先”）的霸权主义思路推动全球治理，这才是全球化以来全球治理面临的根本问题。

我们是基于人类命运共同体理念，采取一种每个国家都平等参与的思路来推动全球治理，还是基于西方种族主义的新罗马帝国理念，采用一种“美国优先”（“白人优先”）的霸权主义思路推动全球治理，这才是全球化以来全球治理面临的根本问题。

如果说人类历史是一部不断迈向全球化的历史，那么，这部全球化的历史应该是在全球治理中不断用共和主义的民主政治原则来打破独裁专制主义的历史。西方威斯特伐利亚体系的建立就是欧洲列强打破西班牙和葡萄牙早期帝国专制体制，实现列强之间的平等。

如果说人类历史是一部不断迈向全球化的历史，那么，这部全球化的历史也就是在全球治理中不断用共和主义的民主政治原则来打破独裁专制主义的历史。

而一战后的“国际联盟”以及二战后“联合国”的建立就是东方的苏联、中国，西方的美国崛起以及新兴的民族独立国家共同打破传统欧洲公法对全球治理的垄断，开始探讨全球治理的新模式。然而，后冷战时代以来，美国建立的单极世界霸权由于缺乏联合国和政治大国的制约，导致美国陷入“绝对权力导致绝对腐败”的魔咒，陷入国家政治与华尔街利益深度捆绑的治理危机中，为了摆脱其国内经济危机，美国公然“公器私用”，将全球化建立起来的全球经济、法律体系异化为对其他国家开展经济战和科技战、实现美国利益优先的工具。由此，美国不断将国内法凌驾于国际法之上，赤裸裸地展现了美国在全球的司法霸凌主义。

《美国陷阱》一书揭露了美国越来越严重的司法腐败。一方面美国的商业公司、律师、执法机关、司法机构、情报机构形成了隐蔽的腐败团体，他们操纵着法律，日益变成了一股在美国国内不受约束的力量；另一方面这种司法腐败的背后乃是美国单极霸权不受任何约束的世界帝国腐败，这种腐败的蔓延不由让人想到罗马帝国衰亡中的腐败景象。正因为如此，皮耶鲁齐呼吁欧盟在政治、经济和法律上更加独立于美国，从而制约美国霸权，从而建立更加公平合理的全球治理体系。事实上，美国的司法霸凌主义在不断瓦解其过去所树立的道德形象，让全世界人民看清美国依赖其军事暴力和金融、信息的垄断，有恃无恐地抡着贸易战的大棒在世界各地敲诈勒索，从而将其霸权建立在个人、公司、主权国家对其恐惧之上的本质，看清楚“美国优先”口号下以邻为壑、将全球秩序变成美国秩序的真面目。

从后冷战美国赢得“历史终结”的喝彩声到今天不过短短的二十多年，美国这个世界帝国正以惊人的速度在堕落和衰落。在这个意义上，法国人皮耶鲁齐的《美国陷阱》的出版具有划时代的警示意义。它让我们更加深切地理解美国在全球采取司法凌霸的实质，理解美国的资本主义腐败在如何加速美国的衰落。

全球法律秩序建构中的中国方案

中国文明是一个以农业为基础形成的以仁爱、和谐作为最高价值追求的文明，而西方文明从一开始就建立在海盗、商业贸易的奴隶制基础上，而现代西方的兴起又建立在枪炮殖民主义、账簿资本主义的掠夺基础上。因此，无论是资本主义与社会主义的对立，还是西方文明与中国文明的对立，始终充满着道德与资本之间的对立，这种对立在今天变成了人类命运共同体与西方种族中心主义在建构全球秩序中的对立。

人类历史是曾经分散在不同地区的国家、民族和文明不断分合交融的全球化历史。这个历史既是不同的国家、民族和文明之间相互交流、借鉴、学习和融合的历史，也是彼此竞争、冲突和战争的血与火的历史。“物竞天择，适者生存”，每个国家、民族和文明都面临着挑战与应战、生存与毁灭的考验。在这个意义上，我们可以说人类历史中的竞争、冲突和矛盾是现实的、永恒的，而和平、和谐往往是理想的、短暂的，而且每一次短暂的和平不过是为了下一次更为激烈的竞争储蓄力量、铺平道路而已。今天的中美贸易战绝不是发生在中国和美国之间，也不是局限于经济贸易，而是全球化进程中对全球秩序的不同利益、不同观念、不同价值之间的冲突和斗争。这场斗争将会深刻地影响全球秩序的未来发展方向。

人类历史是曾经分散在不同地区的国家、民族和文明不断分合交融的全球化历史。这个历史既是不同的国家、民族和文明之间相互交流、借鉴、学习和融合的历史，也是彼此竞争、冲突和战争的血与火的历史。

今天的中美贸易战绝不是发生在中国和美国之间，也不是局限于经济贸易，而是全球化进程中对全球秩序的不同利益、不同观念、不同价值之间的冲突和斗争。这场斗争将会深刻地影响全球秩序的未来发展方向。

“流水不腐，户枢不蠹”，“生于忧患，死于安乐”。这是中华文明历经几千年兴衰循环中的历史经验总结。特朗普发起的“贸易战”，让中国人从几十年和平繁荣中惊醒过来，认清我们身处其中的世界是西方文明所主导的世界，是由美国单极霸权支配的世界，是一个由技术、金融、贸易和法律所编织起来的全球法律帝国。然而，随着中国的崛起，美国支配的世界帝国政治法律制度和文化价值形态作为上层建筑已经不能适应中国经济增长和美国经济相对衰落所带来的全球经济基础的剧烈变化。这种经济基础与上层建筑之间的矛盾导致美国建构的世界帝国处于衰落之中，世界出现多极化趋势。今天，我们正处在一个旧的全球秩序已经在衰落但新的全球秩序还未见雏形的大转型时代。现在很多人喜欢用“持久战”来描述中美贸易战。若从这个角度看，1840 年鸦片战争到 1949 年新中国成立的百年历史属于战略防御的第一个百年，1949 年以来的七十年我们始终处在战略相持阶段，而中美“贸易战”不过是这场漫长的“持久战”中的一场战役而已，我们必须以更长的历史眼光来看待人类文明的未来发展走向。

中美“贸易战”不过是这场漫长的“文明持久战”中的一场战役而已，我们必须以更长的历史眼光来看待人类文明的未来发展走向。

1840 年以来，面对西方建构的全球秩序，中国以“师夷长技以制夷”的积极能动态度来学习西方的法律，从翻译《万国公法》、设立“总理衙门”乃至清末制宪改革和法律改革运动，都是在系统学习西方的现代法律知识，探索一条依法治国、建设现代法治国家的道路。在这个过程中，我们对西方法律（尤其美国法律）保持着辩证的态度。一方面，我们认为，西方法律制度对人类文明做出了巨大贡献，尤其是塑造了现代制度，从而成为我们认真学习和借鉴的榜样。特别是改革开放以来，我们在建设社会主义市场经济的过程中，始终坚持“市场经济就是法治经济”的原则，从而大规模地学习美国及其他西方国家的法律制度，正是基于这种开放的学习态度，推动中国特色社会主义法律体系初步形成，推动中国特色社会主义法治体系初具规模，推动国家治理现代化的进程，推动中国特色社会主义制度日趋完善和定型。

另一方面，在学习西方法律的过程中，我们秉持“师夷长技以制夷”的态度，基于现代法治的基本原理对西方法律中不合理的要素提出批判。在改革开放之前，我们对西方法律的批判集中在“不平等条约”问题上，而现在，当中国开始积极筹划参与全球市场经济建设，就必然要求中国承担起相应的责任来积极参与构建公正合理的全球法律秩序。在这个过程中，我们所要面对的首要任务就是批判美国将其国内法凌驾于国际法的司法霸凌主义。而这个批判就需要基于人类命运共同体的政治理念，探索建立更加公正合理的全球秩序。

十八大以来，中国改革开放和社会主义建设进入了新时代，这也是中国经济全面融入全球经济的时代。

世界日益离不开一个开放、发展和繁荣的中国，中国的经济发展和国家利益也和全球经济的发展息息相关。这就意味着我们必须以理性开放、积极有为的态度来建构一个更加公正合理的全球法治秩序。在这个过程中，“师夷长技以制夷”依然是我们的法宝，一方面要以开放的心态学习西方在推动全球治理进程中如何运用法律技术手段来建构全球秩序，另一方面要对美国的司法霸凌主义展开针锋相对的斗争，为中国经济和世界经济持续繁荣稳定奠定法律基石。如果说此前中国特色社会主义法治建设集中在国内法律体系和法治秩序的建构上，那么伴随着应对中美“贸易战”中的美国司法霸凌主义，我们需要加快建构中国特色社会主义的国际法律体系和国际法治秩序，从而将中国特色社会主义法治建设提升到历史的新阶段，为全球法律治理提供一个中国方案。

如果说此前中国特色社会主义法治建设集中在国内法律体系和法治秩序的建构上，那么伴随着应对中美“贸易战”中的美国司法霸凌主义，我们需要加快建构中国特色社会主义的国际法律体系和国际法治秩序，从而将中国特色社会主义法治建设进入到历史的新阶段，为全球法律治理提供一个中国方案。

美国的跨境金融支付布局及中国的应对

李诗鸿*

中美之间会爆发“金融战”吗？在中美“贸易战”爆发后，许多人提出这样的问题。贸易战与金融战存在哪些异同，我们在金融领域，尤其是在备受瞩目的金融支付领域需要做好何种准备，受到社会的广泛关注。贸易战的手段通常是表现为提高关税、商品禁运等限制性措施，往往浮于表层，容易为大众所知晓。相比之下，金融战的触及面更广、伤害更大，由于所涉及的手段较为隐蔽，且需要长远的眼光来布局，往往事先不容易为人们所熟悉和了解。美国是金融大国，金融业发展较早，制定了一系列标准，这些标准

* 李诗鸿，华东政法大学国际金融法律学院讲师，经济法律研究院副研究员，北京大学国际金融法博士、华政—上交所法学博士后，美国斯坦福大学访问学者，上海市晨光学者。

为包括中国在内的世界各国所借鉴和学习，也在一定程度上造成了对美国规则的依赖性。这种依赖性分散于各个层面，无论是在股市，还是在其他金融领域，一旦“战争”发生，将带来巨大的伤害。尤其是金融基础设施中的支付结算系统，关系着一国金融命脉，至关重要。我国台湾地区早期全面开放了金融系统，在支付领域允许外资进入，相关金融安全问题未引起足够的重视，时隔多年后，形成了 VISA 一家独大的局面。金融数据的流失导致安全隐患，美国甚至能比台湾地区早半年了解其经济运行状况，判断其是否会发生金融危机，以及金融危机具体的规模大小等。在美国对伊朗、朝鲜等国家的制裁中，美国银行同业支付系统 CHIPS 以及全球银行间金融电讯协会 SWIFT 发挥了精确打击的作用，其海量数据库，不仅使得隐藏在背后的资金转移无处遁形，而且可以顺藤摸瓜，挖掘各国之间微妙的政治生态平衡，如在中美“金融战”中使用，威慑力极强、杀伤力巨大。除非迫不得已，美方通常不会选择金融战的方式，但中国仍然需要提高警惕，时刻做好准备。

习近平主席多次强调：“金融是国家重要的核心竞争力，金融安全是国家安全的重要组成部分，金融制度是经济社会发展中重要的基础性制度。”

习近平主席多次强调：“金融是国家重要的核心竞争力，金融安全是国家安全的重要组成部分，金融制度是经济社会发展中重要的基础性制度。”因此，在本轮中美激烈较量中，金融安全作为维护社会和平稳定的重要因素，需要受到各方的高度重视。

银联与 VISA 之争

VISA 是总部位于美国加利福尼亚州的跨国金融服务公司，其通过 VISA 品牌的信用卡和借记卡进行全球的电子资金转账。VISA 不直接为消费者发行信用卡，仅为金融机构提供 VISA 品牌的支付产品。2015 年，VISA 的全球网络处理金额突破 6.8 万亿美元。多年来 VISA 积累了大量消费信息，能够实质性地分析某国或某个地区的海量消费数据。例如，根据 VISA 的隐私政策，其共享信息的主要方式包括，“用于防止诈骗和洗钱行为、提高安全性以及遵守国际制裁要求，包括根据相关制裁名单筛查用户”。据此，VISA 合法的使用数据权限相当宽泛。VISA 获得的相关数据，也能够为美国政府所用。

> 基于大数据自身的特性，全样本的分析有其天然优势，大数据的简单算法甚至优于普通数据的复杂算法，大数据追求混杂性，追求相关关系，可能获得许多维度的宝贵信息，并据此作出预测。

在数据的初始收集以后，VISA 往往还可能对数据进行深加工，尤其是对于消费大数据的综合分析，从中抓取人量关键趋势，对于预测经济社会的发展至关重要。基于大数据自身的特性，全样本的分析有其天然优势，大数据的简单算法甚至优于普通数据的复杂算法，大数据追求混杂性，追求相关关系，可能获得许多维度的宝贵信息，并据此作出预测。如果以此数据为基础展开贸易战乃至金融战，无疑获得了战略性的优势，所谓知己知彼、百战不殆。基于 VISA 的先发优势，许多国家和地区都对其敞开了大门。

VISA 在北美、澳洲和亚洲地区占据绝对优势地位，早年间 VISA 运用所谓的“脏咖啡杯系统”，通过团队成员的系统合作，高效地完成了专业电子系统的建设，这一过程，有别于传统团队管理体制，被称为“混序”模式。通过观察梳理发现，VISA 系统在其发展初期，具备了较强的活力，高效地创制了一套先进的系统。VISA 对于各国市场间的深度介入，及时而全面，也具备一定的前瞻性和杀伤力。以我国台湾地区为例，在全面开放金融市场的同时，当局并未意识到未来市场的走向，未能充分意识到金融信息的重要性，直到 VISA 一家独大之后，方懊悔不已。在与美国的博弈中，台湾当局将一个重要的筹码拱手让人，让人唏嘘，值得引以为戒。

VISA 和银联之间的关系也非常微妙：从早期的学习、互动，到发行双币卡、业务融合，到最终关系破裂、争执不断。VISA 与银联之间的斗争甚至上升到了国家层面，美国曾就银联相关问题提交到了世贸组织争端解决机构。2012 年 7 月，世贸组织争端解决机构发布专家组报告，驳回了美国对于中国银联垄断地位的指控，但支持了美国关于中国开放电子支付服务市场的主张。这意味着中国将有义务将电子支付服务市场逐步对外开放，允许银联以外的其他卡组织，包括 VISA，在中国境内发行人民币支付卡。2015 年 4 月，中国颁布了《国务院关于实施银行卡清算机构准入管理的决定》，但中国的银行卡清算机构仍只有银联一家。

VISA 是一个消费者所有制的企业，这种企业的治理架构和决策机制有别于普通股东所有制企业。

某种程度上，VISA 是一个很好的学习对象，如汉斯曼《企业所有权》一书的研究表明，VISA 是一个消费者所有制的企业，这种企业的治理架构和决策机制有别于普通股东所有制企业。而已经发展成为中国乃至全球最大清算组织的银联，就是在与 VISA 的借鉴、学习、对抗中产生、成长、壮大的。到目前为止，银联已经建成了具有自主知识产权、全国统一的银行卡跨行交易清算系统，银联卡受理网络已扩大到中国境内外 160 个国家和地区。它从最初的拜师 VISA，到摩擦不断，再到争斗升级和最终的分庭抗礼。

回顾历史，银联于 2002 年成立之初，就加入了 VISA 成为其收单机构。VISA 试图通过银联渠道，以入股或合作的方式进入中国，两者在 2002-2003 年陆续大量发行双币信用卡。在 VISA 的指导下，银联快速成长。但好景不长，这一模式很快遇到了问题，尤其是在境内外支付渠道的选择上，双方产生了一系列争议。随着银联不断壮大，其在境内业务之余，亦期待能够拓展海外业务，尤其是周边亚洲国家。这也触及了 VISA 的自身利益，双方争斗升级，最终导致双币信用卡退出市场。

银联与 VISA 之间的争斗从未停止过。由于 VISA 在境外占据绝对的优势地位，银联与 VISA 曾共同推出过双币卡，系为解决中国境外的卡组织无法进行人民币清算的问题，那时银联在中国境外普及率还不足。然而，为了自身的经济、政治利益，VISA 不断在海外对银联进行封堵，曾经一段时间，VISA 规定凡在中国大陆境外受理境内发行的“银联、VISA”双币种信用卡时，无论刷卡消费还是 ATM 取现，均不得走中国银联清算通道，否则将会面临高额的罚款。如韩国 BC 卡公司，由于在境外使用费率较低的银联通道，被 VISA 处以数十万美元的罚款。迫于 VISA 的压力，大多数机构在面临成本更低的银联通道时不得不放弃，也有不少机构就 VISA 的做法提起了反垄断诉讼。其后，银联亦发起反击，阻止包括 VISA 在内的境外卡组织结算人中国建设好银联，不仅是市场的需要，更是金融安全、国家安全的需要。

民币交易，即中国境内发行的VISA卡不得在中国境内进行交易，仅限中国境外消费使用；中国境内的VISA刷卡机只能结算境外发行的VISA卡。双方的较量没有停止，也不会停止。令人欣喜的是，银联在VISA的施压下迅速成长。就当前的国内外形势来看，跨境支付体系安全，银联功不可没。中国建设好银联，不仅是市场的需要，更是金融安全、国家安全的需要。

银联的主战场应在海外

处理好银联与第三方支付机构的关系。随着第三方支付机构的崛起，在金融支付领域，几家主要机构共同分享着市场和数据权利。在境内，第三方支付机构中，支付宝和微信两家份额较大。银联在第三方支付领域没有优势，支付便利程度和体验亦不如支付宝和微信。但银联近些年来一直努力试图瓜分第三方市场，并且运用市场优势地位，迫使支付宝和微信利用其结算支付渠道。目前来看，在境内支付的争斗，并没有给行业带来积极的效果，而且可能会提高交易费率，不利于交易相关方，包括消费者。银联作为结算机构，本身也涉及第三方支付业务，应当处理好与第三方支付机构之间的关系，我们不鼓励银联在没有优势地位的领域展开竞争，不鼓励银联以结算优势地位排挤其他竞争者。既想做清算机构，又想做第三方支付机构，银联所需的市场定位有差异，应当审慎处理好两者之间的关系。

处理好银联与网联之间的关系。网联全称“非银行支付机构网络支付清算平台”，主要是为第三方支付机构提供一个统一的独立清算平台，于2017年8月成立。网联作为全国统一的清算系统，主要处理非银行支付机构发起的涉及银行账户的网络支付业务。网联成立系为了应对第三方支付不规范行为，遏制投机、洗钱等非法行为，获取相关数据。网联成立，在一定程度上解决了安全、高效的结算问题。网联的部分股东为第三方支付机构，且网联本身不从事相关支付业务，不存在竞争性。2016年10月，中国人民银行下发了《非银行支付机构风险专项整治工作实施方案》，针对跨行支付业务的情形要求“支付机构开展跨行支付业务必须通过人民银行跨行清算系统或者具有合法资质的清算机构进行”。2017年8月，央行支付结算司向有关金融机构下发了《中国人民银行支付结算司关于将非银行支付机构网络支付业务由直连模式迁移至网联平台处理的通知》，要求第三方支付机构一律接入网联。

从接入网联进行清算来看，银联在境内清算领域的绝对优势地位被打破。至此，银联的地位应与网联之间存在一定的差异。银联需进一步扩大自身行业网络化优势，而非努力构造行业垄断。银联最大的优势在于海内外网络所构建体系的安全性、网络化、便捷化。而银联自身的优势地位短期内无法动摇，这通常是由于支付体系的架构是一个系统性工程，涉及与银行之间的关系，涉及国家对金融体制的监管和管控。当然，银联想要在域外有所突破，在这一领域必须做好打持久战的准备，深耕细作。

银联的主战场应在海外。从支付结算体系整体架构上来看，银联需要找准定位。一方面，第三方支付体系规模不及支付宝和微信；另一方面，在数据端口的介入上，由网联作为央行的指定机构。因此，银联的主战场应该在海外，即通过体系性架构和国家战略走出去，与其他类似机构在国际市场上展开博弈。随着银联网点的增多，其在亚洲部分地区影响力日渐增大，在国际结算体系方面的话语权日益加重，所获得的数据也是成倍增加。

从 2016 年始，银联与华为、三星等手机厂商的合作已然展开，相关的支付技术具备一定的优势。例如传统的第三方扫码支付，通常需要网络，而 Huawei Pay 等手机应用，无需解锁屏幕，无需打开 APP，无需联网，触碰即可付款。与扫码支付相比，这更符合西方银行主导的支付体系，有可能带来实质性的突破。同时，从 2018 年开始，中国银联和 Huawei Pay 联合推出华为手机 POS 机，这是一款基于手机智能终端的移动多功能收款产品，无需借助任何外接专用设备，使用华为手机，商户即可进行收单。这在解决了支付问题的同时，亦解决了收单问题，双轨并行，其前景广阔。

再者，银联的货币转换模式也存在一定优势，有利于消费者。在市场的自主选择方面，会存在一定的成本优势。具体来看，信用卡收费体系中，一个盈利的模式是收取动态货币转换费（Dynamic Currency Conversion，简称 DCC）。主流信用卡业务模式中，无论是 VISA 抑或 MasterCard，绝大多数占据市场支配地位的信用卡组织都存在收取动态货币转换费模式。具体是怎么收费的呢？以 VISA 为例，消费者如在泰国消费，需要先将泰铢转换为美元，美元计价发送到发卡行，发卡行再将美元转换为人民币。由于中间结算汇率为商户提供，通常高于银行，因此存在一笔汇兑收益，这笔收益将在商户、发卡行和结算机构之间分配。但银联本

银联与 VISA 等机构相比，在利益链条中没有更多的根深蒂固的模式、利益驱动，路径依赖性低，相对而言，创新的可能性也更高。国际市场，是银联施展拳脚的最佳竞技平台。

身不存在货币转换问题，故不收取动态货币转换费，也未将该交易模式用作盈利，而是将相关境外消费直接以人民币结算。这对消费者来说，就有一定程度的优惠。

凭借这一优势，银联更多的触角应该伸向海外，开发和利用先进的技术，创设新颖的交易模式，以获得竞争优势。银联与VISA等机构相比，在利益链条中没有更多的根深蒂固的模式、利益驱动，路径依赖性低，相对而言，创新的可能性也更高。国际市场，是银联施展拳脚的最佳竞技平台。

跨境支付体系杀手锏

美国早已认识到跨境支付体系的重要性，并将其作为杀手锏，熟练地运用到各类制裁中。

美国银行同业支付系统CHIPS以及环球银行间金融电讯协会SWIFT作为跨境支付体系的重要工具，其数据库是无价之宝，在多次金融战中发挥了重大作用。伴随着美元的主导地位，依托美国的强势地位，CHIPS和SWIFT在全球范围内拥有稳固的市场地位，难以撼动且少有替代。跨境支付体系和美元强势地位密切相关，大宗商品、石油等重要资源以美元结算，只要美元的优势地位在，那么依据其设计的结算体系当然就处于垄断地位。美国早已认识到跨境支付体系的重要性，并将其作为杀手锏，熟练地运用到各类制裁中。

依据相关流程，美国总统和财政部等部门依据法律授权发起金融制裁后，监管银行、美元清算机构等就会具体实施，主要是通过美联储的 Fedwire 境内支付系统和 CHIPS 跨境美元支付系统来实施，运用相关技术措施，将被制裁者阻挡在美元体系之外。CHIPS 指的是纽约清算所银行同业支付系统，是全球最大的私营支付清算系统之一，于 1970 年建立，主要进行跨国美元交易的清算，处理全球九成以上的国际美元交易。如若金融战爆发并引发金融制裁，相关美国金融机构一旦探知违反或可能违反金融制裁的金融行为，必须冻结其相关资产或者拒绝提供交易服务，并上报相关部门。因此，CHIPS 有权展开精准的金融制裁。与此同时，CHIPS 对于收集和处理数据的能力也是惊人的。只要当事人使用了跨境美元支付系统，CHIPS 就能获知相关信息，相关部门据此决策，亦能在博弈中立于不败之地。纵观美国对外金融战的历史，不难发现，美国利用《国际紧急经济权力法》《国家紧急状态法》《爱国者法》等诸多法律，赋予了美国政府发起经济制裁、将美元及其支付体系作为“金融核武器”的战略能力。

纵观美国对外金融战的历史，不难发现，美国利用《国际紧急经济权力法》《国家紧急状态法》《爱国者法案》等诸多法律，赋予了美国政府发起经济制裁，将美元及其支付体系作为“金融核武器”的战略能力。

作为金融战中的美国实施精准打击的重要工具之一，SWIFT 同样功不可没。SWIFT 是指环球银行间金融电讯协会，总部位于布鲁塞尔，为金融机构提供安全报文交换服务与接口软件，业务覆盖全球。SWIFT 作为一家负责发送和解读报文的机构，能够获得交易的时间、金额、有效期、出入银行编码、账户名称等有效信息，并将其加密传送至清算行以完成汇款。

SWIFT 受 G10 国家的控制，中国在 SWIFT 体系中没有任何话语权。美国运用其影响力，可从 SWIFT 调取受制裁方的金融交易与资金流通信息，甚至可以通过 SWIFT 将受制裁国的银行踢出国际支付清算系统。

SWIFT 受 G10 国家的控制，中国在 SWIFT 体系中没有任何话语权。美国运用其影响力，可从 SWIFT 调取受制裁方的金融交易与资金流通信息，甚至可以通过 SWIFT 将受制裁国的银行踢出国际支付清算系统。无论被制裁对象如何隐匿资产和资金流向，美国都能透过 SWIFT 系统查出蛛丝马迹，最终锁定目标。“9·11 事件”为美国获得 SWIFT 系统数据提供了更为正当的理由和契机，为打击恐怖主义，美国通过相关法律，共享了 SWIFT 数据。当年本·拉登的落网、基地组织的瓦解，SWIFT 都在背后默默地做出了贡献。在多次国际或地区较量中，乃至新的金融战之前，SWIFT 都发挥了极其重要的作用，甚至一招制敌、扼其要害。制裁土耳其、苏丹、俄罗斯、伊朗、朝鲜，亦曾出现过 SWIFT 的身影，例如美国曾多次以切断 SWIFT 系统与伊朗银行的连接作为制裁伊朗经济的重要手段，迫

如果说 VISA 所能获取的是面上的数据，可以被视为大面积轰炸的话，那么 SWIFT 和 CHIPS 所获得的就是精确制造的导弹，能够在海外实施精准打击。

使伊朗重回核谈判，凸显出精准打击的威慑力。如果说 VISA 所能获取的是面上的数据，可以被视为大面积轰炸的话，那么 SWIFT 和 CHIPS 所获得的就是精确制造的“导弹”，能够在海外实施精准打击。

跨境支付体系的四大特点

通过前文论证，不难发现跨境支付体系所获取的是大数据，据此作出政治、经济的决策和判断是相对合理的，这不仅是就当前经济形势而言，并且具有一定的前瞻性。中美作为世界上两个最大的经济体，彼此合作与竞争、各有优势，但在金融领域，尤其是跨境支付体系，中国对美国成熟体系的依赖较深。全面了解当下跨境支付体系的特点，有利于更好地认识与应对支付体系的变局。具体来说，跨境支付体系所获得的数据，在应用层面具有以下四个方面的特点：

数据信息是决策的基础，谁能获得、拥有金融支付大数据，谁就占据绝对的优势地位。

第一，跨境支付系统获取的是大数据。基于大数据自身的特性，全样本的分析有其天然优势，排除了干扰，避免了精确性本身的缺陷，并据此作出相对可靠的预测。由于当前的科技发展尚未能完全分析出金融数据之间的因果关系，因此，找寻关联关系并进一步分析出规律显得尤其重要，数据信息的价值就在于此。从本质上说，金融支付就是数据化的信息，一旦世界被数据化，信息的作用就被无限地放大了。数据信息是决策的基础，谁能获得、拥有金融支付大数据，谁就占据绝对的优势地位。金融支付大数据将产生相关领域的垄断，难以克服、难以抵抗，因此构建自身的体系尤为重要，唯有自身掌控大数据，才是真正的解决之道。

大数据主要考虑“是什么”，而不是“为什么”，更注重的是“相关关系”，而不是“因果关系”。相关关系很久以前就已经为人们所运用，但是限于研究主体的偏见以及所获数据的有限性，关联关系的可靠程度不高，并且需要长期反复的验证。而在金融大数据时代，计算能力显著提升，通过运算得出关联关系变得更快，也更加准确。同样，金融大数据本身衍生的价值亦需要重视。第一眼能够看到的仅仅是冰山一角，大量的内容还有待深入挖掘。出于同一个目的，数据能够被反复地加以利用。

在数字经济时代，数据本身就是研判社会发展状况的晴雨表和指南针。一切经济社会发展状况和进程，皆可以量化。

第二，能够准确分析判断经济社会发展状况。在数字经济时代，数据本身就是研判社会发展状况的晴雨表和指南针。一切经济社会发展状况和进程，皆可以量化。由于数据自身来源分散，且单一交易具有隐蔽性，惟就金融大数据进行组合分析方能做出研判。支付大数据的价值不仅源于数据本身，更多的是缘于它的二次利用。在数据被初始收集后，支付系统往往还可以对数据进行深加工，尤其是针对金融、消费大数据的综合分析，能够从中抓取大量关键趋势，准确分析判断经济社会的发展状况。

当个体的支出大大超出其收入的时候，那么，我们可以预测此人的还款能力下降。而当社会消费数据显示消费大大不足的时候，可能就是产生经济危机的前兆。

第三，能够科学预测经济社会发展趋势。金融支付数据在预测经济社会的发展方面，作用凸显。例如，当个体的支出大大超出其收入的时候，那么，我们可以预测此人的还款能力下降。而社会消费数据显示消费大大不足的时候，可能就是产生经济危机的前兆。获得的信息和数据越多，这些预测也就越准确。大数据随着算法的优化，能够进一步地提升预测的可靠性，大大克服了单纯依靠人类判断力的不足，优势尽显且无可替代。大数据所作出的对于社会发展趋势的研判，为我们创造了前所未有的丰富的可量化维度。就好比一张 5.25 寸的软盘为移动阵列存储的硬盘所替代一样，信息量级得到了大幅提升。算法、模型的再优化，数据收集技术的再提升，移动通讯模式的再升级，都会使支付体系对预测社会发展趋势的作用更加凸显，使预测更为准确。

无论是伊拉克的石油交易，还是恐怖组织的军火买卖，在大数据的算法面前，都难以遁形。支付体系依赖于货币体系，共生共存，只要美元体系仍处于强势地位，跨境支付体系就处于绝对优势。

第四，具备精准打击能力且事关国家安全。前文所提到的跨境美元支付系统 CHIPS 以及环球银行间金融电讯协会 SWIFT，基本上获取了跨国支付交易的全样本和以美元为主的海量交易信息。无论该支付所依据的基础交易为何，都能够通过相关的分析查出蛛丝马迹，最终锁定目标，进行精准打击。无论是伊拉克的石油交易，还是恐怖组织的军火买卖，在大数据的算法面前，都难以遁形。支付体系依赖于货币体系，共生共存，只要美元体系仍处于强势地位，跨境支付体系就处于绝对优势。一旦金融战爆发，相关跨境支付系统数据的打击能力不可小觑，事关国家安全。在此领域，中国应具有构建一套自主的体系的远见，预防大范围的数据流失。

中国的应对之道

“要打好防范和抵御风险的有准备之战，也要打好化险为夷、转危为机的战略主动战”。

习近平总书记就当下形势作出了重要论断，“要打好防范和抵御风险的有准备之战，也要打好化险为夷、转危为机的战略主动战”。为贯彻落实这一重要论断，中国在相关领域已经展开布局，具备一定的优势地位，例如我们的银联系统目前已经可以与 VISA 相匹敌，我们的人民币跨境支付系统 CIPS 已然建立。然而，国际形势依然严峻，为了积极应对，在支付结算领域不受制于他国，乃至开创一番新局面，中国仍需努力探索并全面把握。

首先，应继续拓展银联海外业务，对抗 VISA 等体系。 银联的主战场应在海外，与 VISA、MasterCard、JCB 等跨境支付结算机构积极竞争、分庭抗礼。美国等先发优势国家，信用卡支付体系已经形成且较为完善，银行利益团体强势，第三方支付体系难以发展。银联可以利用自身技术创新，在不同的跨境支付场景中发挥作用，以吸引更多的消费者。例如，利用科技发展改变市场交易关系，银联一方面通过与硬件厂商联合，推出具有最新技术的支付系统，并进一步优化收单系统加以配合，相关市场主体接受的程度得到了大大的提升；另一方面，银联还需要构建更多的、更扎实的基础设施，如 ATM 机、支付端口等，提升消费者使用的便利度。利用好自身结算的优势地位，积极抢占国际市场份额。由于支付具有规模效应，一旦马太效应产生，跨境支付系统格局将出现崭新的变化。

其次，可结合“一带一路”倡议，积极推进人民币国际化及其结算体系。 支付结算体系与人民币国际化密切相关。一方面，国际化体系性架构的核心点在于中国应构建自己的结算交易报文体系，作为 SWIFT

系统的替代，为人民币跨境交易中的商业银行之间和商业银行与中国人民银行之间的支付业务提供信息传递服务，以保证关键交易信息的安全。另一方面，就人民币跨境支付体系建设而言，当务之急是结合“一带一路”倡议，利用东连亚太经济圈、西接欧洲经济圈的地缘优势，分步骤、分区域、分时段地推广人民币国际化及其支付结算体系。

为了应对支付结算危局，中国的人民币跨境支付体系 CIPS 应运而生。自 2015 年上线以来，整合人民币跨境清算渠道，提高人民币跨境支付结算效率，一定程度上摆脱了美国对中国的桎梏。依据相关设计，人民币跨境支付体系 CIPS 将逐步取代各金融中心的指定结算银行，成为人民币在全球范围内使用的重要举措之一。但 CIPS 仍然存在结算范围小、结算时效差、结算银行少等方面的显著不足，亟待提升。二期试点已经启动。与一期相比，二期延长了交易时间，拓展了直接参与者类型，引入金融市场基础设施类直接参与者，明确了参与者的具体条件，在一期实时全额结算（RTGS）模式的基础上引入定时净额结算（DNS）模式，实现混合结算功能，为下一步举措奠定了基础。

就当前的金融支付体系来看，不仅仅存在中美之间的冲突，也存在美国霸权主义与全球多极化格局之间的冲突。

最后，需联合其他经济体，共同打破美国金融支

付体系的垄断地位。就当前的金融支付体系来看，不仅仅存在中美之间的冲突，也存在美国霸权主义与全球多极化格局之间的冲突。其他经济体也会同样意识到结算支付体系的重要性，陆续开发自我主导的系统，如欧盟正在研发新的现收现付技术，希望能够打破 VISA 等机构的垄断地位。2019 年初，德法英三国联合推出了“支持贸易往来工具”INSTEX 系统，用来与伊朗进行商贸结算，以避开美国制裁。中国可以联合上述国家以及欧盟其他成员国、俄罗斯等大型经济体，开发构建起美元系统以外的多极结算制度系统，作为美元支付体系的替代和补充，以应对不时之需。

贸易战既是“危机”也是“机遇”，美国对于中国的施压，对中国来说也是一次成长的机会。尤其在跨境支付领域，中国有机会摆脱对美国支付体系的依赖，建立起一套自主的系统。中美“贸易战”以美方对中国 5000 多亿美元商品加征关税作为全面爆发的标志，金融战却深藏不露，可能是一场漫长的较量，或许早已布局、早已开始。这场看似没有硝烟的金融战争，不仅仅是中美之间的冲突，也是美国霸权主义与全球多极化格局之间的冲突。深层次的跨境金融支付体系的建设是金融市场基础设施的必要组成部分，发挥着战略性作用，事关国家安全。支付系统依托于货

这场看似没有硝烟的金融战争，不仅仅是中美之间的冲突，也是美国霸权主义与全球多极化格局之间的冲突。

币系统，在国际政治经济角逐中的作用应受到更多重视。伴随人民币国际化，人民币跨境支付系统将推动在“一带一路”项目框架下使用人民币。中国应着眼未来，目光长远地建立跨境支付体系，进一步提升中国在国际金融领域中的话语权和竞争力。

“新冷战”的理论误区

——如何理解现代化道路的“中国方案”

强世功*

近期，美国对华政策之所以从“接触”转向“遏制”、从“合作”转向“竞争”，就在于中国没有走美国期望的经济上“华盛顿共识”的市场化道路和政治上多党选举的民主化道路。基于这种“落空的期望”，在特朗普政府对中国发起“贸易战”之际，美国朝野上下都在讨论为什么此前美国严重“误判”中国，对中国通过经济自由化而走向政治民主化的期望落空，导致中国从其心目中期待的“责任承担者”变成了战略竞争者。

美国始终相信西方文明，尤其美国文明代表人类文明的未来，美国有使命在全球推广其生活方式。

这场关于“误判中国”的讨论与七十年前那场关于“失去中国”的讨论一样，根本在于美国始终相信西方文明，尤其美国文明代表人类文明的未来，美国

* 强世功，北京大学法学院教授。

有使命在全球推广其生活方式。这种基于“昭昭天命”的使命意识不断地推动美国从本土到全球的扩张，乃至于建立起“新罗马帝国”。因此，“历史终结”与“新罗马帝国”有机地结合在一起，构成美国政治的核心主题。正如米尔斯海默所言，自由国家都有根深蒂固的十字军心态。因此，美国就像卡根所说的，实际上是一个“危险的国家”，它在全球范围内的扩张必然挑起各种冲突，这种冲突以激烈的热战和和平竞争的冷战方式交替进行，或者同时出现。这些冲突在实质上是国家实力之间的较量，但每一种较量都会以意识形态的方式展现出来，因为这种意识形态在国家实力的较量中构成了重要的“软实力”，以此增强国家的实力。比如美国在取得西半球主导权的过程中就曾经与英国、西班牙等欧洲强国发生战争，这些战争在美国意识形态宣传中被描述为自由的“新世界”战胜欧洲殖民主义的“旧世界”，而从欧洲殖民帝国中“解放”出来的美洲殖民地则变成了美国的“后花园”，被强行纳入到美国的帝国体系中。美国卷入两次世界大战之后就取代了欧洲列强成为世界超级大国。此后，苏美两个超级大国争夺全球统治权的漫长冷战在意识形态上又被描述为共产主义/极权主义与资本主义/自由主义的争夺。从这个角度看，我们就会注意到，当美国

美国就像卡根所说的，实际上是一个“危险的国家”，它在全球范围内的扩张必然挑起各种冲突，这种冲突以激烈的热战和和平竞争的冷战方式交替进行，或者同时出现。

担心中国崛起挑战其建构“新罗马帝国”的全球战略时，中美关系就可能陷入所谓的“修昔底德陷阱”。美国已经在意识形态上开始建构中美之间这场实力的竞争，要么将中美“贸易战”引发的冲突称之为“新冷战”(new cold war)，要么称之为“文明冲突”，无论哪一种意识形态宣传，实际上都是美国打击中国为维护其“新罗马帝国”提供理论借口。

目前，美国基于其“冷战”的历史经验，正在着手按照“新冷战”战略，试图在理论上系统地将中国建构为其自由民主理想的“对手”甚至“敌人”。具体而言，在经济层面上，将中国的社会主义市场经济发展模式概括为“国家资本主义”；在政治层面上，将中国特色社会主义制度概括为“共产主义专制”的回潮；在意识形态层面上，将中国归结为民族主义。这种观点无疑是“冷战”思维的产物，试图用这个“旧概念”来凝聚西方自由主义的共识显然是无效的，因为中国虽然具有共产主义传统，但中国特色社会主义制度并非建立在自由民主这些现代价值观的反面，相反是在自由民主的基础上探索中国自己的现代化道路，走出一条不同于西方的现代化道路，从而为后发国家提供迈向现代化道路的“中国方案”。就此而言，中美的分歧与“冷战”的意识形态对立完全没有关系，而

中国虽然具有共产主义传统，但中国特色社会主义制度并非建立在自由民主这些现代价值观的反面，相反是在自由民主的基础上探索中国自己的现代化道路，走出一条不同于西方的现代化道路。

是西方独占现代化道路，还是不同国家可以探索不同现代化道路的多元现代性问题。

国家与市场：“国家资本主义”的误区

在美国语境中，“新冷战”虽然是一个用法广泛的概念，但以往主要用来指向俄罗斯，尤其俄罗斯与乌克兰的冲突引发西方关于“新冷战”或“第二次冷战”的讨论。而现在，这个概念更多地指向中国，甚至出现“俄罗斯—中国轴心”的话语。2018 年 10 月 4 日美国副总统彭斯就中美贸易问题、南海问题、台湾问题等全面指责中国，认为几十年来美国对中国的善意接触使其更加大胆，不仅在东海和南海变得更加具有进攻性，而且扭曲自由市场、盗窃知识产权并挑战中国内部和世界上的民主价值。他认为，中国的行为损害了美国利益，损害了美国及其盟友坚持的自由价值，美国在特朗普政府领导下要对中国说“不”。这个演讲被普遍看作是“新的铁幕演说”，并预示着中美“新冷战”的开始。如果和中美“贸易战”联系在一起，“新冷战”首先就集中表现为经济发展模式之战，即中国形成了独特的经济发展模式，这种模式被概括为“北京共识”，从而对美国在全球推广的“华盛顿共识”构成挑战。这两种模式在更广泛的层面上被概括为美国的“市场资本主义”（free-market capitalism）与中国的“国家资本主义”（state capitalism）之间的冷战。

“国家资本主义”的理论建构在于突出与“市场资本主义”对立，强调国家力量介入经济发展（或扭曲市场经济）来推动经济增长的发展模式。这个概念最初源于19世纪末20世纪初对德国经济发展模式的概括，但后来也被广泛用来概括西方国家在“凯恩斯主义”指导下加强国家对市场经济的调控，也用来指苏俄和新中国早期采取的国有和私营混合的经济发展模式。然而，新一轮关于国家资本主义的讨论集中在2008年以来，恰恰是宣扬“自由市场”的西方陷入金融危机，而中国经济继续保持增长并带动了世界经济走出危机的转折时期。因此，这一轮讨论不仅在讨论“国家资本主义”在全球范围内的回潮，更重要的是将矛头指向中国、俄罗斯等国，从而批判这种经济发展模式。其中，中国政府被指控为利用国有企业来管理重要资源并创造就业，通过政府补贴来推动私有经济在某些领域的发展，而且政府的动机不是经济增长，而是保持并扩张政治权力和领导权的存续。中国的“国家资本主义”发展模式推动了中国经济的迅速发展，从而构成对西方价值观念的挑战，甚至认为到了“新冷战的边缘”。[1]

美国在这个时候发起对中国“国家资本主义”的指控，不仅与2008年以来全球经济的变化和美国调整对华战略有关，更重要的是在舆论上配合美国、欧盟和日本联合起来，在当时即将到来的2016年拒绝承认中国在WTO中获得“市场经济地位”。因此，无论是2016年12月美国商务部公布的《关于中国非市场经济地位备忘摘要》，还是2017年12月欧盟委员会公布的《关于在贸易防御调查中中华人民共和国经济中的严重扭曲问题》，对中国是否属于“市场经济”的判断并非完全依据法律的技术标准，很大程度上来自对“国家资本主义”的政治意识形态的判断。比如，美国就认为“中国的制度结构以及中国政府和中国共产党借此结构所进行的控制造成了根本性的经济扭曲，使非市场条件在中国经济中占据了主导地位”，并基于“维持国有企业领导地位”的法律授权，认定中国是非市场经济国家。可以说，“这份备忘录把中国的‘市场经济地位’问题上升到对中国政党制度和国家治理方面的抨击，把市场经济地位的评估转移到中国与西方国家体制的分歧上”。[2]

对中国是否属于“市场经济”的判断并非完全依据法律的技术标准，很大程度上来自对“国家资本主义”的政治意识形态的判断。

如果和1991年以来美国针对中国发起的前五次

"301 调查"相比较，就会发现前五次"301 调查"都针对具体的问题和诉求，比如第一次和第三次都是针对知识产权问题，第二次针对的是市场准入问题，第四次是关于第三次调查协议的执行问题，第五次是关于新能源行业的政府补贴问题。美国政府提出的诉求都会指向具体的行业、产品乃至涉及的法律或协议，从而双方能够在客观的基础上依据规则最终达成协议。然而，正是基于"国家资本主义"的意识形态判断和"非市场经济地位"的法律认定，这一次美国对中国发起的"301 调查"却是一副漫天要价的样子。一方面直接指向"中国制造 2025"中列出的 10 个领域，几乎涵盖商业贸易的各个领域，另一方面甚至提出在 2020 年之前中国要减少对美国的贸易顺差 2000 亿美元，这个数字缺乏客观的合理依据，而且是根本不可能实现的目标。因此，这次中美贸易谈判与此前的不同，不是要解决具体的贸易不平衡问题，而是要以一种所谓"极限施压"的谈判艺术，从根本上改变所谓的"国家资本主义"的发展模式，包括体制上解决国有企业问题、放弃"中国制造 2025"制造业升级的发展战略等，甚至提出要在中国建立相应的核查执行机制。可见，美国这次对中国发起的"301 调查"报告不再是基于事实和法律规则所形成的法律文件，而更像是对

将中国的"社会主义市场经济"指控为"国家资本主义"并在 WTO 中否认中国的"市场经济国家"地位，无疑构成了中美"贸易战"根本性的制度和发展模式的分歧。

中国的发展和成就展开系统指责的政治文件，以至于有论者指出，这个文件“如果剔除报告中不公平和不公正的用词，基本上就变成了对中国政府如何成功地推动科技和贸易发展的合理合法行为的经验总结。因为报告中提出的大量所谓的‘证据’，如果认真考察其形成历史的话，都是中国政府和企业认真学习发达国家，主要是美国的先进经验，并在此基础上认真执行变成中国自己的成功经验。只是中国人做事情更勤奋、更认真，所以把美国人、日本人的管理经验执行得更充分、更彻底，从而在竞争中占有优势而已”。[3]可见，将中国的“社会主义市场经济”指控为“国家资本主义”并在WTO中否认中国的“市场经济国家”地位，无疑构成了中美“贸易战”根本性的制度和发展模式的分歧。经济发展模式的分歧似乎正在变成“新冷战”的起点。

对中国经济发展的“国家资本主义”意识形态指控在理论上并不能成立。恰如弗格森所言：“将世界过分简单化地划分为‘市场资本主义’和‘国家资本主义’阵营没有任何帮助。现实是多数国家都处在干预经济的光谱上，只是干预经济的意图和干预程度各不相同而已”，“现在我们都是国家资本主义”。

事实上，也是在2008年这个时候，关于中国改革开放何以取得成功，中国学术界也在展开一场争论。一派认为中国改革开放的成功恰恰源于“华盛顿共识”所提供的私有化、市场化和自由化的改革，而这一切要归功于邓小平的改革开放；另一派认为不能将中国改革开放的前三十年和后三十年对立起来，要在这个连续性中看到中国政府在中国经济发展中扮演的积极角色，而这种独特的角色就成为所谓的“北京共识”或“中国模式”的核心。“北京共识”这个概念就是回应作为原教旨的“市场资本主义”的“华盛顿共识”。无论“北京共识”还是“中国发展模式”，都在强调政府在推动经济发展中的重要作用。然而，经历了1930年代经济大萧条之后，西方资本主义进入了福利国家时代，无论欧洲还是美国都在强调政府在经济活动中的作用。在这个意义上，对中国经济发展的“国家资本主义”意识形态指控在理论上并不能成立。恰如弗格森所言：“将世界过分简单化地划分为‘市场资本主义’和‘国家资本主义’阵营没有任何帮助。现实是多数国家都处在干预经济的光谱上，只是干预经济的意图和干预程度各不相同而已”，“现在我们都是国家资本主义”。因此，在他看来，“我们这个时代真正的竞争并不是在国家资本主义的中国与市场资本主义的美国和处于二者之间的欧洲来展开的。这是一场在所有三个地区都在进行的竞争，因为我们都努力在创造财富的经济机构与规制和重新分配财富的政治机构之间取得适当平衡”。[4]

在这个意义上，我们恰恰需要关注的是中国和美国在政府权力介入市场经济的不同方式以及这些不同的方式背后所要实现的政治目标。事实上，在自由资如果说美国因为中国是“国家资本主义”而对中国发起贸易战，那么欧洲、印度、日本等国应该是“市场资本主义”，可为什么美国对这些国家也同样挥舞贸易大棒呢？

本主义兴起的过程中，“自由资本主义”的神话始终与财政—军事国家的崛起紧密联系在一起，西方的海洋自由贸易始终伴随着海军的发展，而所谓西方列强争夺、划分势力范围其实都是自由资本主义市场竞争的一部分，也是资本主义的政府权力介入市场的标准形式，而自由贸易与贸易保护在西方的争论实际上就是讨论政府权力如何介入市场经济的问题。美国的政府权力始终在国内推动技术和经济的发展，尤其是内战之后到提出“门罗主义”之际，始终采取强硬的贸易保护政策帮助美国企业发展，直到一战之际随着美国工业实力的增强才开始倡导自由贸易，并在国际上帮助美国企业打开世界市场，这是美国国家权力进入市场经济的直接方式。比如面对同样是市场经济国家的日本，当美国企业无法与日本企业竞争的时候，美国就强迫日本与其签订“广场协议”，从根本上打击日本产业的市场竞争力。当美国的企业无法与同样奉行自由市场资本主义欧洲的企业竞争的时候，美国就通过国内法的“长臂管辖”原则设计出“美国陷阱”，精准地打击与美国形成产业竞争的跨国企业，用国家法律的方式展开经济战争。如果说美国因为中国是“国家资本主义”而对中国发起“贸易战”，那么欧洲、印度、日本等国应该是“市场资本主义”，可为什么美国

美国国家以独特的方式介入市场经济，有其政治目标，那就是确保美国的科技、工业、商业和贸易始终处在全球竞争的领先地位，并通过这种经济上的霸权来巩固其政治军事霸权，从而建构一套完整的世界帝国秩序。

对这些国家也同样挥舞贸易大棒呢？在这种“贸易战”中，特朗普更是高调宣布美国政府要采取一系列措施支持5G技术的发展，以赢得这场技术竞赛。更不用说，美国在全球建立军事霸权、捍卫美元体系都是用国家力量来介入全球市场经济的发展。可见，美国国家以独特的方式介入市场经济，有其政治目标，那就是确保美国的科技、工业、商业和贸易始终处在全球竞争的领先地位，并通过这种经济上的霸权来巩固其政治军事霸权，从而建构一套完整的世界帝国秩序。

“经济平等”：中美经济发展模式的根本差异

相比较而言，中国的经济发展始终强调同时发挥市场与政府两个方面的积极性，中国的市场经济镶嵌在社会主义制度中，必然有一些和社会主义制度相互嵌套的经济运行模式。而中国特色社会主义市场经济与美国资本主义经济的根本区别就在于中国始终秉持社会主义的基本价值观，在市场经济的条件下依然不遗余力地捍卫“经济平等”这个价值，不断缩小阶层、城乡、地区和民族之间的差异。而美国的资本主义制度强调市场自由，抑制“经济平等”，美国的自由民主

中国特色社会主义市场经济与美国资本主义经济的根本区别就在于中国始终秉持社会主义的基本价值观，在市场经济的条件下依然不遗余力地捍卫“经济平等”这个价值，不断缩小阶层、城乡、地区和民族之间的差异。

美国的资本主义制度强调市场自由，抑制“经济平等”，美国的自由民主体制所允诺的自由平等也就变成了空洞的话语，而这恰恰是美国民粹主义兴起的深层根源。

体制所允诺的自由平等也就变成了空洞的话语，而这恰恰是美国民粹主义兴起的深层根源。当美国的自由资本主义体制无力在国内解决日益扩大的经济不平等问题时，就将国内的经济不平等矛盾转移到国外，寻找“替罪羊”，而这恰恰是自由资本主义不断挑起战争最后发展为帝国主义的制度根源。因此，美国国内经济阶级矛盾越紧张，美国对中国发起经济战争、科技战争、金融战争乃至军事战争的可能性也就越大。这是几百年来资本主义发展的内在规律。

在中国的社会制度中，我们寻求在国内制度中解决阶层经济矛盾问题，而不是将其通过战争等方式转嫁到国外，我们的国有企业制度恰恰是保障经济平等的一项重要制度安排。假如在金融、电力、电讯、铁路、钢铁等领域中没有这些国有企业，那么边远落后地区就很难有均等的发展条件。因为从市场经济的角度看，在边远落后地区投资铁路、公路和电讯会造成巨额的亏损，这一切是市场经济条件下的私营企业不会投资的，这也是今天美国面临的问题，它不可能像中国那样实现“村村通”，而唯有中国的国有企业才会在这些地区进行投资建设。此外，中国政府要从根本上解决贫困问题，中国解决贫困的办法不是单纯依靠西方式的福利政策，而是政府帮助贫困人口来组织和发展经济，政府需要扮演经济组织者角色，制定相应的经济发展和产业布局的战略，帮助贫困人口有能力在市场经济中生存并发展起来。

正是基于“经济平等”这个政治理念，中国特色社会主义市场经济实际上秉持与当年美国新政自由主义者推动建设“伟大社会”相似的政治理想。然而，经过1960年代的美国左派“文化革命”之后，美国的自由派放弃了新政自由主义者推动经济平等的政治理想，从经济问题转向文化问题，强调种族、性别、文化和宗教的平等，而放弃了对经济问题的关注，放弃了作为新政自由主义政治基础的美国南方蓝领工人，从而使得这部分经济上的穷人变成了保守派的政治基础。而随后的里根政府时代保守主义和新自由主义的崛起，使得美国更加依赖在海外攫取财富，美国华尔街上层的繁荣掩盖了美国基层的贫困，这就是特朗普念念不忘的基础设施建设、制造业衰落的就业问题。而今天，特朗普保守主义经济政策依然不敢正视“经济平等”这个困扰了资本主义几百年的问题，依然采取帝国主义的旧模式，试图向外转嫁内部经济矛盾。

“北京共识”的深层意义就在于冷战结束之后，探索出一种推动人类经济发展和社会和谐稳定的中国特色社会主义的新道路、新方案。

可见，中国的社会主义制度的国家性质决定了中国的经济运行模式不可能与西方完全相同。“北京共识”的深层意义就在于冷战结束之后，探索出一种推动人类经济发展和社会和谐稳定的中国特色社会主义的新道路、新方案。如果特朗普真正想要解决美国的经济问题、解决美国工人的贫困问题，也许应该借鉴并接受中国“经济平等”的理念，像中国的经济发展模式学习，就像奥巴马投资拍摄的纪录片《美国工厂》所述，中国企业的某些制度和企业文化值得借鉴，而不是退回到冷战的立场，把中国探索新的发展道路简单贴上“国家资本主义”的标签，进而与美国的经济发展制度对立起来。

政府的积极性：发展战略与经济伦理

要理解中国经济的发展模式，首先必须在概念上将作为目标的“市场经济”与迈向市场经济中的“市场化”区分开来。基于法律交易的“市场经济”全世界一样，但迈向市场经济的道路却必须要结合本国的国情和特定的历史条件。每个国家的社会经济状况不同，历史文化传统不同，由此迈向市场化的道路也应当不同。英国从其脱离基督教—罗马帝国开始就是一个海洋商业国家，美国自建国起就是一个移民商业社会，这些国家并没有传统社会的制约力量，从一开始就走向了自由资本主义的发展模式。然而，即使在西方，欧洲大陆国家，从法国到德国，因为拥有强大的封建力量和下层贫困人口，在迈向市场化的过程中始终要解决基层贫困人口的问题，以至于更加强调政府与市场协调合作的连带关系，从而形成有机国家和福利国家这样的整体性概念。这些国家在迈向市场经济的过程中所走的道路不同于英美国家，至今依然秉持“第三条道路”，以至于英国在欧盟的影响下也开始走“第三条道路”，而今天英国“脱欧”的一个重要原因依然是其在欧盟的“第三条道路”与美国的自由市场国家之间进行选择。苏联和中国这些后发国家采取了社会主义计划经济的模式，迅速实现了工业化，将一个积贫积弱的传统小农社会迅速提升为工业化国家，尤其苏联，短短几十年就发展为世界强国，而中国改革开放短短四十年也发展成世界第二大经济体，这不仅归功于新中国前三十年的计划经济体制，更要归功于既发展市场经济也始终坚持政府在经济发展中的宏观主导作用。

苏联在从计划经济迈向市场经济的过程中，按照美国专家提供的方案，通过“休克疗法”一步到位地迈向市场经济，结果导致了经济崩溃、国家解体。而中国经济发展模式的重要意义恰恰在于找到了用国家进行战略调控，从而循序渐进地、稳健地迈向市场经济的“中国式的市场化道路”。其中，政府所扮演的角色就是制定国家各个层面上的战略规划。比如：国家不仅制定中长期发展的战略规划，并具体落实到“五年计划”中；国家制定有效的改革开放战略，从沿海到内地梯次推进，从而保持了沿海与内地、城市与乡村不同经济发展形态的分工体系；国家通过建立经济特区和自由贸易区的试验对管理、规则和技术消化之后再逐步推开，从而提供学习、消化和掌握市场经济的制度缓冲区；国家支持核心技术领域的自主技术政策；国家依据区域经济和技术发展的内在规律推出有效的产业政策等等。这一套循序渐进，不断学习、实验、纠错的“市场化”路径与美国的“华盛顿共识”所提供的采取“休克疗法”的市场化路径形成了鲜明的对比。更重要的是，这种长远规划恰恰克服了西方选举体制下政府的短期行为，以至于中国不仅被作为美国的竞争者，而且被看作是值得美国学习的导师。[5]

不是社会和国家的发展来适应市场经济的要求，而是市场经济的发展要适应社会和国家的要求，这恰恰是社会主义区别于资本主义的根本所在。

国家之所以制定经济发展战略和规划，一个重要原因就在于中国秉持的社会主义原则始终强调市场经济从来不是独立于社会并反过来支配社会和国家，相反市场经济始终镶嵌在社会和国家体系中，因此不是社会和国家的发展来适应市场经济的要求，而是市场经济的发展要适应社会和国家的要求，这恰恰是社会主义区别于资本主义的根本所在。而国家对市场经济的发展不仅在于计划战略的指引，更在于为市场经济的发展提供一套完整的伦理文化支持。在英美，这种资本主义的工作伦理精神是由基督教所提供；而在中国，这个文化伦理和工作伦理恰恰是由国家提供的。当西方文化左派发起的后现代主义解构一切神圣的传统后，在性解放、同性恋这样的后现代文化中成长起来所谓的“垮掉的一代”，若没有紧密的家庭纽带、教会提供的教育和大学的教育，便很难建立起强有力的经济伦理和工作伦理。而这正是西方下层社会面临的根本性难题，他们更愿意依赖富人的同情心来生活，等待政府提供的福利，而不愿意通过辛苦的工作来创造财富。这恰恰是制造业在欧盟空洞化的根源，即整个西方发达国家依赖金融资本在全球席卷财富，下层社会依赖上层精英资本创造的“溢出效应”，当西方资本主义陷入金融危机时，美国内部的危机则逐渐显现出来。而中国市场经济的发展动力不仅来自国家规划，更得益于国家提供的一整套文化价值体系，市场经济释放出中国人的聪明才智以及勇于创造、勇于竞争、吃苦耐劳、勤俭节约、诚实信义、家庭孝心等传统美德，传统儒家伦理和社会主义伦理实际上构成了支撑

传统儒家伦理和社会主义伦理实际上构成了支撑中国市场经济全面发展的精神力量。

中国市场经济全面发展的精神力量，以至于成为“世界工厂”。在今天这个世界上，也许只有中国政府的各级公务员、大小企业的管理层和普通员工，才能在不管环境有多恶劣、条件有多艰苦的条件下，接受“白加黑”“五加二”“九九六”的工作模式乃至生活模式。可以说，正是中国文化精神在支撑着“中国奇迹”，支撑中国企业在全球的竞争力。当欧洲和美国开始进入福利时代，进入社会下层不思进取、及时行乐、享受生活的尼采所谓的“末人”时代时，中国依然保持着节俭、自律、拼命工作、无私奉献的现代工作伦理。这是一种结合儒家伦理与共产主义道德的伦理精神，一种比新教伦理的“苦修”更饱满、更乐观、更加积极向上的经济伦理。奥巴马拍摄的《美国工厂》恰恰是反思美国资本主义体系下的工作伦理：工作仅仅是为了赚钱；而在中国乃至东亚，即便在私营企业中依然奉行着“爱厂如家”的儒家伦理。因此，尽管美国在批评中国的“国家资本主义”，但美国政府精准打击的并非只是作为“国家资本主义”象征的国有企业，还有华为、大疆这些作为“市场资本主义”的私营企业，因为这些私营企业在科技等领域同样对美国构成了竞争和挑战。

WTO关于“市场经济地位”的法律技术界定可以

争论，但中国的经济发展模式绝不是能用“国家资本主义”这个简单化的概念来解释的。中国加入WTO之初，之所以规定15年的“非市场经济地位”的过渡期，除了对中国企业在过渡期内有所保护外，同时也从法律上保护了欧美企业免遭中国产品“倾销”的冲击。然而，尽管有这种法律上的特殊保护，中国制造的产品依然畅销全球。中国正是带着“非市场经济地位”的法律脚镣在与美国争夺中高端制造业，以至于被美国看作是利用WTO的最大赢家。因此，当美国、欧盟和日本拒绝在WTO中承认中国的“市场经济地位”时，中国也似乎没有特别的兴趣一定要争取这个地位。相反，倒是美国总统特朗普在反复强调当年让中国加入WTO就是个错误，甚至威胁如果WTO不进行改革，美国就要退出WTO。

自由民主在中国：“中国行为的起源”？

美苏冷战起源于凯南的长篇分析电报“苏维埃政治行动的根源”。如果说美国副总统彭斯的演说仅仅是表达了对中国行为的恐惧，那需要有人像凯南那样分析中国行为的根源。事实上，2019年4月，坐在凯南后来位置上的美国国务院政策规划司司长斯金纳（Kiron Skinner）就公开主张美国需要针对中国新的“X文章”。[6] 2019年5月，在《国家利益》杂志上，美国国会议员迈克·加拉格（Mike Gallagher）发表了《中国共产党行为的起源》一文，[7] 同年9-10月号的美国老牌的《外交事务》杂志上，学者文安立（Odd Arne Westad）发表了《中国行为的起源》，[8] 虽然不能将这些文章看作是美国国务院官方的主张，而相信他们的看法会给美国政府决策带来重大影响，然而，即使是这些“冷战”的鼓吹者都已经意识到，要真正理解中国行为的逻辑以及今天中美陷入“贸易战”的困境，就必须认真对待中国与苏联的不同，认真对待中国政府对自身行动逻辑的阐述。如果中国的政体是苏联式的共产主义极权政体，美国人反而不用担心了，正如凯南所说的以及我们在历史中所见证的，这个政体必然会自行崩溃。事实上，就连对中国持“战斗”立场的保守派思想家卡普兰也清楚地意识到，中国体制已完全不同于苏联模式，它更有弹性、更为灵活。

美国人给中国政体贴上什么标签不重要，重要的在于，就像中国特色社会主义市场经济形成自己的发展模式一样，中国特色社会主义制度也在探索符合中国历史文化传统和社会现实的民主、法治之路，而这些新的探索都是为了将自由、平等这些现代政治价值安放在符合中国历史传统和现实的制度法律框架中，从而与中国传统的价值观念和制度传统相结合，最终会像中国经济发展模式一样，形成中国特色的政治发展模式。"新冷战"的鼓吹者不断强调价值观念和意识形态的重要性，从而将中国对政治现代化道路的探索看作是对美国在全球推广的自由价值观念的背离和挑战。然而，这种看问题的方法不仅是唯心主义的，而且是教条主义的，他们忽略了一个重要的事实：中国人从来都不是这种价值观念主导的唯心主义者，因而从来都不相信抽象的人性及其发展出来的所谓"历史终结"理论，相反，中国人以一种基于实践经验的、务实的开放态度，创造出人类历史发展新的可能性。对中国人而言，美国人说些什么固然重要，但美国人做了什么才是真正重要的。中国人曾经全盘接受苏式共产主义理念，然而在实践中很快就放弃了其中的教条主义成分，而将其合理内容加以中国化改造。同样，改革开放后中国在不断学习和借鉴美国传播的自由民主价值观念的过程中，基于历史经验教训和实践的检验，对这种自由民主价值观有了更为完整的理解与认识。可以说，美国不遗余力地向中国推广自由民主观念的过程，恰恰是美国自由民主的道德形象走下神坛、

中国人曾经全盘接受苏式共产主义理念，然而在实践中很快就放弃了其中的教条主义成分，而将其合理内容加以中国化改造。

甚至逐渐走向破产的过程。

第一，基于对后冷战以来美国在全球推广自由民主的历史经验，中国人认识到，美国在全球推广自由民主的价值不过是其建构世界帝国的工具。如果说1989年曾经让中国人一度陷入迷茫中，那么1991年苏联解体和后来南斯拉夫的解体恰恰像一面镜子，让中国看到美国采用“华盛顿共识”无情地洗劫苏联以及世界各地的财富，美国华尔街变成全球掠夺财富的“经济杀手”，这使中国人走出了对美国的“自由女神”的迷信，看清了美国推动自由民主的本质，即永不停息地建构全球帝国以维护自己的绝对安全。此后，美国继续以自由民主的名义，在乌克兰、中东、中亚等地制造“颜色革命”，摧毁本地政府，扶持维护美国利益的政权，使这些地区陷入长期的动荡。“以史为镜，可以知兴替”，这些历史就像一面面镜子始终在教育着中国人，让中国人不再从教条主义的角度将自由民主理解为一种宗教般的信仰价值，而是从现实政治立场出发来理解其社会政治功能，从而在中国历史文化传统和现实处境中探索符合中国实际的政治现代化道路，探索中国自己的自由、法治和民主的道路。在这个问题上，苏联作为我们的老师，既给我们提供了迈向现代化的正面教材，也提供了道路选择失败的反

美国人将自由民主理解成上帝旨意的宗教信仰，而中国人不过将其理解为一种嵌套在中国人生活秩序中的价值观念之一，它并不具有比孝顺、爱民、诚信、正义、爱国、和谐等这些传统价值观念具有更高的价值。

面教材。苏联曾经是我们的老师，但我们在学习苏联的过程中走出了中国自己的道路。今天，美国又试图扮演我们的老师，可我们在学习美国的过程中再次走出了自己的道路。我们不知道美国明天会不会解体，但衰落已经开始了。这一点恰恰是中国文化与美国文化的区别：美国人将自由民主理解成上帝旨意的宗教信仰，而中国人不过将其理解为一种嵌套在中国人生活秩序中的价值观念之一，它并不具有比孝顺、爱民、诚信、正义、爱国、和谐等这些传统价值观念具有更高的价值。中国社会主义核心价值观是一种复杂的多元体系，自由和平等绝不可能凌驾于其他价值之上，成为中国人生活的精神主导。

第二，美国在中国推广民主化始终与通过和平演变来分裂中国的政治战略或公开或隐蔽地结合在一起，因此任何一个中国人都会对此心怀警惕。美国始终将我国台湾、香港地区看作是对中国大陆实行和平演变的基地，然而，随着中国经济和政治的发展，台湾和香港的“和平演变”基地功能似乎逐渐削弱，美国转而不断加大对“台独”和“港独”势力的支持。正是美国对苏联、南斯拉夫的肢解以及对世界各地分裂势力的支持，让中国人认识到美国对中国走向和平演变的“期待”可能包含的灾难性后果。当代中国人不一定熟悉毛主席在1948年针对美国对华和平演变所写的《友谊，还是侵略》的文章，但是，当他们看到美国以自由民主名义支持港台、新疆和西藏的分裂势力时，就会质疑美国对中国的采取“接触”政策的“期待”究竟是“合作”，还是“控制”。

随着自由民主实践在中国的展开，中国人越来越以一种平常心来看待美国宣扬的自由民主价值，在享受自由民主好处的同时，时刻警惕如何克服自由民主带来的弊端，从而将自由和民主镶嵌在稳定和谐的社会秩序中。

第三，随着自由民主实践在中国的展开，中国人越来越以一种平常心来看待美国宣扬的自由民主价值，在享受自由民主好处的同时，时刻警惕如何克服自由民主带来的弊端，从而将自由和民主镶嵌在稳定和谐的社会秩序中。美国人始终处在自我迷信的冷战思维中，以一种高高在上的救世主的恩赐心态来看待对中国的接触政策，试图以自由民主将中国从“黑暗”世界中拯救出来。然而，他们根本没有意识到，中国几千年传统中始终享有宗教宽容和良知自由，享有科举考试建构的社会平等。他们更没有意识到，当美国陷入种族歧视、性别歧视的黑暗时代，近代以来百年历史中的中国已经开始自己的自由民主道路，特别是新中国成立之后在社会主义制度框架中走出了一条人民民主的道路，阶级平等、民族平等、性别平等取得了全球瞩目的成就，以至于1960年代美国的“文化革命”在争取种族平等和男女平等的时候，中国的民主成就恰恰成为其榜样。后冷战以来，美国在全球推广新自由主义制造出全球贫困问题，而中国在解决贫困、推动经济平等方面再一次取得了世界瞩目的成就。中国共产党的“三个代表”就是政权对所有社会阶层开放的民主政治理论的一部分。当美国人将“民主”仅仅等同于“竞争性选举”的时候，似乎并没有意识到这种竞争性选举正在将民主蜕变为“选主”，要么蜕变为财阀支撑的寡头政府，要么变成民粹支撑的僭主政府，“民主”在西方遭遇的危机已经成为普遍的话题，甚至连一些美国人都将特朗普当选批评为“暴民支撑的僭主”而引发抗议。

近代以来，中国人从来不否定自由民主的价值，但始终以辩证、务实的态度看到其中的好处和弊端，始终在探索自由平等观念如何在中国的现实中扎根，走出自己的自由民主道路。美国曾经是“自由的灯塔”，但这让中国人既看到其中的光明，也看到其中的黑暗。改革开放之后，一代又一代中国人留学美国，对美国的自由理念和西方文明传统有了更加理性和全面的把握，对西方学习越深，反而越会以一种平常心来看待西方的自由民主。在这个意义上，中国人在思想上和政治上越来越成熟，越来越以一种自由的心态和平等的文化身份来对待美国，从过往对美国的仰视转向平视，既虚心学习美国，又绝不会盲目崇拜美国，

中国人在思想上和政治上越来越成熟，越来越以一种自由的心态和平等的文化身份来对待美国，从过往对美国的仰视转向平视，既虚心学习美国，又绝不会盲目崇拜美国，既看到自由民主在美国缔造的伟大历史，也思考自由民主在美国内部带来文明冲突的困境以及美国由此走向衰落的命运。

既看到自由民主在美国缔造的伟大历史，也思考自由民主在美国内部带来文明冲突的困境以及美国由此走向衰落的命运。在这个意义上，美国似乎还没有建成“新罗马帝国”就已经出现了当年罗马帝国衰落的特有迹象：奢华腐败、穷兵黩武和内在文化分裂。在这个意义上，美国人必须认识到，今天不是二战时代法西斯肆虐的时代，也不是共产主义实践“终结”的时代，若美国试图按照“冷战”思维及其历史经验，试图以自由民主作为意识形态理想来凝聚美国的内外力量，对中国发起“新冷战”，那无疑如同堂吉诃德与风车大战。

“旧冷战”到“新冷战”

要理解今天美国对中国试图发起的“新冷战”，必须先理解美苏之间的“旧冷战”。一方面“旧冷战”源于欧洲现代化道路的内在分裂，即欧洲资本主义内在的经济和社会矛盾导致的资产阶级和无产阶级的分裂，从而形成了资本主义与社会主义两条不同的现代化道路；但另一方面，源于欧洲殖民帝国在全球争夺的利益分配引发两次世界大战，如果没有第一次世界大战和第二次世界大战，或许就不会有法西斯主义兴起和社会主义率先取得成功。由此，整个20世纪既是欧洲帝国全球扩张争夺的“帝国年代”，但同时也是帝国内部无产阶级反抗资本主义道路的“革命年代”。“帝国”与“革命”由此交织在一起，一方面欧洲列强通过海外帝国扩张来缓和国内的革命矛盾，但另一方面恰恰是海外帝国扩张激化和加剧了国内的革命矛盾。

在帝国与革命的内在矛盾中，能够在海外获得优势和巨大经济利益的帝国扩张成功地缓和甚至克服了国内的革命矛盾，从而为帝国扩张提供了更大的动力。大英帝国就是典型的例子，大英帝国扩张与进步主义的社会福利相互促进，形成了良性循环。相反，在海外扩张中未能获得利益反而遭到挫败的帝国很容易被革命的浪潮吞噬，法西斯主义在德意志和意大利兴起的根本原因是帝国扩张失败导致的挫败感所激发的民粹主义，而在帝国扩张最薄弱的链条上，俄国爆发了十月革命，以一种革命的形式反抗欧洲帝国的扩张。

两次世界大战在全球范围内对“帝国”的势力范围和“革命”的道路之争进行了一次彻底的清算。在帝国扩张问题上，几百年来建立的欧洲殖民体系开始瓦解，大陆帝国法兰西、意大利、德意志、奥匈帝国和东方日本帝国全面失败，曾经的世界帝国大英帝国走向衰落，苏联帝国和美利坚帝国全面崛起，中国、印度、土耳其等西方的殖民地或半殖民地纷纷走向独立。在“革命”的发展道路上和选择上，封建君主制彻底退出历史舞台，基于种族主义的纳粹主义彻底失败，最后形成了苏联社会主义道路与西方资本主义道路的全球争夺。美苏争夺独霸全球统治权的世界帝国的构想与资本主义和社会主义的发展模式紧密结合在一起，以至于冷战一方面是地缘政治的斗争，另一方面成为发展道路上的意识形态斗争。这两条道路同时在争夺后发国家，在地缘政治上形成两个阵营争霸的“修昔底德陷阱”。

近代中国正是在这种帝国与革命的全球化背景下成长起来的。欧美列强从南边的海洋进入中国，沙皇俄国从北方的陆地进入中国，双方同时推动了革命的中国，即18世纪的英美革命与20世纪的俄国革命的两条道路推进到中国，因此欧美影响下的国民党与苏俄影响下的共产党在中国大地上展开建立现代中国的斗争。这种斗争最终展现出两条道路的斗争，即走资本主义道路从而建立一个亲英美的资产阶级政府，还是走社会主义道路建立一个亲苏联的无产阶级政府。可以说，这两条道路在中国的斗争也成为全球两大阵营争夺乃至推动冷战形成的重要历史节点。然而，需要注意的是，在两大阵营和两条道路的争夺中，中国始终在夹缝的“边缘地带”寻找自己独立的定位。1949年中国共产党赢得了政权，并在新中国成立之后采取了“一边倒”的外交战略并与苏联社会主义阵营结盟，但是中国共产党从一开始就保持自己不同于欧洲乃至苏联“正统”社会主义的独特性。一方面，中国从自己的实际出发，没有走欧洲在大城市依靠工人阶级革命夺取政权的道路，而是走了一条工农联盟以农村包围城市最后夺取城市的道路。以至于从苏联“正统”马克思主义眼光来看，中国共产党不是纯粹的无产阶级政党，而是一个农民政党。另一方面，中国共产党在思想理论上动员和凝聚社会大众的精神力量并不完全依据马克思主义对迈向共产主义之境科学社会主义的哲学阐述，而是体现为吸收其历史唯物主义思想并将其转化为立足于人民大众、“为人民服务”的民本思想；吸收共产主义理念并将其转化为一种大公无私的责任意识和献身精神；吸收辩证法思想并将其转化为一种关于变化世界矛盾对立、生生不息、相互转化的矛盾论；吸收唯物主义并将其转化为立足生活现实的实践论。可以说，中国革命带有很强的中国本土性，即始终保持中国文化的独特性、中国政治的独立性和中国发展道路的自主性。这条不同于苏联革命道路的中国革命道路被称为“延安道路”，其理论基础也不同于苏联的马克思列宁主义，而被称为马克思主义中国化。可以说，它是中国文化传统和中国社会现实条件对苏联社会主义道路的全面改造。

中国革命如此，中国的社会主义建设依然如此。虽然新中国很快走向了学习苏联的社会主义计划经济的道路，但从1957年毛泽东的“论十大关系”开始，中国就在探索不同于苏联自上而下的计划经济体制，采取“自上而下中央计划”与“自下而上地方自主”的“两个积极性”相结合的经济发展模式，而这种经济发展模式直接推动改革开放之后乡镇企业的发展在全国遍地开花，并演变为改革开放后推动中国经济快速发展的中央与地方分权的“财政联邦制”。可以说，即使在冷战中，中国也没有完全走苏联模式的社会主义道路，中国的社会主义道路从一开始就具有独特的中国本土性和文明性。这种本土性和文明性的最大特征就是中国始终从自己的历史文化传统和现实条件出发，探索一条不同于西方文明的现代化发展道路，无论是源于苏联的社会主义道路，还是源于欧美的资本主义道路。

改革开放之后，随着冷战结束，中国开始借鉴英美等西方国家有益的治理经验，在推动国家治理现代化方面取得了举世瞩目的进展。在西方政治话语体系中，中国的政治体制也从当年苏联模式的“极权政体”转向了“威权政体”。然而，正像中国不可能完全照搬苏联社会主义模式一样，中国也不可能完全照搬英美资本主义模式，而是始终在自己的文明传统和社会政治现实中吸收这两种不同的发展道路和发展模式的优点，从而探索自己的现代化道路，并为其他后发国家提供可以借鉴的现代化发展道路的“中国方案”。而这恰恰是美国对中国发起新冷战的焦点所在，即中国的“威权体制”并没有最后走向美国所期望的资本主义制度，相反在不断巩固和强化自己的“中国特色社会主义制度”。

无论美国如何从自己的意识形态视角出发来定位中国以强化其发起“新冷战”的正当性，一个不争事实是，所谓“新冷战”的根源在于，中国在经济、政治和文化上真诚学习美国几十年后，最后却走了一条偏离美国价值观和政治期望的现代化道路，并提出现代化道路的“中国方案”。这在美国人看来，无疑是在挑战美国代表的西方价值观或发展道路的普适性。美国人或许感到困惑不解：为什么日本可以“脱亚入欧”，成为在东方接受西方文明的“模范生”？而另一方面，美国抱着巨大的道德热忱致力于对中国进行系统的文化改造，期望将中国改造成为美国在全球建构新罗马帝国的“远东之锚”，[9] 这样的期望却最后每每落空。如果说1949年中国选择了社会主义道路是由于苏联共产主义势力的支持，那么苏联解体后，中国为什么未像苏联那样走向崩溃？事实上，美国始终有一股“中国崩溃论”的声音，然而在类似白邦瑞这样的美国保守派人士看来，这种声音和中国国内自由派的声音一样，对美国政府产生了战略误导。中国既没有成为西化的日本，也没有成为崩溃解体的苏联，反而在不断地重新崛起，甚至有一个与美国展开“百年马拉松”的秘密战略。[10]

近代以来中国走上如此艰难曲折的革命道路和建设道路，其中最大的、似乎是看不见的推动力乃是五千年中国文明传统自身发展的逻辑和惯性的力量。

近代以来中国走上如此艰难曲折的革命道路和建设道路，其中最大的、似乎是看不见的推动力乃是五千年中国文明传统自身发展的逻辑和惯性的力量。中国共产党提出的“中华民族伟大复兴”的口号不仅是执政党的政治理念，更是执政党扎根于人民大众和历史文化传统中所汲取的文化理念。从某种意义上讲，中国之所以走上一条不同于西方的现代化道路，无论是对社会主义的实验和探索，还是坚持中国特色社会主义发展道路，很大程度上都是中国文明和中国历史自身发展的产物，是中国文明自身在回应西方挑战而迈向现代化过程做出的制度选择，中国的道路乃是中国历史的选择，是中国文明的选择，而政治家在其中扮演的角色不过类似“骑在马背上的世界精神”而已。而这一点恰恰是日本文化所不具备的。日本缺乏自身的文明主体性，日本文化原本就处在中国文明的边缘地带，寄生于中国文明体系中，以至于在中西文明的巨大撞击中，日本文化首先就因为受到挤压而破碎，从而被整合在西方文明体系中，继续寄生于西方文明体系的边缘地带。正是由于日本文化缺乏原生文明的主体性，当西方文明力量强大时，日本单薄的文明力量便因为缺乏抵抗力而“脱亚入欧”，而当中国文明再度复兴强大之后，自然也会逐步吸引日本“脱欧入亚”，再次回到东亚文明的体系中。

正因为中国拥有五千年的漫长文明传统，中美之间的“新冷战”与其说是源于冷战政治意识形态的分歧，不如说是源于西方文明与中国文明之间的差异。事实上，早在中美“贸易战”之前，美国战略界的保守派就在重复亨庭顿的“文明冲突”观点，而在中美贸易战中，这种观念进一步被美国保守派强化，而斯金纳所谓的与“非高加索人”的冲突不过是说出了美国保守派想要说的而已。我们不要忘记，“文明冲突”观原本就是西方一神教下的产物，而中国始终坚持

如果要理解美国所主张的“新冷战”的“新”，恰恰要理解中国探索现代化道路的文明特征，即我们只有从地缘政治与文明秩序的角度，才能看到中美新冷战中中美之间的真正分歧和根本冲突所在。

“美美与共”的天下大同理念，这与西方一神教文明的普适主义和世界主义构想有着根本差异。这或许提醒我们，如果要理解美国所主张的“新冷战”的“新”，恰恰要理解中国探索现代化道路的文明特征，即我们只有从地缘政治与文明秩序的角度，才能看到中美“新冷战”中中美之间的真正分歧和根本冲突所在。

注释

1. 相关讨论参见：Ian Bremmer，“State Capitalism Comes of Age. The End of the Free Market?”，*Foreign Affairs*，May/June，2009. Ian Bremmer，*The End of the Free Market：Who Wins the War Between States and Corporations*？Portfolio Hardcover，2010.“State Capitalism：The Visible Hand”，*The Economist*（2012），Special Report.

2. 吴金铎：《再论中国在 WTO 的“市场经济地位”问题》，载财新网，http：//opinion. caixin. com/2018-07-24/101307874. html，2018 年 7 月 24 日。

3. 汪涛：《舆论战，美国有一处七寸》，载环球网，http：//opinion. huanqiu. com/hqpl/2018-07/12582975. html，2018 年 7 月 27。

4. Niall Ferguson，“We're All State Capitalists Now”，*Foreign Policy*，10 February 2012.

5. Ann Lee, *What the U.S. Can Learn from China: An Open-Minded Guide to Treating Our Greatest Competitor as Our Greatest Teacher*, Berrett-Koehler Publishers, 2012.

6. 凯南的长篇电报后来修改之后以作者为"X"的名义发表在《外交事务》期刊上。

7. Mike Gallagher, "The Sources of CCP Conduct", *The American Interest*, 5/12/2019.

8. Odd Arne Westad, "The Sources of Chinese Conduct: Are Washington and Beijing Fighting a New Cold War?", *Foreign Affairs*, September/October 2019, Volume 98, Number 5.

9. [美] 兹比格纽·布热津斯基：《大棋局：美国的首要地位及其地缘战略》，中国国际问题研究所译，上海人民出版社2007年版。

10. Michael Pillsbury, *The Hundred - Year Marathon China's Secret Strategy to Replace America as the Global Superpower*, New York: Henry Holt and Co., 2015.

美德全球化路径及对中国的启示*

慕 峰**

美国贫富差距有多悬殊

> 美国民粹主义的抬头，源于其国内体制遭受的挫折，直接表现为美国国内不平等程度的恶化，中下层民众经济水平持续倒退。

美国今天仍是全球综合国力最强的国家，但在一个市场经济发达的国度，为何会出现民粹主义浪潮？美国民粹主义的抬头，源于其国内体制遭受的挫折，直接表现为美国国内不平等程度的恶化，中下层民众经济水平持续倒退。

在 2016 年 11 月特朗普“意外”当选后，对中下层不太关心的美国商业精英阶层，也开始关注过去十几年来有关“全球化”的研究成果，对美国国内体制

* 本文原载《瞭望》2019 年第 23、24、25、26 期，本书集结收录，略有增补，特此致谢。

** 慕峰，瞭望智库专家，公众号“太阳照常升起”（The_ sun_ also_ rise）的作者。

和全球贸易体系展开反思。

美国贫富差距快速拉大

美国桥水基金创始人瑞·达利欧在 2017 年 10 月 23 日发布了一篇研究报告《我们最大的经济、社会和政治问题》，它能够帮助我们理解美国今天民粹主义兴起的经济因素。

达利欧在这篇研究报告中，将美国民众按实际家庭收入划分为前 40%和后 60%两个人群。自 1980 年以来，美国实际家庭收入的中位数虽然基本持平，但前 40%人群的家庭平均收入是后 60%人群家庭平均收入的 4 倍。在后 60%人群中，只有 1/3 能够将其收入储蓄起来（以现金或金融资产的方式）。亦即，有 40%的美国人处于“月光族”的状态，无法存下任何收入。

今天美国最富有的 10%人群拥有美国全部资本的 70%，其中有一半为最富有的 1%人群所拥有；在 10%人群之下的中部 40%人群，拥有全部资本的大约 25%（其中很大部分是房产），剩下 50%的底部人群只拥有全部资本的 5%。

根据美国皮尤研究中心 2014 年的一项报告，1983-2013 年这 30 年间，后 33%美国人的实际财富均值事实上在下降，从 1.14 万美元跌至 9300 美元；中部 46%人群的实际财富均值，在这 30 年间一直停滞不前（仅从 9.43 万美元增加至 9.65 万美元）；而前 21%的人群，他们实际拥有的平均财富在这 30 年间翻了一番，从 31.81 万美元上涨至 63.94 万美元。

巴黎经济学院教授托马斯·皮凯蒂在其著作《21

世纪资本论》中做了更为细致的研究：今天美国最富有的10%人群拥有美国全部资本的70%，其中有一半为最富有的1%人群所拥有；在10%人群之下的中部40%人群，拥有全部资本的大约25%（其中很大部分是房产），剩下50%的底部人群只拥有全部资本的5%。

如果再具体一些，根据麻省理工学院教授、诺贝尔经济学奖得主罗伯特·索洛的统计，今天美国收入最高的0.01%人群，他们的收入70%来自资本；扩大到收入最高的1%人群来看，他们的收入有60%来自劳动收入，这主要是跨国公司高管、金融家和超级明星的劳动收入。

克林顿政府时期的劳工部长罗伯特·赖克则在其近著《拯救资本主义》中指出，美国的超级经理人，即美国大公司的CEO薪酬与普通工人工资的比率，从1965年的20∶1上升到2014年的300∶1，1978—2013年，美国CEO的薪酬增加了937%，而普通工人的工资仅仅增加了10.2%。

这就是美国贫富悬殊的现状。

“美国梦”在褪色

2019年5月23日，美联储发布的抽样调查报告显示，在遇到紧急意外情况需要支出400美元时，有

39%的被调查者无法以现金、储蓄或者信用卡的方式进行支出，其中27%的被调查者需要向他人借款或者出售自己的物品才能应对这400美元的紧急支出，剩下12%的被调查者则完全无法应对400美元的紧急意外支出。这仅仅比2013年美联储同样调查所显示的情况略好，该年有50%的被调查者无法自行应对这类看似金额不大的紧急意外支出。

美国中下层面临的更大挫折还体现在养老、教育等方面。

养老方面。二战后美国推行的是被称为“福特主义”的工业生活模式，即由工业企业提供全面的养老福利。1980年代自由化改革后，劳工养老福利逐渐转由资本市场承接。

1978年《美国税收法》新增第401条k款，形成由企业和雇员共同缴费建立起来的基金式养老计划，一般称为401（k）计划。1990年代401（k）计划迅速普及，各类养老基金成为美国证券市场的大型机构投资者。

美国养老金目前包括三个部分，即公共养老金、401（k）计划和个人退休金计划（IRA）。其中公共养老金逐渐收不抵支，甚至难以满足员工退休后的基本生活需要。401（k）计划最为重要，2017年占到美国养老金总规模的68%，但401（k）和IRA均非强制性养老金计划。

达利欧的报告指出，今天美国后60%人群中，只有1/3的家庭拥有退休金账户，而那些拥有退休金账户的后60%人群，养老金账户［如401（k）账户］平均不到2万美元。因此，在1980年代之前社会福利甚佳的美国传统劳工，在今天退休之后生活上面临着极大的困难，强烈的反差使其难以接受。

教育方面。美国曾有极为成功的教育制度，财政上曾给予高额补贴。

美国总统竞选人伯尼·桑德斯在其著作《我们的革命》中提及，在20世纪中叶，美国的高等教育曾经接近免费。1965年一所四年制公立大学的平均学费是243美元。美国公立高等教育的明珠——加利福尼亚大学系统，直到1980年代才开始收学费。但今天美国前40%人群在教育上的支出是后60%人群的4倍，但前40%人群的学生债务只占其总负债的5%，后60%人群的学生债务却要占到其总负债的17%。美国本科毕业生有将近70%在离校时身负债务，平均负债超过3.5万美元，1/8的毕业生在毕业后需偿还的“优秀学生贷款”超过了5万美元。截至2016年，美国仍未清偿债务的4330万学生（包括在校生、毕业生、肄业生）

的助学贷款总计超过1.3万亿美元，超过40%的学生贷款被拖欠或者违约。

教育支出让美国中下层负担沉重，特别是传统工业区曾经的劳工，在自身福利大幅下降的情况下，根本无力负担下一代的教育支出。随着美国制造业的不断外移，金融和高科技成为主导行业，这些新兴行业对教育所需的高投入根本不是这些地区的民众所能承受的，中下层收入群体的下一代已被隔绝在未来之外。美国许多中下层的学生即便依靠贷款完成大学学业，也找不到像以前那样福利较佳的工作。大量美国中下层年轻人对未来丧失希望。

教育支出让美国中下层负担沉重，特别是传统工业区曾经的劳工，在自身福利大幅下降的情况下，根本无力负担下一代的教育支出。

希望的丧失，使美国成为唯一一个死亡率不降反升的主要工业国家。根据达利欧的研究报告，美国后60%人群中，过早死亡自2000年以来上升了大约20%，主要原因是毒品/（药物）中毒（自2000年以来增加了2倍）和自杀（自2000年以来增加了50%以上）。

今天我们都知道，美国因止痛药芬太尼被滥用正酿成危机，在传统工业区也就是锈带，吸毒和药物滥用问题突出。美国毒品和药物滥用问题的一个重要根源，在于曾经的制造业地区大量人口无法实现有效就业。

特朗普胜选后，《乡下人的悲歌》一书迅速在美畅销。这是出生于美国锈带* 的 80 后 J. D. 万斯的自传，详述了美国下层民众的生存现状：失业、酗酒、吸毒、普遍的离异和大量的非婚生子女问题，已在传统工业区普遍到令人惊讶的地步。要知道，这些地区曾是美国工业的中心地带，1990 年代之前曾是美国中产阶级的大本营。尽管万斯通过个人努力完成了在耶鲁法学院的学业，改变了自己的人生轨迹，但通过他的叙述，读者仍能深深感受到作者对自己家乡的绝望。

*锈带，即铁锈地带，也被称为制造带，是一个位于美国东北部等地区的地带，由明尼苏达的钢铁产业而得名。——编者注

特朗普的做法能解决问题吗?

这还是我们曾经了解的美国吗？事实上只有当我们了解上述情况，才能明白为什么特朗普以各种手段威胁美国企业增加本土工人工资、威胁美国跨国企业将制造业岗位回流时，会获得美国中下层巨大的支持；也才能明白为什么特朗普政府今天不但要对中国开打“贸易战”，甚至对日本、德国等传统盟国也要施压；而当美国舆论一边倒地强调是中国利用全球化抢走了美国人的饭碗，是墨西哥人通过偷渡夺走了美国本土的就业机会时，特朗普显然还将获得美国中下层更多的认同。

这些都是基于争夺选票的考量。而我们真正要关

心的是，特朗普政府的这些观点真是正确的吗？上述做法真的能解决美国国内今天的问题吗？

美国真的衰落了吗？并没有。美国 GDP 仍然高居世界第一；2018 年《财富》全球 500 强排名中，美国有 126 家企业上榜，仍然位列第一，其中相当部分处于高端产业；美国仍然是高科技强国，除芯片、软件外，在国防、航天、化工、材料、制药等领域也有巨大优势。美国有真正实现全球化的互联网企业。美国依然有最强的基础创新能力，大量的基础创新出自美国的一流高校、科研机构和企业。美元仍是世界货币，中东石油与美元的结盟依旧牢不可破。美国今天的富裕程度仍然令人难以想象，跨国企业高管动辄数千万美元年薪，即便因经营不善或丑闻而离职，补偿金也可能高达上亿美元。作为 2008 年金融危机制造者的华尔街精英们，在因"太大而不能倒"获得美国财政救助后，迄今仍未受到足够的约束，甚至大量违法交易仅通过缴纳罚金就可以实现和解。

所以，今天美国的民粹主义浪潮兴起，究竟是因为其他国家抢走了美国中下层的就业机会，还是因为美国国内的财富分配出现了严重问题，值得进一步分析和辨明。

今天美国的民粹主义浪潮兴起，究竟是因为其他国家抢走了美国中下层的就业机会，还是因为美国国内的财富分配出现了严重问题，值得进一步分析和辨明。

美国贫富差距拉大根源何在?

对美国而言，其在20世纪最重要的一个成就，是美国国民整体上共享了经济发展的成果，站在了全球前列。

根据美国西北大学教授罗伯特·戈登《美国增长的起落》一书中的数据，1900年，美国白人男性出生时的预期寿命只有48岁，非白人男性仅为33岁，到1940年这两个数值已分别提升到63岁和52岁。这要归功于美国卫生、医疗体系的进步和普及。

美国西北大学教授莫妮卡·普拉萨德在其著作《过剩之地：美式富足与贫困悖论》中提到，1913–1954年间，美国通过一系列税收决定，把企业提供的医疗保险等员工福利作为企业所得税的扣除项，促进了由企业为员工提供医疗保险福利的发展。

1980年通过的《拜杜法》，对联邦政府资助的知识产权归属进行重新分配，将联邦政府资助研究取得的发明专利权，转移给实际从事该研究的大学，再由大学将这些知识溢出并实现商业化，最终推动了经济的创新发展。

这些曾经的制度，为美国在20世纪中后期的科技创新和生产力爆发带来了充足的人力和智力资源，推动了美国中产阶层的形成。

在今天的美国，财富居于美国后60%的中下层群体已经远离“美国梦”的时代，某种程度上成为美国民粹主义爆发的根源。

而当下民众对经济状况的不满，往往就是基于这种现实与历史的比较。正如上文所揭示的，在今天的美国，财富居于美国后60%的中下层群体已经远离“美国梦”的时代，某种程度上成为美国民粹主义爆发的根源。

导致美式贫富差距悬殊的原因是多方面的，但最主要的还是去工业化、信贷福利主义以及政治游说的负面影响。

综合分析，导致美式贫富差距悬殊的原因是多方面的，但最主要的还是去工业化、信贷福利主义以及政治游说的负面影响。

去工业化将一部分人逐出中产

1955年，美国《财富》杂志首次统计美国500强企业名单，这一统计已持续60多年，从中可以清楚地看到美国产业的变迁情况（见表1）。

表1 美国Fortune 500的产业变迁情况（单位：个）

行业	年份												
	1955	1960	1965	1970	1975	1980	1985	1990	1995	2000	2005	2010	2019
食品饮料烟草	81	68	72	71	70	64	59	54	41	38	37	38	36
电子电气及ICT	55	55	58	66	63	60	76	82	48	50	53	51	51

续表

行业	年份												
	1955	1960	1965	1970	1975	1980	1985	1990	1995	2000	2005	2010	2019
机械及工程设备	49	40	42	39	37	37	31	24	6	7	9	16	11
钢铁金属及矿业	49	52	46	35	36	37	31	31	9	7	8	7	9
汽车机车及配件	41	41	38	39	35	39	35	30	18	25	30	29	30
石油天然气及能源	37	39	36	34	40	41	33	37	61	63	67	66	56
化学化工	30	31	32	29	30	34	35	38	19	15	13	15	14
纺织服装饰品	28	25	27	28	29	23	23	23	8	5	7	6	10
航天及防务	23	28	22	24	21	23	27	23	23	21	17	16	18
建筑建材房地产	17	20	17	16	19	16	18	17	13	12	19	10	18
制药医疗及健康	15	18	19	22	22	23	27	21	40	39	40	46	40
纸业及包装	16	16	17	16	18	20	26	26	15	10	8	8	9
日用家居化妆品	13	13	15	14	13	14	16	23	8	9	11	9	7
农业及林业	8	11	12	11	13	9	9	12	4	3	3	3	3
媒体出版及娱乐	8	10	15	14	20	24	23	25	18	19	22	25	17
电信	3	4	3	3	2	1	1	1	15	11	14	10	7
运输及物流	2	4	4	3	4	3	2	3	12	9	11	13	13
互联网	0	0	0	0	0	0	0	0	0	0	1	5	11
金融	0	0	0	0	0	4	3	4	83	79	74	76	89
商超及零售	0	0	0	0	0	0	1	0	37	37	38	32	32

数据来源：Fortune 500 官网数据整理。上述分类并非 Forutne 500 官方标准，而是根据进行长期分析需要由我们所提出，数量更小的行业未纳入上表统计。

如果将所统计产业按传统生产性行业、新兴技术产业、金融业和其他服务业划分，可以得出表2。

表2　1955年以来美国Fortune 500产业比例变化情况

行业	年份												
	1955	1960	1965	1970	1975	1980	1985	1990	1995	2000	2005	2010	2019
传统生产性行业	78.4%	76.2%	75.2%	71.2%	72.2%	71.4%	68.6%	67.6%	45.0%	43.0%	45.8%	44.6%	44.2%
新兴技术产业	14.6%	15.4%	16.0%	18.2%	17.4%	16.8%	20.8%	21.8%	20.6%	20.0%	21.6%	22.4%	21.8%
金融业	0%	0%	0%	0%	0%	0.8%	0.6%	0.8%	16.6%	15.8%	14.8%	15.2%	17.8%
其他服务业	2%	2.8%	3.8%	3.4%	4.8%	5.6%	5.2%	5.6%	13.4%	13.0%	14.2%	14.0%	12.4%
说明：上述百分比是指前述各产业占全部500家大企业的数量比例。													

可以看出，1955年到1980年代，美国传统生产性行业中的大企业比重仍占《财富》500强的70%以上。那一时期，是以制造业为核心的传统生产性行业的上升和顶峰时代，也是美国国内的平等时代。

1990年代是个分界线，传统生产性行业在大型企业中的比重持续下降，金融业和新兴技术产业的比重开始上升。自1995年起，美国大型企业中属于传统生产性行业的，比重首次降到50%以下，并在此后20年维持在45%左右；金融业和新兴技术产业分别维持在

15%和20%左右。

上述数据同美国制造业劳动人口的变化是完全匹配的。美国制造业劳动人口比例在1953年达到30%的顶峰，2015年这一比例已下降至10%。金融业和新兴技术产业根本无法吸纳如此众多的就业人口，从制造业流出的劳动力去了哪里呢？从前述图表可以看出，自1995年起，商超、零售、物流大型企业开始占据美国《财富》500强的约10%。显然，从1990年代开始大量出现的商超、零售、物流等服务行业，成为了制造业人群就业的去处。

美国制造业的衰退一度被认为是全球化的必然结果，以至于国内一度也有观点认为，所有国家在发展过程中都会经历“从制造业到服务业”的必然变化。

美国制造业的衰退一度被认为是全球化的必然结果，以至于国内一度也有观点认为，所有国家在发展过程中都会经历“从制造业到服务业”的必然变化。的确，当美国制造业开始因全球化竞争而衰退时，美国的上层精英们并没有太关心他们的中下层同胞。仅在几年前，美国舆论也还根本不像今天这样批评中国，当时甚至还为美国制造业的衰退找到了不少“合理”的解释。

2013年6月10日，《福布斯》杂志在一篇《为什么制造业不重要》的文章中提出：“工业时代就要一去不返，我们即将进入创新经济时代，制造业将成为某种商品；而思想，即智慧财产，将胜过一切。”

2014 年 1 月 23 日，《彭博商业周刊》在《逝去的工厂职位：忘掉它吧》一文中提到："对工厂的迷恋主要基于有缺陷的经济学。"

更早时候，时任乔治·沃克·布什总统经济顾问委员会主席的经济学家曼昆在 2003 年的一次演讲中告诉听众："最近制造业就业下降是生产率迅速增长的一个'避无可避'的结果。"他认为："近日我们从制造业上看到的长期趋势，正是几十年前农业领域所历景观的镜像。"

到了奥巴马政府时期，作为总统经济顾问委员会成员的芝加哥大学经济学教授奥斯坦·古斯比也认为："制造业部门的就业和支出比例越来越小，佐证了它非常有效率。农业部门恰好经历了同样的过程。"

在推动全球化的过程中，美国的跨国公司一度通过大量服务外包来实现在全球的拓展，并收获颇丰。但当企业经营不善或遭受外部危机时，跨国公司的职业经理人就会通过削减人工成本、实施重组以使企业短期业绩提升。由于职业经理人丰厚的报酬与期权挂钩，因此维持公司股价往往是首要考虑。即便是经营状况良好的公司，在拥有大量现金的前提下，为维持股价从而确保自己的期权收益，多数也都倾向于选择回购股票而非投入研发。在美国资本市场，华尔街的银行家与跨国公司的高管们拥有大量共同利益，这就是为什么今天欧美的学者在研究美国贫富差距问题时，会提出“超级经理人”这样的概念。

从美国实际情况看，所谓“从制造业向服务业”的转移中，真正具有高附加值的服务业只包括金融、信息科技（包括互联网）等少数产业，连同美国本土保留的制造业高端部分在内，就业人数都极为有限。对曾经属于美国中产中坚力量的大部分民众而言，从制造业迁转出来之后，只能去从事服务员、餐饮、零售导购、客服代理等工作。

对曾经属于美国中产中坚力量的大部分民众而言，从制造业迁转出来之后，只能去从事服务员、餐饮、零售导购、客服代理等工作。

美国劳工部2015年12月8日的一份报告指出，如果无法扭转局面，那么未来十年美国增速最快的十大职业中，将有七个是不需要大学文凭的低收入职业。这些低端服务业提供的工资收入和社会福利水平根本无法与前期的制造业企业相比，甚至很多服务业职位只是零工模式。美国的去工业化直接导致了中下层就业岗位减少和实际收入倒退。

信贷福利主义之患

美国的福利体系与欧洲、日本有相当大的不同。莫妮卡·普拉萨德在《过剩之地：美式富足与贫困悖论》中对美国战后福利模式形成的历史做了深入细致的探讨。

遭受了20世纪初期战争重创的欧洲国家，出于重建的需要，纷纷选择以累退制的消费税作为国家财政收入的主要税源，通过抑制消费、集聚资本用以投资重建，并逐渐在此过程中实现了政府积极参与再分配的福利国家目标。

美国在彼时却面临国内贫富差距拉大的问题，旨在抑制大型企业和富人的累进制所得税被采纳，国家层面的消费税被抑制。但在所得税征收过程中又形成了诸多豁免例外，尤其是1913—1954年间，员工的附加福利（医疗、养老方面）被列入企业所得税扣除范围，从而刺激了美国私人福利，形成了由企业为劳工购买或由劳资双方共同购买商业保险的基本福利模式。

由于“小政府”逻辑，国家税源基础没有欧洲国家那样强，在战后经济发展的巅峰期，美国企业主导的员工私人福利被认为比由政府提供的公共福利更好，因而美国最终没有成为欧洲国家那样的福利国家。这也使美国政府通过公共福利来实现再分配的能力远逊于欧洲国家，中下层的福利水平更易受到所在行业和企业微观层面的影响。

普拉萨德认为，在公共福利不充分的情况下，美国创造了消费经济模式，并把它建立在以按揭贷款融资支持的住房所有权之上。罗斯福总统的复兴计划将大规模建设作为恢复经济的重要手段（在大萧条时期，2/3 的失业者来自建筑业）。在《1934 年国家住房法》正式建立联邦住房管理局后，又通过政府来刺激市场，采取了特殊的长期（10-20 年）、低利率（5%以下）、高贷款价值比（接近 80%）且完全分期等额偿还的贷款计划等举措。

1938 年罗斯福政府建立了 FNMA，即后来的“房利美”。房利美为那些被担保的按揭贷款建立起全国性的二级市场，为它们提供充足的流动性。美国民众的基础福利自此与住宅和按揭贷款紧密挂钩。对此，前总统乔治·沃克·布什甚至讲：“我认为当某些人拥有自己的房屋时，他们就在实现美国梦。”

美国的房屋价格还与教育质量和获取教育的渠道息息相关。美国康奈尔大学教授罗伯特·H. 弗兰克认为，美国公立学校的教育质量会随着学区房屋价值的中位数提高而提升，因此美国的基础教育实际上也与信贷相关联。而在高等教育阶段，如前文所述，学生贷款早已成为沉重负担。

在医疗方面，美国仍然没有公共福利意义上的全民医保，只有针对 65 周岁以上老年人和部分低收入人群的医疗保险（Medicare 和 Medicaid）。大多数美国民众的个人医疗福利则依赖商业医疗保险体系，也就是最终靠个人收入。这导致了仍有超过2800万美国人没有任何医疗保险。如今，美国医疗费用每人每年超过1万美元，远高于其他发达国家。

由于医疗与商业保险高度捆绑，美国整个医疗体系事实上已经金融化，这反过来维持了制药企业的高收入，也导致美国医疗价格比其他很多发达国家高。根据2019年美国《财富》500强企业排名榜，人寿健康保险公司与制药企业分别占11家和12家，2018年度总收入分别高达2452.68亿和3445.35亿美元，其高管年收入都在千万美元之上。

我们可以将美国的福利模式称为“信贷福利主义”。这种信贷福利模式的建立有美国本土特殊的历史原因，其形成和发展对美国和全球造成了深远影响。通过信贷方式来提供基本福利导致了美国本土的低储蓄率，由于全球化压低了中下层的生活必需品价格，一段时期内它可以抑制美国国内通胀，但这又会进一步刺激消费信贷。可以说，信贷福利主义促进了美国金融机构的发展，后者反过来提升了民众的消费信贷能力。

我们可以将美国的福利模式称为“信贷福利主义”。这种信贷福利模式的建立有美国本土特殊的历史原因，其形成和发展对美国和全球造成了深远影响。

对信贷不断增长的需求，促使美国民众在1970年代提出了“信贷民主化”诉求，金融监管开始放宽。

金融自由化带来的信贷宽松不断形成债务短周期，去工业化却导致越来越突出的还款能力问题。美国经济史学家路易斯·海曼认为：“1970 年代之前以工资上涨和稳定就业为前提的信贷体系，在 1970 年代之后却被重新调整以支撑不确定的就业和收入不平等。”

信贷福利体系难维系

美国能够长期在本土实现信用扩张，有赖于全球美元的不断回流，亦即外贸出口国积累的美元出于投资收益和安全的考虑，又大量用来购买美元资产，使美国金融机构具备了信用扩张的基础。

美国长期批评一些国家的过度储蓄导致其出现贸易失衡，但美国从来没有也不便承认的是，外贸出口国对美贸易顺差的普遍形成恰恰与美国的信贷福利体系紧密相关。

正是因为美国主要通过信贷来满足中下层的福利需求，宽松的信贷又带来过度消费，从而形成了“外贸国生产→美国信贷消费（外贸国获利）→外贸国以获利购买美元资产→美国信贷扩张、继续消费→外贸国继续生产”的闭环。这个闭环如果要一直持续下去，需要美国的消费能力一直提高。现实却是，由于美国资本不断向上集中，同时欠缺公共福利再分配的能力，

正是因为美国主要通过信贷来满足中下层的福利需求，宽松的信贷又带来过度消费，从而形成了“外贸国生产→美国信贷消费（外贸国获利）→外贸国以获利购买美元资产→美国信贷扩张、继续消费→外贸国继续生产”的闭环。这个闭环如果要一直持续下去，需要美国的消费能力一直提高。

去工业化又导致中下层就业机会和薪酬收入双重实际减少，美国大部分民众的消费能力已不可能持续提升，这个闭环迟早有被打破的一天。

日本经济学家野口悠纪雄曾评论道："日本人挥汗如雨地劳动，生产出了美国人需要的商品，也把这些商品以低廉的价格卖给了美国。可美国说：'请借给我购物款'，于是日本就以极低的利息把购物款借给美国。如果这笔贷款能还回来还好，可人家借款不还了，并且连句'谢谢'都听不到。在国际经济中慈善的富翁不但没能得到应有的尊敬和感谢，反而遭受了愚弄。"

外贸国家辛苦生产、美国轻松贷款消费的模式，在战后相当长的时期内都是美国与外贸国家形成的默契。当美国内部分配出现阶段性问题时，民意就会反映至政治层面，美国在政策上就会选择对外贸国家施压，为中下层争取回来一些利益，以使中下层的信贷福利能够持续下去。但这只会是一时的权宜之计，因为只要美国仍然坚持信贷福利主义，同时又不能恢复生产性行业的中低层工作职位，无法保证中下层的长期收入增幅能够覆盖信贷债务，信贷福利制度最终将难以维系。

当美国内部分配出现阶段性问题时，民意就会反映至政治层面，美国在政策上就会选择对外贸国家施压，为中下层争取回来一些利益，以使中下层的信贷福利能够持续下去。

政治游说负面影响大

对立法和政策进行游说在美国是合法的。

在1950年代，政治游说在美国还不受重视，但战后随着资本集中以及政府对大企业管制措施不断加强，感受到压力的大企业不断加大其对立法和政策进行游说的力度。根据已宣布竞选美国总统的民主党参议员伊丽莎白·沃伦《这是我们的战斗》一书中披露的内容，1983年美国用于政治游说的支出为4.87亿美元，2013年这个数字已增长至33.8亿美元。沃伦表示："企业目前每年用于游说参众两院成员的经费，已超过纳税人用以维持参众两院的经费支出。这就像是一个由权贵雇用的影子政府，由它来确保民选政府不会出格。"

沃伦表示："企业目前每年用于游说参众两院成员的经费，已超过纳税人用以维持参众两院的经费支出。这就像是一个由权贵雇用的影子政府，由它来确保民选政府不会出格。"

在2010年联合公民诉联邦选举委员会一案中，美国联邦最高法院大法官认定，企业属于美国宪法第一修正案所规定的"人"，享有言论自由的权利，此案后，限制企业政治游说活动支出的《两党竞选改革法》(2002)因违宪而被废除。对美国政治游说活动的限制进一步减少。

沃伦披露，美国制药公司长期反对为Medicare医保提供处方药优惠，尽管Medicare的适用人群有限，但制药公司担心联邦政府会通过批量采购压低价格。2000 年左右，游说机构更大胆建议将处方药纳入 Medicare 的 D 部分，即要求联邦政府在支付处方药时不能进行任何价格谈判。这为制药公司带来了大量收入，相当于每年花掉美国纳税人 250 亿美元。

曾在克林顿政府时期担任劳工部长的罗伯特·赖克在其著作《拯救资本主义》中提及，美国银行业和信用卡公司曾游说修订《破产法》，使劳动合同不再是企业破产时最优先的考虑对象。在过去二十年中，美国所有大航空公司都至少经历过一次破产，其目的，通常是以破产为要挟来规避履行与工会之前达成的协议，实现对员工减薪。同样未被列入破产保护的，还有学生贷款。

当游说无法阻止通过某项法律时，特定行业还会用游说国会拨款的方式来影响执法。赖克披露，美国食品行业曾游说国会，最终使《食品和药物管理局安全现代化法》的执法经费少得可怜，导致该法案难以被实际执行。

政治游说的另一个极端体现是美国政商之间的旋转门。众所周知，美国财政金融系统的高级官员，往往都是从华尔街高管中产生的，尽管广受诟病，但此现象似乎难有改变。

美式贫富差距的根源在美国内部。美国屡屡主动挑起与其他国家的贸易摩擦，不过是其转移国内矛盾视线、延缓国内矛盾的一种手段，并不能最终解决美国本土深层次的问题。

美国的去工业化、信贷福利体系和政治游说三方面其实是相互勾连、相互影响的。去工业化有利于跨国公司股东和高管的短期利益，信贷福利促进了金融业的壮大，而跨国公司和金融业因在高度发达的美国资本市场拥有共同利益，又通过政治游说从立法和政策上进一步维护自身利益，最终结果就是美国中下层民众高度依赖信贷、工作机会不断丧失、实际收入不断减少，导致其出现 21 世纪的民粹主义风潮。

可见，美式贫富差距的根源在美国内部。美国屡屡主动挑起与其他国家的贸易摩擦，不过是其转移国内矛盾视线、延缓国内矛盾的一种手段，并不能最终解决美国本土深层次的问题。

德国为什么没有像美国那样拉大贫富差距？

部分美国政客和舆论将美国贫富差距拉大等问题归咎于全球化，认为是“全球自由贸易体系导致美国制造业竞争力大幅下降，大量稳定而优渥的工作岗位流失，中国从中获益同时造成美国中下层的苦难”。

但从全球比较视角出发，德国同样是深度参与全球化的发达国家，而且德国对中国市场的依赖要比美国对中国市场的依赖大得多，但德国仍然在钢铁、铜、铝、机械设备制造、汽车这些传统的、在美国已然衰退的生产性行业中占据着全球领先的地位。

埃里克·莱曼和戴维·奥德兹在《德国的七个秘密》一书中指出，当美国制造业占 GDP 份额降至 13%、英国降至 12%时，德国制造业占 GDP 份额仍高达 21%。德国 2019 年 2 月发布《工业战略 2030》，甚至明确提出到 2030 年时，逐步将工业在德国和欧盟的增加值总额中所占的比重分别扩大到 25%和 20%。

更有意思的是，根据托马斯·皮凯蒂的研究，在 1970 年代以来，当所有的盎格鲁-撒克逊国家前 0.1%人群的收入占总收入比重都出现“急剧上升”的同时，欧洲大陆和日本的此类比重却“几乎没有增加”(皮凯蒂, 2014)。在全球化进程中，德国究竟有哪些不一样，究竟做了什么？

从社团市场经济到社会市场经济

1873 年自由放任主义下的全球大萧条后，德意志帝国的铁血首相俾斯麦开始领导德国转向。竞争规制领域的竞争原则被合作原则取代，秩序政策中的自由放任被生产性动员取代，社会政策领域的有组织自助被社团自我管理取代，对外贸易政策领域的自由贸易主义被“开明”保护（关税保护）取代。

19世纪末德国发展出一套稳定的新型社会生产体系，其基本原则是促进经济活动参与者之间的合作而非竞争。

这一与盎格鲁-撒克逊自由放任市场经济模式截然不同的市场经济模式，深刻地改变了德国人的思维和行动方式，从制度层面产生了卡特尔组织、社会保险、全能银行、股份公司、地区能源企业、各类协会和研究机构、普遍化的工会等德国现代经济组织。1897年德意志帝国法院更是在经济萧条期结束后为卡特尔合同提供法律制度保护，废除了原有的自由主义市场宪法。（阿贝尔斯豪塞，2018）

德国经济史学家阿贝尔斯豪塞认为，19世纪末德国发展出一套稳定的新型社会生产体系，其基本原则是促进经济活动参与者之间的合作而非竞争。具体表现在劳资共决的股份公司双层管理架构、主银行为公司提供长期金融支持并在双层管理架构的上层（监事会）任命银行业代表、行业间普遍的卡特尔同盟、面向工业企业的双元制教育培训体系，等等。

这种19世纪末开始形成的经济体制并非以公司股东利益为中心，而是着眼于公司的长期性和持久性，进而实现股东、公司、债权人（银行）、员工和产业上下游之间的协调共生。这种经济体制中拥有“话语权”的既非个人也非国家，而是一整套严密的制度和组织体系，因而被称为“社团主义市场经济”，也被称为

"莱茵模式"。俾斯麦执政时期对全球而言具有开创性的三项社会保障立法（1883 年《疾病保险法》、1884 年《工人赔偿法》和 1889 年《伤残和养老保险法》），也深刻地打上了莱茵模式的时代烙印。

莱茵模式是对盎格鲁-撒克逊模式的否定。它贯穿整个德意志近现代史，并对欧陆乃至东亚都产生了巨大而深远的影响。

莱茵模式是对盎格鲁-撒克逊模式的否定。它贯穿整个德意志近现代史，并对欧陆乃至东亚都产生了巨大而深远的影响。

1919 年《魏玛宪法》明确拒绝了"自由放任主义制度"，提出"为了公共利益的"私有财产社会公益义务。德国经济学家阿尔伯特·亨塞尔认为，《魏玛宪法》对所有的经济活动都给予了"社会条件限制"，它虽未与占主导地位的缔约自由正面对立，却对其进行了实质性修正。现行的德国《基本法》（相当于德国的《宪法》）第 14 条仍然规定："财产权负有责任，对财产的使用应当同时有利于公众利益。"

阿贝尔斯豪塞认为，德国经济这种自治、自我管理的状态对企业家提出了很高的道德要求。德意志帝国时期的经济学家古斯塔夫·施莫勒把社团主义市场经济的"道德意义"看作是对共同利益必要性的认识。

信奉盎格鲁-撒克逊模式的企业家对此则不以为然。美国自由主义经济学家米尔顿·弗里德曼认为，在一个自由经济体系内只存在一项责任：企业家在领导企业遵守既定规则——即自由的市场竞争规则、不欺诈、不弄虚作假——的同时必须将稀缺的资源用于获取最多利润，即实现投资回报率的最大化。但阿贝尔斯豪塞认为，在德国的固有观念中，企业家的特殊责任在于，在体系的框架内以保障这种体系功能的方式使用或支配自有财产并使其结果为“公众福祉”服务。

19世纪末期德国社团主义市场经济的重要特征之一，是在1873年全球大萧条之后卡特尔组织的兴起。卡特尔是独立企业在自愿基础上以合同形式组成的联盟，通常以行业共同体的形式出现，其目标在于控制和占领市场。阿贝尔斯豪塞认为，自愿遵守法律法规以及企业在自由竞争机制下开展合作曾是且一直是德国社团主义市场经济的核心。

1930—1940年代，既反对引起大萧条的自由放任主义、也批判纳粹式的国家干预，进而强调秩序自由的弗莱堡学派逐渐在德国产生影响。二战结束后，德国的改革自由主义者对纳粹的罪行进行了反思，他们认为国家干预是造成战争期间经济危机和停滞的罪魁祸首，而卡特尔联盟充满官僚作风。去卡特尔化，成为了改革派的追求。时任联邦经济和劳工部部长、后来成为西德第二任总理的路德维希·艾哈德（Ludwig Erhard)，采纳了秩序自由主义的观点，首先提出要全面禁止卡特尔同盟。

艾哈德被喻为德国社会市场经济之父，在纳粹统制经济带来灾害之后，他明确提出“竞争是获致繁荣和保证繁荣最有效的手段”(艾哈德，2017)。艾哈德在战后顶着巨大压力推行了市场化改革。

此时大多数德国企业家反对取消卡特尔同盟，在经济联合会和基民盟/基社盟的强力阻挠下，当1957年《卡特尔法》颁布出台时，与艾哈德最初的构想已经相去甚远。1957年《卡特尔法》虽然原则禁止了卡特尔的成立，但同时又规定了诸多例外，包括条件卡特尔、折扣卡特尔、外国卡特尔、结构危机卡特尔、出口卡特尔、合理化卡特尔等，对行业内的利益合作、出口导向型“工业集群”的合作实践或其他形式的地区联营经济也不加干涉。阿贝尔斯豪塞认为，这些例外犹如瑞士奶酪上的小孔，穿透了所谓的禁止原则。艾哈德本人最终也认可这些例外存在的合理性。我们可以看到，正是这些当年的例外，为战后德国企业战舰的扩大提供了基本的法律基础。直到欧共体明确了对卡特尔组织的严厉态度后，这些例外才无法被大量援引。

艾哈德在战时统治经济的年代，抵制了占领军希望推行的计划模式，坚定地让西德采纳了竞争繁荣的市场经济模式。但社会市场经济并没有颠覆德国的传统。作为社会市场经济基本法的《卡特尔法》，也没有立即实现预想的目标，而是用了将近二十年时间，才在欧共体的外力作用下实现了最初的变革目标。如果没有这二十多年的例外，战后的德国企业在全球市场中将毫无根基可言。

德国的社会市场经济提出者虽然更倾向自由主义理念，但德国本土强大的历史惯性，并没有让德国的道路颠覆传统。

在欧美，一度有观点认为战前与战后的德国是迥然相异的两个国家，认为在马歇尔计划的帮助下，德国以社会市场经济颠覆了传统。甚至今天国内还有不少声音认为，艾哈德带领德国走上了英美式的新自由主义道路。事实上，德国的社会市场经济提出者虽然更倾向自由主义理念，但德国本土强大的历史惯性，并没有让德国的道路颠覆传统。德国经济学家霍斯特·希伯特认为，德国社会市场经济一方面注重私营企业与决策，另一方面由政府对国家、区域、地方各级实行调控和干预，从而建立公平竞争机制，维持经济增长、就业、良好工作环境、社会福利及公共服务之间的平衡。这与盎格鲁-撒克逊以股东利益、金融利益、跨国企业高管利益为绝对优先的政治经济模式，是截然不同的。

阿贝尔斯豪塞通过详尽的德国经济史研究，充分论证了德国的社会市场经济模式更多的是社团主义市场经济的自我扬弃，德国《时代周报》（*Die Zeit*）盛赞其改写了战后德国经济史。莱茵模式植根于漫长的德意志经济史，并非是从1949年开始，这对人们今天客观地认识莱茵模式有着重要意义。只有在充分了解德国的社会市场经济历史后，莱茵模式的种种做法和经验才能得到深刻理解。

莱茵模式植根于漫长的德意志经济史，并非是从1949年开始，这对人们今天客观地认识莱茵模式有着重要意义。

事实上，稍加比较即可发现，二战后美国也曾同样意图肢解日本的财团，但出于对抗苏联的需要，最终默许了日本的再财团化。与德国一样，日本也没有采纳盎格鲁-撒克逊模式，而是沿着自己的道路发展。

莱茵模式的主要经验

在充分了解德国的社会市场经济历史后，莱茵模式的种种做法和经验才能得到深刻的理解，这些经验主要包括四个方面：对制造业的高度重视、产融协调的金融体制、双元制教育体系、劳资共决制度。

1. 对制造业的高度重视

德意志曾是分散的小国联盟，近代统一的时间很晚，长期以贸易立国，高度重视外部市场和制造业，坚持制造业的本土优势。德国经济学家沃尔夫冈·史特雷克认为，由于本土市场有限且欧洲其他国家长期存在关税壁垒，德国并没有足够的建立规模化生产体制的市场需求，因此美式“福特主义”最终没有成为德国的选择。德国倾向于寻求自己的比较优势，强调工业产品的优质化和定制化。

这种经济目标需要有高技能的人力资源、成熟的适用技术及与客户良好的合作关系，因而要求企业的决策必须有长期性。稳健的发展目标又反过来要求员工具有稳定性，优质化和定制化的产品需求又难以使机器生产替代大量员工。由于长期直面整个欧洲甚至全球市场的激烈竞争，企业家和员工一开始就被绑在一条船上。企业家如果不顾及劳工利益，就无法拥有长期熟练的员工，也无法维系与全球客户的良好关系；而员工如果过分强调自己的短期利益，企业将无法正常发展，最终自己也会受损。

德国企业擅长的专业领域，主要是机械设备、汽车、化工及制药等，全球化为这些企业带来了广阔的世界市场。德国不少企业已有数百年历史，二战期间，超大型企业更是得到支持。大型企业与产业链上下游的中小企业拥有长期密切的联系，当大型企业去拓展全球市场时，背后的中小企业同时获益。

德国在拓展海外市场方面，与日本的护航舰队模式非常类似，大型企业冲在最前面，背后是大量本土上下游产业链中小企业的支持。这是当年卡特尔联盟模式在全球化下的进一步表现。当企业出海作战时，商会、协会、学研机构既竞争更协作，共同发声。政府更是积极协调，保障德国企业在海外的整体利益。这种模式从过去几十年来看，取得了巨大成功。

在拓展全球的过程中，德国中小企业还努力发现新的市场，在非常多的利基市场实现了绝对优势地位，也就是形成了全球数量最庞大的制造业隐形冠军企业。在全球 3700 余家制造业隐形冠军企业中，德国就拥有 1300 余家，此外美国 300 余家、日本 200 余家、中国 60 余家（《多一些亩产英雄和隐形冠军，少一些泡沫独角兽》）。这些大型企业和制造业隐形冠军企业，为德国本土提供了大量薪酬优厚的就业岗位。

2. 产融协调的金融体制

以制造业为主导的德国，传统大型制造业企业与银行关系紧密，采取“全能银行”模式。在很长时期内，虽然银行不持有企业股份，但个人股东信任银行，将自己对企业的投票权委托给银行行使，银行甚至可能在双层管理架构的上层（监事会）派驻成员。这种银企联合可以避免股东因贪婪而采取短视策略。基于

上述委托投票权的安排，直到1995年，银行仍然拥有德国24家最大集团公司股东大会84%的投票权。（杜瓦尔，2016）

随着全球化的深入，德国企业的融资渠道越来越宽，大型银企联合逐渐被削弱。1998年，上述委托银行的投票权安排被立法废除，而后又立法降低银行出让所持企业股份的所得税，德国大银行与大型工业企业的联合宣告解散。银企联合的模式虽已彻底变革，但德国大型企业基本由家族基金主导，并未成为国际金融资本的猎物。这些德国家族，都背负长远的使命，不会将自己的企业置于短期利益之上，因此德国家族企业受到金融资本短期侵袭的可能性非常小。

对中小企业而言，德国特有的银行体制发挥了巨大作用。笔者曾向制造业隐形冠军理论的提出者赫尔曼·西蒙教授请教德国的中小企业如何解决融资问题。西蒙教授表示，德国制造业隐形冠军企业在发展之初，往往与德国地方储贷银行（Sparkassen）和合作银行（Genossenschaften）紧密合作，与大型私人银行（例如德意志银行）合作较少。储贷银行、合作银行给中小企业提供的贷款约占贷款总额的2/3。这两个银行业支柱受到严格监管，利润率不高，在金融危机中几乎没有受损。但银行业的严格监管也带来了银行贷款利率较高的弊端，这是获得安全稳定需要付出的相应成本。

德国产融协调的金融体制有力地支持了过往数十年德国实业的发展，但对高风险的新兴产业则支持不足。近年来，不少观点认为德国经济虽然并不缺乏在某些特定市场的创新能力，但在某些具有未来前景的市场（如信息技术领域），创新能力则显不足，因此有人主张，德国应当依照美国模式进行改革。但阿贝尔斯豪塞认为，对德国企业仍处弱势的市场而言，这样做或许能够弥补创新实力不足，但将会给养活了 2/3 就业者和企业家的多元化优质产品市场带来沉重负担。

事实上，尽管德国没有在消费互联网领域出现巨头企业，但也避免了国际金融资本对传统优势产业和就业的冲击。在数字化时代，德国仍然稳健地从既有优势出发，去获取工业互联网时代的最大收益。与此同时，德国联邦经济与能源部也开始主动搭建融资信息平台，启动 INVEST 等投资计划，为投资者和初创企业提供融资服务。

尽管德国没有在消费互联网领域出现巨头企业，但也避免了国际金融资本对传统优势产业和就业的冲击。

3. 双元教育体系

在德国，从事制造业的普通技术人员一般不上通常意义上的大学，而是通过学徒制来实现就业。约有 342 类受认可的学徒职业提供技术和社会领域的公司内部培训和课堂教学，他们一部分时间留给雇主，一部分留给职业学校。

截至 2013 年，超过 140 万名德国学生入读 1559 所职业学校。学徒培训时间一般持续两年半到三年半，从事全职工作。2013 年 25—34 岁的德国人只有 28%接受过大专、大学教育。制造业企业大量倚重熟练技术人员，学徒制为企业提供了合适的劳动力资源，也促进了就业。（莱曼，2018）

学徒制对德国制造业的成功起到了非常大的作用，将企业用人目标与教育直接结合，避免了工作与教育的脱节，也避免了大量劳动力为了追求大学文凭，导致教育资源、劳动力资源和市场需求的错配。

1990 年代以来，德国企业提供的学徒岗位逐渐减少，最终雇佣保证也开始不明朗。为了阻止这种现象，德国在 2004 年引入了学徒税，对没有接收足够数量学徒的企业进行惩罚性征税。此外，德国企业越来越多地采取企业之间的学徒制，逐渐取代了内部学徒制。

学徒制对德国制造业的成功起到了非常大的作用，将企业用人目标与教育直接结合，避免了工作与教育的脱节，也避免了大量劳动力为了追求大学文凭，导致教育资源、劳动力资源和市场需求的错配。这对制造业仍需进一步发展的国家而言，具有借鉴意义。

4. 劳资共决制度

劳资共决制度是植根于德国经济史的重要制度，是德国劳资双方能够共享经济发展收益的基石性制度。

1951年，西德联邦议院通过了《关于采矿业和钢铁制造业雇员在其公司监事会和董事会行使共同决策权法》，这是劳资共决制立法的开端。此后通过的《企业基本法》在1971年被修订，赋予职工委员会更多的共决权（包括工作岗位管理权和劳动过程规制权）。

劳资共决制度是植根于德国经济史的重要制度，是德国劳资双方能够共享经济发展收益的基石性制度。

1976年，针对雇员超过2000人的股份公司制定的《雇员对等共同决策法》生效，雇主联合会不能接受，诉诸联邦宪法法院，但于1979年被驳回。联邦宪法法院在判决中引用了《基本法》中关于财产的社会义务条款。（阿贝尔斯豪塞，2018）

根据德国联邦劳工与社会事务部披露的 *Social Security at A Glance* 2018，企业职工委员会（Works Council）在若干方面享有共决权，包括：关于内部规则和员工行为方面的问题；设定劳动时间，引入短时工作或加班；确定带薪休假原则和休假时间表，当雇主与员工无法就员工休假达成一致时做出决定；引入或应用监督员工行为或表现的机制；根据法律，当提出措施防止职业事故或疾病，或当涉及健康保护问题时；当分配公司住宅或腾退时；有关薪酬构成，设计薪酬制度，或设定计件工资和奖金率或类似绩效相关报酬的问题；制定团体工作原则。

如果公司拥有超过100名雇员时，必须设立财政委员会（Finacial Committee）。当计划收购并可能导致公司控制权发生变更时，雇主必须向财政委员会及时报告并进行讨论。在没有设立财政委员会的情况下，应当向职工委员会报告并进行讨论。如果公司有超过20名有投票权的员工，在涉及员工的新任命、评级、再评级或转岗等人力变更事项时，雇主必须征得职工委员会的同意。在开除员工之前，雇主必须听取职工委员会的意见。

劳资共决制的真正意义，在于创造了一个不能完全由资方来决定劳方命运的企业运行机制，在外部激烈的竞争环境下，资方与劳方更加紧密地一致对外。

在中、大型企业的双层管理架构层面，由劳资双方共同组成的监事会，还拥有对管理（执行）董事会成员的任免权、对所有公司事务完整的知情权，还有权做出重大商业决定。

实践中，即便在超过2000人的大型企业适用的共决制度中，资方的监事会主席也会被赋予双票，而在中型企业中，劳方的监事会成员仍占少数。德国劳资共决制并未像批评者或最初企业家阶层担心的那样，让企业家失去对企业的主导权。

劳资共决制的真正意义，在于创造了一个不能完全由资方来决定劳方命运的企业运行机制，在外部激烈的竞争环境下，资方与劳方更加紧密地一致对外。德国学者认为，劳资共决在很大程度上解决了大型企业的“代理成本”问题，正是因为劳方能够通过制度来提出自己长远的诉求，因此其在很大程度上制约了管理层短期的利益冲动。

劳资共决制度使德国跨国企业进行全球跨境外包时无法忽视本土员工的利益，能在企业全球扩张的同时实现本土员工的利益共享，这一点恰恰是美国企业在全球外包过程中无法做到的。

德国企业在全球化过程中也进行了大量的产业外包。在东西德统一之后，德国跨国企业对中东欧的投资从1995年的73亿美元上升到2009年的630亿美元，一度引发了德国国内对产业空心化的担忧。慕尼黑伊佛（IFO）经济研究所所长汉斯·维尔纳·辛（Hans Werner Sinn）曾认为，大量劳动力外包给中东欧国家，将使德国丢失自己在工业方面的专业知识（杜瓦尔，2016）。但后来的事实证明，劳资共决制度使德国跨国企业进行全球跨境外包时无法忽视本土员工的利益，能在企业全球扩张的同时实现本土员工的利益共享，这一点恰恰是美国企业在全球外包过程中无法做到的。

同为发达国家，美国在全球化进程中脱实向虚，贫富差距持续扩大，中下层信贷福利难以维系；德国在不断开拓全球市场的过程中，却在金融方面保持克制，保持了制造业竞争力，使本土员工共同获益。

除此之外，德国还延续了自俾斯麦时代以来良好的社会保障传统。尽管经历了1990年代两德统一导致的经济下行，但出于国家责任，也得益于德国经济的发展，在医疗、养老等方面，德国总体上一直都维持了较好的社会福利。

施罗德执政期的自由化改革降低了德国的福利标准，引发了2004年民众激烈的抗议。到了默克尔执政时期，才终结了自由化改革方案，让德国重回正轨，经济得以强劲回升。

同为发达国家，美国在全球化进程中脱实向虚，贫富差距持续扩大，中下层信贷福利难以维系；德国在不断开拓全球市场，却在金融方面保持克制，保持了制造业竞争力，使本土员工共同获益。

每个国家和社会的发展都存在路径依赖，都必须结合自身的历史背景，去吸收他国的经验，汲取他国的教训。

人类社会并没有一个可以通用的政治经济模式，莱茵模式根植于德国历史，在欧洲大陆得到扩散。每个国家和社会的发展都存在路径依赖，都必须结合自身的历史背景，去吸收他国的经验，汲取他国的教训。

美、德全球化路径对我国有何启示？

尽管存在逆全球化风潮，今天的世界仍处于深度全球化时代。这是一个二战后在美国主导下形成的国际经贸体系，这一体系曾给全人类共同发展带来了希望，也给部分人群带来了冲击。回顾战后全球化进程，剖析美国在这一进程中的得失，有助于我们深入理解全球化，保持战略定力，并从国内外的经验教训中汲取智慧。

回顾战后全球化进程，剖析美国在这一进程中的得失，有助于我们深入理解全球化，保持战略定力，并从国内外的经验教训中汲取智慧。

GATT：温和全球化下的“微妙平衡”

哈佛大学教授丹尼·罗德里克将二战后的全球化分成两个阶段，一是自布雷顿森林体系建立至关贸总协定（GATT）的阶段，二是世贸组织（WTO）阶段。

在第一个阶段，战后形成了“一个微妙的平衡”：充分的国际制约和贸易开放保证了世界商业繁荣，同时各国政府也有足够的政策空间应对国内社会和经济发展的需求。国际经济政策和国内政策目标，如充分就业、经济增长、公平分配、社会保险及国家福利等相比，处于次要地位。

在其著作《全球化的悖论》中，罗德里克将此阶段称为“温和的全球化”。以 GATT 为标志的贸易多边主义形成，通过几轮多边贸易谈判，废除了大部分源自 1930 年代的进口限制，降低了关税。1948—1990 年间，世界贸易量年均增长 7%，无论富国还是穷国的增速都超过以往。

但 GATT 并未追求完全的全球化。某些贸易方面的限制虽然解除或减弱了，工业国之间的大多数工业制造品贸易也逐步开放，但仍有很大一部分世界贸易在多边协议之外进行，或者受到条约例外规则的保护，涵盖农业、保险、银行、建筑、公用事业服务等领域。

在美国压力下，1990 年代还曾流行自愿出口限制，主要表现为日本限制本国汽车、钢铁及其他工业制品出口。

罗德里克认为，除发展中国家外，发达工业国在 GATT 阶段也有相当多的“空子”可钻，包括利用反倾销保护本国产业等。而且，GATT 阶段的全球贸易裁判规则还导致强制执行难以实施，因为在就具体贸易案件提请 GATT 专家小组裁决后，即便专家小组认为申请国（原告）有理进而通过了小组报告，实际执行裁决仍需 GATT 所有成员（包括作为被告的被申请国）一致通过该报告才行。很显然，被告方可以否决对自己不利的裁决。

因此，总体上 GATT 更多的是一个贸易协商机制，而非一个类似于主权国家内部的贸易立法及裁判机制。美国哈佛大学教授约翰·鲁杰认为，GATT 的“多边主义建立在国内干预的基础之上”。在 GATT 阶段，各国可根据自己独特的企业治理、劳动力市场、税收制度、商业利益和政府关系以及国家福利制度，来建立自己的经济制度。

总体上 GATT 更多是一个贸易协商机制，而非一个类似于主权国家内部的贸易立法及裁判机制。

就发达国家而言，罗德里克认为，虽然美国、法国、英国、德国、瑞典和日本都是以市场为基础的经济体，但支持这些市场的社会上层建筑却大不相同。

美国是自由市场，德国采纳的是社会市场经济，北欧是福利社会，法国是以“指导性计划”和大量监管为基础的资本主义，日本则保持传统，有大量监管和贸易保护。就发展中国家而言，由于他国贸易政策无法直接干涉本国，因此后发国家通过一系列工业政策实现了经济转型，减少了对自然资源和大宗商品的依赖，还有不少国家以制造业为基础实现了经济的高速增长。

虽然美国、法国、英国、德国、瑞典和日本都是以市场为基础的经济体，但支持这些市场的社会上层建筑却大不相同。美国是自由市场，德国采纳的是社会市场经济，北欧是福利社会，法国是以“指导性计划”和大量监管为基础的资本主义，日本则保持传统，有大量监管和贸易保护。

GATT没有以贸易最大化为目标，它实现了让各国在符合自己发展目标的前提下尽可能多地参与到国际贸易中。罗德里克认为，贸易只有在没有对国内社会制度、分配偏好和价值观造成威胁时，才是自由的。事实上，正是在这种妥协之下，无论先发国家还是后发国家，才能实现经济发展与劳工权益、社会福利以及环境保护等其他社会关键目标之间的平衡。

WTO：超级全球化利弊

在里根-撒切尔自由主义革命之后，支持自由市场的经济学逐渐成为主导，至“华盛顿共识”提出，新自由主义或市场原教旨主义广泛流行。罗德里克认为，这些意识形态对市场力量过分乐观，它们认为政府是市场发展的阻碍，必须把政府对经济的干预减少到最低程度。

1990年代前后，随着金融全球化的到来，世界贸易组织诞生标志着另一类型全球化的开始。

1990年代前后，随着金融全球化的到来，世界贸易组织诞生标志着另一类型全球化的开始。

罗德里克将WTO阶段的全球化称为“超级全球化”。与GATT的规则不同，WTO要求国内经济管理要服从国际贸易和金融的要求，实现国际商品和市场（劳动力除外）的一体化。

其中非常关键的变革是WTO的争端解决机制。在专家小组裁决之后新设上诉程序，上诉裁决的结果原则上不可被推翻，除非所有成员一致同意才能推翻。这一规则导致WTO的裁决迫使各成员的内部政策必须适应全球化要求，包括美国都要被迫改变自己的税收和环保方面的政策。以往各成员内部用以平衡各方利益的劳工、环保和税收政策，在WTO项下都成了需要被打破的贸易壁垒。一个以全球贸易以及全球贸易背后的全球金融利益为最优先的体系逐渐建立起来。

以WTO为核心的国际贸易体系对此后的全球经贸快速发展功不可没。但是，随着全球化的深度推进，将扩大贸易和经济效率置于最优先取向，一些接受了自由主义经济模式的国家开始面临贫富差距的挑战，部分过往支持全球化的知名经济学家也开始反思。

以WTO为核心的国际贸易体系对此后的全球经贸快速发展功不可没。但是，随着全球化的深度推进，将扩大贸易和经济效率置于最优先取向，一些接受了自由主义经济模式的国家开始面临贫富差距的挑战，部分过往支持全球化的知名经济学家也开始反思。

诺贝尔经济学奖获得者保罗·克鲁格曼承认，自己未能意识到全球化可能带来分配不公的严重性；担任过克林顿政府时期财政部长和哈佛大学校长的拉里·萨默斯，曾是坚定的自由贸易论者，后来也认识到："那些无国界的精英们只关心他们的公司如何在全球经济中取得成功，以及他们自己的腰包是否随之鼓了起来，他们公司总部所在国的利益与他们无关。"

更为关键的是金融全球化带来的冲击。凯恩斯曾主张，政府应将本国经济、社会的发展目标放在全球经济发展之前。这正是布雷顿森林公约拟定者所达成的共识，当然这也成为后来新自由主义攻击全球化不够全面和深入的靶点。在各国逐渐打开资本管制的情况下，全球资本流动性增加。

从市场原教旨主义的观点来看，全球资本的跨境流动有利于资本在全球的优化配置。但事实上的后果，正如凯恩斯曾经指出的，完全自由流动的资本不但威胁金融稳定，还会影响到宏观经济平衡，也就是充分就业和价格稳定之间的平衡。1980 年代末，经合组织起初认为短期投资和长期投资并无不同，决定要推动资本的全面流动，并将其纳入《资本流动自由法典》的修订版中，废除资本管制从而成为加入经合组织的一个先决条件。1994—2000 年间，六个发展中国家和经济转轨国家加入该组织并开放了资本账户，其中墨西哥和韩国加入不久就遭遇到严重的经济危机。

全球资本的跨境流动有利于资本在全球的优化配置。但事实上的后果，正如凯恩斯曾经指出的，完全自由流动的资本不但威胁金融稳定，还会影响到宏观经济平衡，也就是充分就业和价格稳定之间的平衡。

乔治·索罗斯在他的《索罗斯论全球化》一书中说："金融市场的全球化使二战后出现的福利国家变得不合时宜，因为需要社会保障的人们不能离开国家，而过去作为福利国家征税对象的资本却是能离开的。"此外，虽然"全球竞争解放了创造力，发挥了企业家才干，并使技术创新加速"，但全球化不利影响也不可忽视：

金融市场的全球化使二战后出现的福利国家变得不合时宜，因为需要社会保障的人们不能离开国家，而过去作为福利国家征税对象的资本却是能离开的。

"一是许多人尤其是欠发达国家的人受到全球化的影响，同时又得不到社会安全网保护；还有许多人被全球市场边缘化。"

"二是全球化导致了私人产品和公共物品之间的资源分配不均，市场长于创造财富，但其目标并非为满足社会需要，对利润的恣意追逐会破坏环境，并与其他社会价值产生冲突。"

"三是全球金融市场容易遭受危机。"

在索罗斯看来："市场是用来为自愿参与的各方进行货物和服务自由交换提供便利的，仅靠市场自身不能应付诸如法律和秩序或维持市场机制本身运转之类的集体需要。市场也不能确保社会公正。这些'公共物品'只能通过政治方式来提供。"

市场是用来为自愿参与的各方进行货物和服务自由交换提供便利的，仅靠市场自身不能应付诸如法律和秩序或维持市场机制本身运转之类的集体需要。市场也不能确保社会公正。这些"公共物品"只能通过政治方式来提供。

罗德里克认为，一国难以"在拥有'超级全球化'的同时拥有民主制度和国家自主权，最多能在三者中取其二”。这一观点深刻预见到了美国今天正面临的困境：当美国在主导“超级全球化”过程中使本国资本为了追逐短期利益而大量流出、造成本土投资不足从而使本土就业岗位流失、对中下层造成难以弥补的影响时，中下层通过选票民主开始反弹，最终将特朗普送上了总统宝座。

罗德里克认为，一国难以“在拥有‘超级全球化’的同时拥有民主制度和国家自主权，最多能在三者中取其二。”

全球化时代深思产业兴替

中国在经过漫长、艰苦的谈判之后，于 2001 年加入 WTO。中国的全球化之路十分坎坷，并非如最近几年曾流行的一种说法，即美国在全球化中受损是因为中国在全球化中获益。

中国的全球化之路十分坎坷，并非如最近几年曾流行的一种说法，即美国在全球化中受损是因为中国在全球化中获益。

中国为加入 WTO、融入全球化进程付出了不小的代价，包括产业整合、职工下岗等。也因此，中国在后来的发展中十分注重改革的稳定性和协调性。这也是为什么今天无论政府还是企业家，都仍然需要坚持“以先富带动后富，最终实现共同富裕”这个社会共识。

中国在加入全球化进程后，外贸依存度也一度相当高，国民通过辛苦劳动赚取美元，推动了工业化起步前行。和有类似发展经历的日本相比，最大的不同在于，日本在 1980 年代就已占据过全球制造业产业链的高端，而中国的产业当前多数仍处于产业链中下游。

吸取他国教训，中国的金融政策应更为稳健，避免出现国内资金快速向能短期获利的资产聚集，进而对中低端外贸产业构成巨大挤压的情况。如果通过中低端外贸辛苦赚来的收益变成国内信用宽松的基础，而国内信用宽松会引发资产泡沫，资产泡沫又反过来影响各个生产要素的价格，包括房地产、原材料和人工成本等，这将使利润率本就不高的中低端外贸产业进一步丧失产业升级的机会，甚至被迫大量退出市场。

中国是一个外贸大国，但还不是一个外贸强国。如果境内资产泡沫膨胀，生产要素价格继续上升，中低端外贸产品会逐渐被其他后发国家替代。而美国在政策取向上正极力摆脱对中国中低端制造业的依赖，试图通过扶持其他小国替代生产，继续维持美国本土的信贷福利体系。

近年来，国内有观点认为，制造业衰落是一个必然的过程，从制造业转向服务业，是每个工业化国家的必经之路。此类观点深受美国前些年一些经济学观点的影响。但美国主动去工业化，依靠信贷消费维持经济发展的恶果如今已摆在眼前，况且中国并没有复制美国模式的经济基础。在这方面，德国坚持制造业基础地位的战略值得我们深思和借鉴。

在经济转型升级的今天，人们更加重视高科技企业。但从美国的教训以及德国的经验来看，我们应当尊重那些目前看似不那么“高科技”的制造业企业，要让市场而非市长来识别它们，决定它们的去留。不能期望将普通制造业赶走，就必然能换来“高科技”。每个产业的发展都有极大的路径依赖，期待抹掉一个地区的产业历史去实现转型不一定现实。

从美国的教训以及德国的经验来看，我们应当尊重那些目前看似不那么“高科技”的制造业企业，要让市场而非市长来识别它们，决定它们的去留。

而且，一些看似落后的产业，也不意味着就丧失了升级进步的空间，通过这些行业企业家的探索，仍然可以实现产业升级。美国的康宁公司以玻璃制造为主业，1955 年就位列美国 500 强第 209 位，至今也仍在这个榜单上。很难说玻璃这个行业是高科技产业，但如果没有康宁，苹果手机是无法生产出来的。《财富》500 强榜单上有非常多这样的传统行业的“常青树”，正是它们的点滴积累，才成就了今天的各种经济进步。

因此，当科技进步带来制造业劳动力需求变化时，应尽可能让劳动力去匹配新的岗位，对制造业流程实施再造的同时虑及就业契合度，特别是要考虑广阔腹地尚未发展起来的地区的就业需求。

当科技进步带来制造业劳动力需求变化时，应尽可能让劳动力去匹配新的岗位，对制造业流程实施再造的同时虑及就业契合度，特别是要考虑广阔腹地尚未发展起来的地区的就业需求。

事实上，在深度全球化进程中，每个国家都面临如何抵御全球化冲击、保障内部就业以及实现其他社会公共目标的问题。对像美国上层精英那样漠视自己的员工、只顾及高层短期收益的行业、企业和企业家，理应在制度设计上进行约束。中国是人口第一大国，就业问题尤其重要。

国内有一些观点认为，新兴行业自由竞争，哪怕过程中有大量资源浪费，竞争胜出者也能够引领未来，总体上会得大于失。这种观点的问题在于其无视个别行业短期内资本过度集中导致的对其他行业的长远冲击。过去十年，多少本该在芯片行业奋斗的学子，因为资本补贴下的优厚薪酬而转投互联网企业，导致芯片行业人才缺口扩大，短期内难以补充。而那些所谓优厚的薪酬，也只是一时。这方面，美国模式下富裕的硅谷、华尔街和大量中下层民众的尖锐对立殷鉴不远。

还要考虑对中国教育的影响。教育竞争的激烈，说到底是因为只有个别行业才能提供丰厚的薪酬，而这些行业吸纳就业有限，决定了竞争会日趋激烈。要从根源上解决这个矛盾，最终的关注点还是在产业和就业上。当前，中国实业类企业大多仍处于产业链中低端，这意味着这些产业仍有较大的薪酬上升空间，在此时简单丢弃，就如同放弃大海去追求河流。如何将教育目标与就业目标进行更科学、合理的匹配，有

如何将教育目标与就业目标进行更科学、合理的匹配，有赖于我们今后对制造业如何定位。

赖于我们今后对制造业如何定位。

此外，当中国的制造业逐步迈向高端，其影响不可避免会外溢。美国众多跨国企业和金融企业的利益，必须以美国继续维持其在高端产业的优势地位为前提。在中低端已逐渐外包的情况下，只有高端产业才能支撑起美国经济继续运转，配合美国的全球金融中心地位，使其他外贸国家辛苦挣来的美元不断回流美国本土进行投资。如果这一美元回流进程被打破，不但美国中下层的信贷福利制度无法维系，中上层的利益也会受到冲击。

这就不难解释，美国为何不惜动用国家力量对中国真正的高科技企业进行打击和遏制。在美国政府实施这一行动问题上，民粹主义或许起到了推波助澜的作用，但如果美国本土的问题无法得到根治，这样的情形就难以改变。

全球治理正面临巨大挑战，尤其在欧美民粹主义风潮下，大国之间要在短期达成共识极为困难。此时，更应对当今全球化背景下种种问题的根源有深刻认识，并在经济发展模式、社会公共目标和对外经贸政策上保持足够的定力。要以美德等国在全球化进程中不同的做法和后果为镜鉴，实质性地推进国内金融改革，抑制资产泡沫，坚持以实业发展为根基，将信息化与

全球治理正面临巨大挑战，尤其在欧美民粹主义风潮下，大国之间要在短期达成共识极为困难。

制造业升级充分结合起来，最终实现经济结构的成功转型。

参考资料

1. [德] 维尔纳·阿贝尔斯豪塞：《德国战后经济史》，史世伟译，中国社会科学出版社 2018 年版。

2. [法] 纪尧姆·杜瓦尔：《德国模式为什么看起来更成功》，杨凌艺译，中国工信出版集团 2016 年版。

3. [德] 埃里克·莱曼、[美] 戴维·奥德兹：《德国的七个秘密》，颜超凡译，中信出版集团 2018 年版。

4. [德] 路德维希·艾哈德：《大众福利》，祝世康、穆家骥译，商务印书馆 2017 年版。

5. [法] 托马斯·皮凯蒂：《21 世纪资本论》，巴曙松等译，中信出版集团 2014 年版。

6. [美] 罗伯特·赖克：《拯救资本主义》，曾鑫、熊跃根译，中信出版集团 2016 年版。

7. [美] 丹尼·罗德里克：《全球化的悖论》，廖丽华译，中国人民大学出版社 2011 年版。

8. [美] 罗伯特·戈登：《美国增长的起落》，张林山等译，中信出版集团 2018 年版。

9. [美] 罗伯特·索洛、彼得·林德特：《关于〈21 世纪资本论〉你所需要知道的一切》，中信出版集团 2015 年版。

10. ［美］伯尼·桑德斯：《我们的革命》，钟舒婷、周紫君译，江苏凤凰文艺出版社 2018 年版。

11. ［日］野口悠纪雄：《依赖美国的罪与罚》，贾成中、黄金峰译，东方出版社 2013 年版。

12. ［美］莫妮卡·普拉萨德：《过剩之地：美式富足与贫困悖论》，余晖译，上海人民出版社 2018 年版。

13. ［美］J. D. 万斯：《乡下人的悲歌》，刘晓同、庄逸抒译，江苏凤凰文艺出版社 2017 年版。

14. ［美］乔治·索罗斯：《索罗斯论全球化》，王荣军译，商务印书馆 2003 年版。

15. Michael Mandel, "The Myth of American Productivity", *Washington Monthly*, Feb. 2012.

16. Elizabeth Warren, *This Fight is Our Fight*, Picador, 2018.

华为的股权与治理结构

王　军*

引言

华为公司历来声称自己是由员工持有全部股份的民营企业。[1] 但最近十年来，有关华为股权架构的讨论不时出现在国际媒体上。[2] 美国政府对华为股权架构以及华为与中国政府的关系也表现出极大的兴趣。今年4月中旬，越南富布赖特大学教授鲍尔丁（Christopher Balding）和美国乔治·华盛顿大学教授克拉克（Donald Clarke）发表文章，再次提出“谁拥有华为”的问题。[3] 两位作者基于网上有关华为的公开信息，分析了华为的股权结构。文章十分肯定地指出，华为员工并不是华为公司的真正所有者和控制者，他们手中的“虚拟

---

* 王军，法学博士，2003年起任教于中国政法大学，现任公司法与投资保护研究所副所长。作者感谢方流芳教授在本文写作过程中给予的宝贵建议。

股”不是真正的股权。[4] 那么谁实际上拥有华为呢？作者承认，目前还没有足够的信息给出明确答案。但他们仍然作出一个大胆的推断：鉴于中国工会与政府之间的紧密关系，以及华为工会委员会持有华为控股的99%以上股权的事实，有理由认定华为是一家受国家控制甚至被国家拥有的企业。[5]

华为的股权和治理结构究竟有哪些独特之处？华为员工持股为什么要以工会为“持股载体”？工会作为“持股载体”的功能与其本职工作和角色能否区分、如何区分？华为员工“虚拟股”究竟是不是股权？尽管这些问题是外界针对华为提出的，但其意义不限于华为。事实上，在过去三十多年中，员工通过工会或者工会下设的职工持股会持有公司股权，在中国已经成为一种常见的员工持股模式。[6] 因此，回应这些问题，不仅对华为，也对中国企业的员工持股实践具有意义。更深一层看，华为的所有权之争反映了中国企业参与国际竞争后，“中国特色”的制度安排与西方范式之间的紧张关系。中国企业如何以西方社会能够理解的方式表达自己的独特之处，如何与西方范式展开对话，从而促进互相理解和制度改进？

更深一层看，华为的所有权之争反映了中国企业参与国际竞争后，“中国特色”的制度安排与西方范式之间的紧张关系。

基于对公开信息（包括法律法规、司法判决、华为公司的年报、媒体公开报道和学术研究资料等）的研究，本文主要有以下发现：

（1）华为的公司治理结构和股权设置均非中国公司法规定的典型模式，其特点可追溯至上世纪八九十年代有关职工持股的实践经验和法规。

（2）华为员工“虚拟股”含有持股人参与公司决策的权利、分配利润和剩余财产的权利，符合股权的核心特征，是一种通过协议和内部规章构建的“特殊的普通股”。

（3）就目前的工会规范和实践而言，中国企业工会的法定职能和它作为员工股“持股载体”的附加功能，在法律上和事实上都可以区分开，工会所持员工股与“工会资产”之间的规范界限，也形成阻断上级工会干预基层工会所持员工股的权利行使的法律屏障。

工会委员会作为“持股载体”持有99%华为股权的事实，不能证明华为是受国家控制甚至被国家拥有的企业，华为是工会控股的国有企业的观点是不成立的。

（4）就华为个案来说，工会委员会作为“持股载体”持有99%华为股权的事实，不能证明华为是受国家控制甚至被国家拥有的企业，华为是工会控股的国有企业的观点是不成立的。

华为的股权和治理结构有何特点?

华为企业集群的核心企业是两个公司：一个是成

立于1987年的华为技术有限公司（以下简称“华为技术”），另一个是2003年成立的华为投资控股有限公司（以下简称“华为控股”）。根据当前公开披露的工商登记信息，华为技术旗下有至少20家控股或参股公司、14个分支机构，它们构成华为的生产、服务和研发实体。目前，华为控股是华为技术的唯一股东，而华为控股又有两名股东——华为投资控股有限公司工会委员会（以下简称“华为控股工委会”或“工委会”）和任正非，他们分别持股98.99%和1.01%。[7]

根据以上信息，外界将华为的股权结构绘制为以下图示（见图1）。[8]

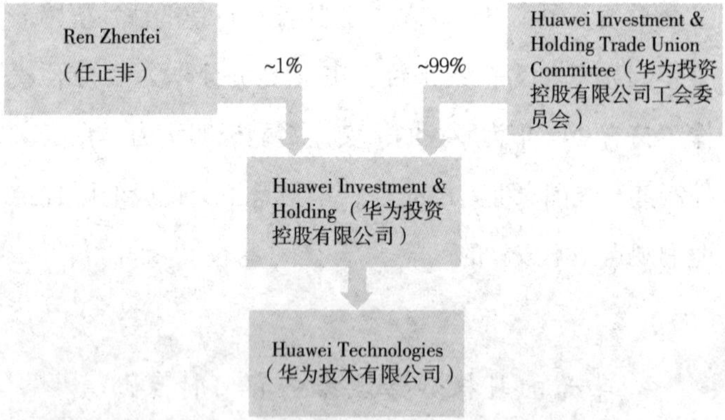

图1　华为的股权结构图

图1显示，华为控股全资拥有华为技术，而任正非和工委会又共同拥有华为控股的全部股权。因此，根据中国《公司法》关于有限责任公司组织机构的规定，[9] 观察者似乎很容易得出结论：任正非和工委会两个股东组成华为控股的股东会，该股东会有权决定华为控股的各项重大事宜；由于华为控股持有华为技术的全部股权，因此，任正非和工委会又可以间接控制华为技术。

华为控股历年年报所绘制的公司治理架构图似乎也印证了外界的看法（见图2）。[10]

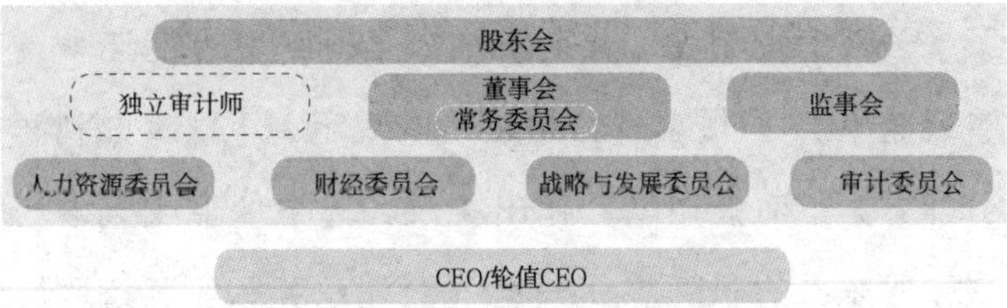

图2　华为公司治理架构图（根据年报绘制）

但图1和图2实际上更多地反映了中国《公司法》对有限公司组织机构的设计，而没有展示出华为控股治理结构的个性和全貌。

首先，工委会背后的意见形成机构——持股员工代表会没有展现出来。根据华为控股年报的表述，工委会尽管被登记为华为控股的股东，但它实际上是一个实现员工持股计划的“持股载体”或“持股平台”，在其背后形成和表达意见的机构是持股员工代表会。[11]持股员工代表会目前由115名持股员工代表组成，代表全体持股员工（截至2018年年底为96 000余人）行使权利。持股员工代表由在职持股员工选举产生，任期5年。[12]

持股员工代表会事实上拥有《公司法》所规定的部分股东会职权。[13] 华为控股年报披露，2015-2018年度，持股员工代表会每年均举行一次或两次会议，会议审议通过的内容一般是年度利润分配方案、增资方案、公司治理制度、长期激励方案等，也可能选举董事或监事。[14] 而根据《公司法》的规定，审议批准利润分配方案、对公司增资作出决议、选举董事或监事均属于股东会的职权。[15] 为符合《公司法》规则，持股员工代表会的上述决议还必须由股东会（由任正非和工委会组成）通过决议予以确认。理论上，股东会有可能拒绝作出决议确认持股员工代表会的某项决定。但在股东会中，工委会持有接近99%的股权，它又以持股员工代表会作为形成和表示意见的机构，而任正非同时也是持股员工代表会的成员。因此，持股员工代表会事实上可以替代股东会的功能，股东会事后的

“决议通过”实际上只具有程序意义。

其次，华为的创始股东任正非在治理结构中的特殊地位也没有显示出来。根据华为最近的公开解释，华为内部订有“治理章程”。该章程明确规定了任正非在董事和监事候选人的提名、公司增资方案、“资本结构调整”、“治理章程”和“重大治理文件”的修订等方面，拥有“否决权”。华为公司的代表强调，任正非拥有的是部分事项上的“否决权”，而不是全部事项上的“单独决策权”。[16] 这使他与持股员工代表会形成了合作与制衡并存的共治格局。

华为控股根据自身的特点和需求改造了《公司法》预制的有限公司治理结构。

总结上述可见，华为控股根据自身的特点和需求改造了《公司法》预制的有限公司治理结构。具体来说，有三个重要特点：

第一，持股员工通过“代议制”行使员工股权利。在职持股员工按“一股一票”（而不是“一人一票”）的“资本多数决”规则选举产生持股员工代表会。代表会形成和表达持股员工的意见，代表员工行使员工股权利。

第二，持股员工代表会“嵌入”股东会，分享股东会依据《公司法》拥有的部分权力。持股员工代表会所分享的这部分权力（包括选举董事、监事、审议通过利润分配方案、增资方案、治理制度、激励方案等），关涉公司的重要人事安排、资本和股权结构变更、内部治理制度和利润分配。

第三，赋予公司创始股东在部分事项上享有“否决权”，使创始股东与持股员工代表会形成共同治理、相互制约的格局。

基于上述分析，华为控股的治理架构示意图有必要重新绘制（见图3）。

图3　华为公司治理架构图（重新绘制）

从华为对外公开的信息中，我们可以发现，华为对其股权和治理架构的阐释也是逐渐清晰起来的。在2013–2016年各年度年报中，华为控股一直宣称股东会是其“公司最高权力机构”；2017年年报改称股东会为“公司权力机构”；2018年年报继续称股东会为

华为控股将其股东会改称“公司权力机构”，符合法律的正式表述。将持股员工代表会定位为“公司最高权力机构”，则表明它有意向外界更全面和准确地展现其股权和治理结构上的独特之处。

"公司权力机构"，但同时首次将持股员工代表会定位为"公司最高权力机构"。华为控股将其股东会改称"公司权力机构"，符合法律的正式表述。[17] 将持股员工代表会定位为"公司最高权力机构"，则表明它有意向外界更全面和准确地展现其股权和治理结构上的独特之处。

为什么通过工会代持员工股？

华为员工股为什么要通过工会委员会来集中持有？为什么不以持股员工代表会为"持股载体"？员工为什么不直接持有华为的股权，直接登记为华为的股东？下文从历史背景、华为自身的沿革和法律规则三个层面来进行分析。

历史背景

国有企业尝试职工持股，目的是改善企业内部的激励机制，激发职工的生产积极性，最终实现"搞活"企业、提高效益的目标。

20世纪80年代，国有企业的股份制改革中出现了职工持股的做法。[18] 国有企业尝试职工持股，目的是改善企业内部的激励机制，激发职工的生产积极性，最终实现"搞活"企业、提高效益的目标。[19] 但"试点"过程中发现，有些企业以实行职工持股的名义，将国有资产无偿分配给干部、职工；有的借职工股名义对外公开发行股份；有的公司发行的职工股在公司外自由交易。为防止“国有资产流失”、防止“滥发股票”和“非法交易”，国家又出台规范文件对职工持股予以规制。[20]

在国有企业中实行职工持股的正当性基础是，职工持股体现了劳动与资本的联合，可以增强职工的“主人翁”意识，调动职工的积极性。但另一方面，推行职工持股又有政治和经济上的风险，诸如：造成“国有资产流失”，被认为“搞私有化”“否定公有制”，或者“乱集资”“扰乱金融秩序”。在正反两股政策判断的合力之下，从 20 世纪 90 年代初开始，中央和地方政府的许多规范性文件都倾向于严控股份公司发行职工股，限制职工直接和分散持股，限制职工股转让和交易。[21] 避免职工分散持股的办法之一就是，持股员工选举产生“员工持股会”，由“员工持股会”集中持有和管理职工股。[22] 在这些规范性文件中，“员工持股会”与工会关系密切：要么被界定为企业工会的下属机构，要么可以直接登记为工会社团法人。

避免职工分散持股的办法之一就是，持股员工选举产生“员工持股会”，由“员工持股会”集中持有和管理职工股。

2001 年，深圳市制定了不区分企业所有制的员工持股规定，以取代之前主要用于国有企业的法规。[23] 但 2001 年的规定还是吸收了国有企业职工持股的经验，将员工股集中管理列为一种示范性的持股方式，尽管它并不禁止员工直接以自己的名义持股。[24] 华为的员工持股就是在这样的历史背景下产生的。

华为沿革

有研究者对华为初创时期的情况做了如下梳理：1987 年 9 月，华为以“民间科技企业”的名义在工商登记机关注册成立；注册资金为 21 000 元人民币；股东包括任正非等 6 人，各持 1/6 股权；成立时共有员工 14 人。1988 年正式营业，最初业务是代理销售香港康力公司的 HAX 交换机。1991 年，员工人数增至 20 余人，11 月申请将公司变更为“集体所有制企业”。1992 年 6 月获准变更登记。[25]

结合当时政策和法规来看，以上信息是有可信性的。首先，1988 年 7 月以前，在中国注册成立一家私营企业是缺乏法律依据的。[26] 其次，1987 年 2 月，深圳市政府确实公布了一部鼓励科技人员创办“民间科技企业”的规章。[27]“民间科技企业”的“经济性质”不是全民所有制或集体所有制，也不是个体户、个人合伙或者私营经济，而是淡化了所有制色彩的一种新类型——“民间科技企业”。[28] 假如华为确实在 1987 年注册为“民间科技企业”，那么它既可以依据深圳市规章获得合法地位，又可以享受一定的税收优惠。[29]

华为为什么要在1991年11月申请变更为集体企业？目前没有公开资料作出解释，也缺少更详细的信息。[30]或许是出于两方面的考虑。一是，当时的“私有经济”在意识形态、法律和政策上仍缺少足够的合法性。集体企业的身份可能会给华为带来一定的安全感，尽管企业的产权归属会因此变得模糊。[31]二是，1991年前后华为面临严重的资金短缺，集体企业身份可能有助于华为向国有银行申请贷款。[32]

华为最初向员工发行所谓“内部股”，主要目的也是为了融资。[33]入股员工投入了资金，但并未登记为公司股东。根据深圳当时的政策，凭集体企业身份，华为有资格向市政府申请列入“股份化试点”，从而可以改组为股份有限公司并向职工发行普通股。[34]但事实上，华为没有成为“试点”，也没有改制成股份有限公司发行股份。

1997年，深圳市公布专门规章，开始更大范围地推行国有企业内部员工持股试点。[35]依照这个规章，实行内部员工股的企业应当通过工会集中管理员工股(因此员工股不是公司法上的普通股，不需要工商登记)，持股员工通过选举代表参与公司决策；[36]员工股也不得转让和继承，员工离职时应由公司回购。[37]

华为不失时机地参照这个规定，对股权结构做了重大调整：原有“内部股”全部转交深圳市华为技术有限公司工会集中持有（占股比例61.86%），另外两名股东分别是华为新技术有限公司工会（持股33.09%）和华为新技术有限公司（持股5.05%）。[38] 通过此次股权重置，华为可能至少实现了两个重要目标：其一，依照市政府规章将原有“内部股”转化为以工会为持股载体的员工股，实现了员工持股的合规化，而这种合规化看起来并不违背华为最早创设“内部股”的初衷；其二，顺势摘掉了集体所有制企业的“帽子”。

1997年的股权结构调整也对华为的治理结构产生了深远影响。华为将持股员工代表会与股东会“嵌套”的做法，实际上也是1997年深圳员工股规定的创意。根据这个规定，持股员工应当选举代表组成持股会，集中管理员工股，而员工持股会部分成员应当按照法律程序进入公司股东会、董事会和监事会，代表持股员工参与公司决策。[39] 这实际上就是将员工持股会和公司法规定的“三会”（股东会、董事会、监事会）“嵌套”起来。

法律层面

2019年4月29日，华为控股的代表向外界说明，华为目前实施员工持股的法律依据是前述深圳市2001年的员工股规定。[40] 但是，这个规定并不禁止员工直接持股。华为为什么不采取员工直接持股的方式？其对此的回应是，《公司法》对有限公司和非上市股份公司的股东人数均有限制，华为的90 000余名持股员工不可能直接持股。[41]

不过，这个回应并没有把问题说透。有限责任公司的股东人数的确不得超过50人。[42] 股份有限公司的股东人数并没有法定上限。200人是以发起设立方式设立股份公司时的发起人人数上限，而不是全体股东的人数上限。[43] 但是，一家股份有限公司的股东如果累计超过200人，不论该公司是否在事实上“公开发行证券”，其都将被视为从事了“公开发行证券”的行为。[44] 而任何公司“公开发行证券”，都必须事先获得中国证监会的核准。[45] 不妨想象一下，如果华为是一家由几万名员工直接持股的股份有限公司，而且每年甚至每个月都有新老员工增持股份，那就意味着华为每次吸收一批员工入股都可能构成“公开发行证券”，都需要申请证监会核准。这样的成本对任何公司来说都

关键在于，股东人数一旦超过200人，公司就不得不按照证券监管机关对“公众公司”的管制要求“合规化”，公司在融资和治理上的自由度将锐减，华为多年来摸索、积累的独具特色且行之有效的股权和治理结构就不得不彻底放弃。

是难以承受的。而且，股东人数累计超过200人的股份有限公司属于“非上市公众公司”，在信息披露、内部治理、股份发行与转让等方面要全面接受证监会监管。[46] 这显然又不符合华为目前的发展战略、融资和内部治理特点。因此，法律对股东人数的限制只是表象。关键在于，股东人数一旦超过200人，公司就不得不按照证券监管机关对“公众公司”的管制要求“合规化”，公司在融资和治理上的自由度将锐减，华为多年来摸索、积累的独具特色且行之有效的股权和治理结构就不得不彻底放弃。

除了股东人数上的限制外，股东资格限制是员工持股企业选择工会作为“持股载体”的另一法律原因。工会可以比较容易地取得法人资格，即社会团体法人资格，而法律和登记部门倾向于接受国家投资机构、企业法人（后扩展到非法人企业）、事业单位法人和自然人为股东。[47] 代表员工持股的主体肯定不能成立“机关法人”或者“事业单位法人”，只有“企业法人”和“社会团体法人”可以选择。而以“企业法人”（有限责任公司或者股份有限公司）为载体的话，又面临前面说的人数难题。因此，“社会团体法人”成为企业选择员工持股载体的优先甚至唯一选项。

除了各级工会可以享有法人资格外，基层工会委员会也可以申请取得工会法人资格。因此，包括在华为在内的许多企业，代表员工持股的主体是工会委员会。

中华全国总工会、地方总工会和产业工会自然拥有“社会团体法人资格”，基层工会组织则需要依照《民法通则》规定的法人条件申请“社会团体法人资格”。[48] 除了各级工会可以享有法人资格外，基层工会委员会也可以申请取得工会法人资格。[49] 因此，包括华为在内的许多企业，代表员工持股的主体是工会委员会。

华为为什么不通过“持股员工代表会”直接持有员工股？除了工会和工会委员会外，企业内设的“职工持股会”早先也可以注册登记为社会团体法人，可以作为代持员工股的“持股主体”。但负责社会团体法人登记的民政部于2000年7月表示，职工持股会属于“单位内部团体”，不符合法律规定的社会团体法人登记条件，因此不再批准企业内部职工持股会登记为社团法人。[50]

工会的两种角色如何区分？

不难发现，工会充当员工持股载体与工会的本职工作和法律定位是有所抵牾的。例如，当一个企业中只有部分员工参加持股计划的情况下，工会既要维护全体职工的“合法权益”，又要代表持股员工利益，如何协调？各级工会都要服从上级工会组织的领导，[51] 当上级工会组织的指令与持股员工的诉求发生矛盾，作为持股载体的工会应如何处理？再如，工会有自己的经费和财产，工会经费和财产如何与工会持有的员工股区分开来，互不影响？

对于两种角色如何协调的问题，华为在4月29日有两点回应：其一，工会委员会只是一个“持股载体”，行使员工股股东权利的机构是持股员工代表会。工会委员会和持股员工代表会的职能是分离的、相互独立的。[52] 其二，上级工会并不通过华为工会干预华为的经营事务。华为工会与其上级工会的工作关系主要是：在上级工会登记法人资格、接受上级工会“年审”、向上级工会缴纳会费。除此以外没有更多联系。华为工会不需要向上级工会汇报华为的经营情况。[53]

这里需要讨论的法律问题主要有三个：

第一，登记为股东的主体仅作为一个消极不作为的“持股载体”，不介入公司经营决策，而听由另一个主体决定公司事务，这在当前中国法律上是否可行？

第二，作为“持股载体”的某个主体，其代持的股份是不是它的自有资产？具体到华为，工会委员会名下的员工股份是不是工会资产，在工会撤销后是否应当移交上级工会？

第三，企业工会须服从上级工会领导的义务与其作为员工股持股载体的角色，有无冲突？二者在法律上能否做到如同华为代表所说的相互独立、互不干涉？

对于上述问题的分析如下：

第一，中国法律没有禁止股东为他人代持股权，法院也不会仅仅因为股东只是为他人代持股份的“名义股东”（亦即所谓“持股载体”），就认定“名义股东”与“实际出资人”之间配置股东权利义务的合同不具有法律效力。所以，登记为股东的主体仅作为消极不作为的一个“持股载体”，在当前中国法律上是可行的。

中国法律没有禁止股东为他人代持股权，法院也不会仅仅因为股东只是为他人代持股份的“名义股东”（亦即所谓“持股载体”），就认定“名义股东”与“实际出资人”之间配置股东权利义务的合同不具有法律效力。

在名义股东为实际出资人代持股份的情况下，名义股东与实际出资人会订立合同约定双方的权利义务。约定的主要内容通常是：实际出资人投入出资财产，享有各项股东权益，名义股东为实际出资人的利益或者根据实际出资人的指令代行股权。最高人民法院对此类合同的立场是：只要不存在《合同法》第52条规定的无效事由，人民法院就应当认定合同有效，并支持双方依据合同约定主张各自的权利。[54]

因此，如果华为内部以某种形式（例如“治理章程”“华为基本法”“认股协议”等），建立了工委会与持股员工之间的代持股合同关系，在约定内容不违反《合同法》第52条的情况下，这一合同是受法律保护的。[55]

第二，根据最高人民法院的意见，“名义股东”并不是其名下股权的真正所有者。[56] 按照工会资产管理规定和实际做法，工会作为“持股载体”持有的员工股也不属于“工会资产”，因而工会撤销时其持有的员工股不应当移交上级工会。

> 按照工会资产管理规定和实际做法，工会作为“持股载体”持有的员工股也不属于“工会资产”，因而工会撤销时其持有的员工股不应当移交上级工会。

鲍尔丁和克拉克的文章在分析华为员工股是否为真正的股权时，认为华为控股99%的股权登记在工委会名下，持股员工对工委会代持的股权并不享有最终的收益权（亦即剩余资产分配权）。他们的理由是，假设华为控股解散进而其工会也随之撤销的话，按照工会资产管理的规定，工委会持有的股权应当作为“工会资产”上交给上级工会，而不是分配给持股员工。[57]

不过，两位作者的推论忽略了一个重要事实：在规范和事实层面上，工会作为“持股载体”持有的员工股不属于“工会资产”。

> 工会作为持股载体所持员工股，资本金来自员工投入，而非工会经费或财产，分红发放给员工而不是成为工会收入，因此员工股不属于工会以自有财产投资所形成的资产。

首先，《工会财产管理暂行办法》所界定的“工会资产”不包括以工会名义持有的员工股。该办法所界定的工会资产大致分两类：一类是工会占有使用的实物资产；另一类是工会投资兴办的企事业单位的资产，即“工会企事业”资产。[58] 工会作为持股载体所持员工股，资本金来自员工投入，而非工会经费或财产，分红发放给员工而不是成为工会收入，因此员工股不属于工会以自有财产投资所形成的资产。工会兴办企业通常是为职工文化福利服务、创收或者安置富余人员（如工人文化宫、俱乐部、体育场馆、疗养院、旅行社等），企业性质属于“社团集体所有制企业”。[59] 一个有限责任公司实施员工持股，且以工会为持股载体，不会导致该公司变成“集体所有制”的“工会企业”。认为华为工会所持员工股属于“工会资产”，是没有法律依据的。

其次，全国总工会事实上也不认为基层工会代持的员工股属于工会资产。从全国总工会发布的全国工会资产数据看，纳入统计的资产分为“工会行政性资产”和“工会企事业资产”两大类，“工会企事业资产”不可能包括基层工会作为持股载体所持有的员工股。[60]

既然工会所持员工股不属于“工会资产”，那么，工会撤销时员工股必须移交给上级工会的假说就无法成立。[61] 以此假说为基础的进一步看法，即持股员工对工会代持员工股没有剩余索取权，也不能成立。

最后，员工股不属于“工会资产”，上级工会如果基于其对基层工会的领导权而干预员工股的权利行使，

员工股不属于“工会资产”，上级工会如果基于其对基层工会的领导权而干预员工股的权利行使，那么该上级工会就是在滥用职权，它的干预是没有法律依据的。

那么该上级工会就是在滥用职权，它的干预是没有法律依据的。

鲍尔丁和克拉克的文章基于有关中国工会的研究文献指出，从工会干部选举、中国共产党对工会的领导、工会干部的行政级别和薪酬来源等事实可见，中国各级工会均受中国共产党领导，在法律和事实上都是执行国家政策的政府机构。[62] 在这一看法的基础上，两位作者进一步推论：如果华为工会像中国其他工会一样运作，那么，工会委员会持有华为控股 99% 的股权将意味着，华为控股实际上被国家以一种非同寻常的方式拥有和控制着。[63]

但是，两位作者似乎将华为这类以工会为员工股持股载体的企业，等同于或者想象成了一家工会投资兴办的“工会企业”。后者确实被工会拥有，工会也是企业的真正所有者，这类企业也是为工会的目的而存在和运营的。但当工会只是持股载体时，情形是完全不同的。

充当持股载体只是企业工会在特定历史和法律条件下形成的一种边缘性的附加功能。

从《工会法》对工会的职能定位和工会作为员工股持股载体的历史背景来看，充当持股载体显然不是企业工会的本职工作，更不是它的主要或基本职能。充当持股载体只是企业工会在特定历史和法律条件下形成的一种边缘性的附加功能。根据工会财产的管理规范，工会代持的员工股不属于“工会资产”。全国总工会事实上也不把工会名下的员工股当作“工会资产”进行管理和统计。因此，上级工会如果基于对基层工会的领导权而干预企业员工股事务，显然是超出其职权范围的不当行为。

所以，即便中国工会系统具有部分公共职能，上级工会利用对下级工会的领导权，干预企业员工股的行使，仍然是一种不正当的、滥用权力的行为。这种行为是不受欢迎的，有违协议和公认的惯例。基于这种不正当的、非常态的行为，无法对工会持有员工股的企业的所有权归属作出客观可信的论断。

基于这种不正当的、非常态的行为，不可能对工会持有员工股的企业的所有权归属作出客观可信的论断。

华为员工股是不是股权？

华为员工股是不是股权？对这个问题的回答，取决于我们怎样定义“股权”。

从前文的分析可见，华为员工股不是中国《公司法》意义上的有限责任公司或者股份有限公司的标准化的普通股。华为对此也不否认，他们将其员工股称为“虚拟股”。[64] 但是，华为也不同意鲍尔丁和克拉克文章的看法。华为认为，其员工股并不是一种利润分

华为员工股不是中国《公司法》意义上的有限责任公司或者股份有限公司的标准化的普通股。华为对此也不否认，他们将其员工股称为“虚拟股”。

享机制。因为，持股员工真正投入了资金，员工不仅分享公司全部利润，也要承担公司亏损的风险，而且持股员工通过持股员工代表会行使其股东权利。此外，持股员工还享有剩余财产分配权。这些都不是利润分享计划的特点。[65]

在本文看来，华为员工“虚拟股”实际上是一种“特殊的普通股”。

华为员工“虚拟股”实际上是一种“特殊的普通股”。

首先，从权利构造上看，它不是优先股，也不是债权，而是符合普通股的特征。持股员工既有一定的决策参与权，也有分享利润和分配剩余财产的权利。所以它不是没有表决权且分红比例固定、分红次序优先的优先股。它不是债权，因为公司没有可分配利润时，持股员工也得不到分红。

其次，它不同于一般的普通股，而是一种“特殊的普通股”。它的特殊体现在以下几点：(1) 持股员工并未按《公司法》登记为华为控股的股东，而是以工委会的名义、通过工委会这一持股载体持有华为控股的标准普通股；(2) 持股员工的表决权也不是在华为控股的股东会会议上行使，而是通过“代议制”方式由持股员工代表会代表全体持股员工形成和表达意见，再通过股东会确认为公司决议；(3) 员工股不能转让，员工需要变现的话，每年可请求公司回购一部分，员工离职时，公司通常会回购其股份，除非该员工的持股时间和年龄达到一定年限；[66]（4）虚拟股不是中国《公司法》规定的股份类型，它的存在及其权利内容的法律基础是持股员工与公司之间的协议，具体形式可能是参股协议、公司内部规章等。

华为在《公司法》的单一股份类型的基础上，叠加了一层“持股载体”，创造了这种富有弹性的“特殊的普通股”。与《公司法》上的股权或股份相比，“虚拟股”的灵活性至少表现在以下方面：（1）“虚拟股”的持股人数不受限制，超过200人也不构成“公开发行证券”；（2）增加“虚拟股”数量不需要事先取得行政核准，因此可以及时回应公司的募资需求，也不需要每增加一批“虚拟股”都变更公司注册资本；（3）“虚拟股”与员工身份绑定，不能自由流通，避免了股价的频繁波动和外部投资者的“敌意收购”；（4）“虚拟股”的回购不影响公司股本，不受《公司法》的股份回购规则限制，公司可以自主设置回购规则；（5）“虚拟股”的表决权只在持股员工代表会层面行使，这又降低了员工直接持有公司普通股可能造成的极高的集体决策成本。[67]

华为员工股的这些特点都可以追溯至20世纪八九十年代的职工持股实践。当时普遍的做法就是，职工股由工会或持股会集中持有，持股员工选举代表行使权利，职工股与职工身份捆绑并限制转让。

回顾历史可见，华为员工股的这些特点都可以追溯至20世纪八九十年代的职工持股实践。当时普遍的做法就是，职工股由工会或持股会集中持有，持股员工选举代表行使权利，职工股与职工身份捆绑并限制转让。[68]1994年《公司法》没有反映这些实践经验。它只是规定了立法者设想的“最标准”“最清晰”，同时也是“最单一”的治理结构和股权类型，而没有把那些形成于实践并已反映在诸多中央和地方规范性文件中的多样化做法吸收进去。不过，1994年的《公司法》也没有完全终止原有的职工股规范文件和实践中的操作。[69]因此，这在事实上形成了一个复杂的公司法规体系：不同时期制定的法律、法规、规章同时存在，具体规则叠加交错，有些规则相互冲突，有些则互为补充。华为员工股穿插行进在这样一个错综复杂的法律迷宫中，最大限度地寻求合法空间，满足企业融资和员工激励目标。

如果我们不拘泥于形式，把“股权”定义为投资者对公司的决策参与权、利润和剩余财产分配权的集合，那么，华为的员工股当然是一种股权。只不过，它不是法律上的标准普通股，而是建立在合同基础上的“特殊的普通股”。

如果我们不拘泥于形式，把“股权”定义为投资者对公司的决策参与权、利润和剩余财产分配权的集合，那么，华为的员工股当然是一种股权。只不过，它不是法律上的标准普通股，而是建立在合同基础上的“特殊的普通股”。因此，华为声称自己是“100%由员工持有的民营企业”，是有事实和法律依据的。

脱离《公司法》的股份类型，依靠公司与员工间的协议和内部规范支撑的“特殊的普通股”，法律上是否可靠？外界对华为“虚拟股”一直有类似疑问。[70] 鲍尔丁和克拉克的文章更进一步，以员工享有的权利只是一种合同权利（contract right）而不是财产权（property right）为理由，否认华为员工股是一种股权。[71]

外界的疑问不是没有根据。《公司法》为股东行使和维护自己的权利提供了一套现成的法律框架。这套框架内的一些股东权利不允许公司参与人通过协议取消或限制。[72] 这显然有助于股东维护自己的权利。“虚拟股”不是《公司法》意义上的标准普通股，持股员工很可能无法依据《公司法》规则维权。[73] 但是，持有“虚拟股”的员工与公司之间的合同关系是受法律保护的，合同约定的双方权利义务同样可以通过诉讼争辩。[74]

“虚拟股”不是《公司法》意义上的标准普通股，持股员工很可能无法依据《公司法》规则维权。但是，持有“虚拟股”的员工与公司之间的合同关系是受法律保护的，合同约定的双方权利义务同样可以通过诉讼争辩。

那么，与《公司法》的股份类型不符，仅以合同约定为基础的股权，在法律上的可执行性，是否弱于符合法定类型的股权？或者，用鲍尔丁和克拉克文章的表述方式问：合同权利性质的股权（即不符合法定类型而由合同构建的股权）和财产权性质的股权（即符合法定类型的股权），哪个在法律上的可执行性更强？

从实践情况看，这两种权利可执行性的强弱，不能一概而论。财产权性质的股权也可能无法落实、难以救济。假设某个投资者持有的是完全符合《公司法》规定的有限责任公司的股权，但其持股比例使其处于绝对少数地位（例如持股比例低于1/3），那么，他参与公司重大事务的决策权、利润分配权等几乎都会操控在绝对多数股东（例如持股比例超过2/3）手中。[75]公司可能常年不分配利润，公司可能不同意他减资退股，他对外转让股权也无人问津。他依据《公司法》提起异议股东股权回购请求之诉或者强制解散公司之诉，[76]也可能由于不满足法定条件而不被法院支持。这种情况下，这位投资者拥有的即便是100%符合《公司法》的"财产权性质的股权"，对他又有多大的实际意义？

合同权利性质的股权可能得到良好执行。中国的许多互联网公司都是通过所谓"可变利益实体"（Variable Interest Entity，VIE）架构从境外获得融资。在这种架构下，境外机构投资者并不拥有境内互联网经营实体的"财产权性质的股权"，而是通过在中国境内设立外商独资企业，再借助该外商企业与经营实体及其股东间的一系列合同，实现对经营实体的管理控制和利润获取。[77]境外投资者拥有的就是"合同性质的股权"。境外融资的互联网公司广泛采用VIE结构。[78]这一事实本身就说明VIE架构中的"合同性质的股权"在法律上是可执行的。当然，VIE 架构存在着一定的合法性争议，其合同当事人也有可能违反合同约定，损害合同对方的利益。这是 VIE 架构中“合同权利性质的股权”的固有风险。

以上分析说明，无论是“财产权性质”还是“合同权利性质”的股权，都存在权利实现的成本。在具体情景中，交易参与人权衡两种成本，选择成本相对较低的一种权利去实现自己的目标。脱离具体事实，我们无法断言“合同权利”和“财产权”哪个在法律上更可执行。

无论是“财产权性质”还是“合同权利性质”的股权，都存在权利实现的成本。在具体情景中，交易参与人权衡两种成本，选择成本相对较低的一种权利去实现自己的目标。脱离具体事实，我们无法断言“合同权利”和“财产权”哪个在法律上更可执行。

结论

仔细分析华为控股年报披露的信息，我们可以发现：华为的公司治理结构和股权设置都没有完全复制《公司法》设定的典型模式，而是具有自己的特点。

华为的公司治理结构和股权设置都没有完全复制《公司法》设定的典型模式，而是具有自己的特点。

公司治理结构上，华为控股通过一系列协议、规章，构建了以工会委员会为员工股“持股载体”，持股员工代表会“嵌入”股东会，分享股东会一部分重要法定职权的独特架构。其中，公司创始股东在部分事项上享有“否决权”，与持股员工代表会形成共同治通过以工会委员会为“持股载体”，华为摆脱了法律对股东人数的限制，既实现了灵活融资和激励员工的目标，又避免了“公众化”可能引发的各种成本。同时，集中持股的方式也免除了员工直接持股可能导致的集体决策困难。

理、相互制约的格局。通过以工会委员会为“持股载体”，华为摆脱了法律对股东人数的限制，既实现了灵活融资和激励员工的目标，又避免了“公众化”可能引发的各种成本。同时，集中持股的方式也免除了员工直接持股可能导致的集体决策困难，增强了管理层的控制力。在这个意义上，与其说华为受工会控制，还不如说受管理层控制更符合实际。

如果不拘泥于形式，把“股权”定义为投资者对公司的决策参与权、利润和剩余财产分配权的集合，那么，华为的员工股当然是一种股权。华为声称自己是“100%由员工持有的民营企业”，是有事实和法律依据的。

华为员工股与《公司法》上的有限责任公司或股份有限公司普通股不同，是一种“特殊的普通股”。“虚拟股”持有人的各项权利可以通过持股员工代表会行使，借助持股员工代表会与股东会的“嵌套”结构形成公司决议。它的法律基础由员工与公司间的协议和公司内部规章构建起来。尽管持有“虚拟股”的员工无法以股东名义行使《公司法》规定的各项股东权利，但其合同权利受法律保护，具有可诉性。持股员工能否通过“虚拟股”行使参与决策权、利润分配权和剩余财产分配权等权利，取决于相关协议和内部规章的可操作性和在法律上的可执行性，与“虚拟股”是否是《公司法》规定的股份类型、是否经过工商登记、是否属于“财产权”无关。如果不拘泥于形式，把“股权”定义为投资者对公司的决策参与权、利润和剩余财产分配权的集合，那么，华为的员工股当然是一种股权。华为声称自己是“100%由员工持有的民营企业”，是有事实和法律依据的。

华为既然不谋求公开上市，因此不必抛弃员工股模式，“委曲求全”地接受《公司法》设计的单一治理结构和股权类型。

华为的这些制度安排不完全是自己的原创。上世纪八九十年代的职工持股实践逐渐形成工会代持员工股、限制员工股转让等习惯做法。深圳市 1997 年的员工持股法规对员工股设置的特殊规则中，就有员工持股会与公司“三会”（股东会、董事会和监事会）“嵌套”的安排。但是，当 1994 年《公司法》为中国重新引进西方的公司和股份制度（即所谓“现代企业制度”）时，立法机构把职工持股视作一种过渡性、非标准的制度安排，因此在《公司法》中没有设置容纳职工持股的规则。不过，1994 年《公司法》也没有完全终止原有的职工持股法规和实践操作，于是事实上形成了《公司法》上单一治理结构和股权类型与地方法规中的多样化职工股并存的格局。华为既然不谋求公开上市，因此不必抛弃员工股模式，“委曲求全”地接受《公司法》设计的单一治理结构和股权类型。华为的做法是，在错综复杂的法律条规中，顺势而为，构建尽可能大的合法空间，满足自己的融资和管理需求。

华为股权结构中存在工会委员会持股，是导致鲍尔丁和克拉克作出“华为被国家拥有”这一推论的关键事实。不过，他们的推论还是忽略了几个更为重要的事实。

首先，从《工会法》对工会的职能定位和工会作为员工股持股载体的历史和法律背景来看，充当持股载体显然不是企业工会的本职工作，更不是它的主要或基本职能。工会充当员工股的“持股载体”是工会在特定历史和法律条件下形成的一种边缘性的附加功能。

其次，根据最高人民法院司法解释中的一般规则和现行工会财产规范，企业工会持有的员工股不属于“工会资产”，全国总工会也不将企业工会持有的员工股纳入“工会资产”管理。因此，企业工会撤销时，工会持有的员工股须移交上级工会的看法，是没有法律和事实依据的。

最后，基于上述两点，上级工会基于其对基层工会的领导权而干预员工股的权利行使，或者企业工会领导人试图变消极“持股载体”而为积极股东，虽然不无可能，但的确是对多方协议和公认惯例的剧烈冲击。在现有秩序基本稳定的情况下，发生的可能性很低。

因此，即便华为工会像中国大多数工会一样运作，它作为工会的本职工作和作为员工股持股载体的附加功能，在法律上和事实上仍然可以区分开。工会所持员工股与“工会资产”之间的规范界限，也构成阻断上级工会组织干预基层工会所持员工股的权利行使的一道法律屏障。工会委员会作为员工“持股载体”持有99%华为股权的事实，不能证明华为就是受国家控制甚至被国家拥有的企业。

回应鲍尔丁和克拉克文章的问题并非本文的唯一目的。华为个案对于我们思考上世纪“股份制改造”的历史遗产、职工持股实践以及中国公司法的未来走向是有启发意义的：如果我们在引进西方的公司和股份制度时，不那么急于将自己的原有实践边缘化，不那么急于模仿想象出来的单一模式，而是在法律上为不同的实践做法和制度性知识积累留出空间，那么，中国的公司法和中国企业基于法律的实践是否会拥有更为坚实的基础？

如果我们在引进西方的公司和股份制度时，不那么急于将自己的原有实践边缘化，不那么急于模仿想象出来的单一模式，而是在法律上为不同的实践做法和制度性知识积累留出空间，那么，中国的公司法和中国企业基于法律的实践是不是会拥有更为坚实的基础？

注释

1. 见华为官方网站披露的2010-2018年年报（www.huawei.com/cn/press-events/annual-report/）。

2. 更早讨论华为所有权结构的外媒报道，例如：Juha Saarinen, *Analysis: Who Really Owns Huawei*? (May 28, 2010)

（朱哈·萨里宁：《谁真正拥有华为?》），ITNews，（www. itnews. com. au/news/analysis-who-really-owns-huawei-175946）。

3. Balding，Christopher and Clarke，Donald C.，*Who Owns Huawei*?（April 17，2019）（克里斯托弗·鲍尔丁、唐纳德·克拉克，《谁拥有华为?》），SSRN（https：//ssrn. com/abstract = 3372669 or http：//dx. doi. org/10. 2139/ssrn. 3372669）.

4. 鲍尔丁、克拉克，前引文（2019），第2页。

5. 同上。

6. 中国工运研究所员工持股课题组：《员工持股制度与员工权益保障初探》，载《工会信息》2015年第12期，第6页。

7. 据国家企业信用信息公示系统（http：//www. gsxt. gov. cn/corp-query-homepage. html），可查阅两公司的基本工商登记信息。据百度企业信用（https：//xin. baidu. com），可查阅华为技术对外投资和分支机构信息。

8. 鲍尔丁、克拉克，前引文（2019），第4页。

9.《公司法》（2014）第36-56条。

10. 华为控股2017年年报第85页、2016年年报第80页、2015年年报第79页、2014年年报第85页、2013年年报第90页、2012年年报第77页、2011年年报第65页。

11. 华为控股2018年年报第101页（“工会履行股东职责、行使股东权利的机构是持股员工代表会。”）。

12. 华为控股2018年年报第101页。

13. 华为控股2018年年报前言。

14. 华为控股2018年年报第101页，2017年年报第85页，2016年年报80页，2015年年报第80页。

15.《公司法》(2014) 第37条。

16. 孟庆建：《谁拥有华为？华为董秘：股份由员工100%持有，任正非没有决策权!》，载《证券时报》2019年4月29日（江西生对《南华早报》记者提问的回应)。

17.《公司法》(2014) 第36条。

18. 1985年开始，国家允许开展“经济体制改革试点”的城市选择部分企业多渠道筹集资金，尝试吸收本企业职工入股(1985年《国务院办公厅转发全国城市经济体制改革试点工作座谈会纪要的通知》)。

19. 王斌：《企业职工持股制度国际比较》，经济管理出版社2000年版，第58-76页。

20. 王斌，前引书（2000)，第61页。

21. 例如，原国家体改委等1992年5月发布的《股份制企业试点办法》规定，采取有限责任公司形式的股份制企业，内部职工股可以由“职工合股基金”（法人）集中持有。原国家经济体制改革委员会1993年7月发布的《定向募集股份有限公司内部职工持股管理规定》要求，不向社会公开发行股份的股份公司，发行内部职工股时，不得印制股票，而应印制“股权证”(第7条)；“股权证”不得交给职工个人持有，须由特定证券经营机构“集中托管” （第13条)；持股职工仅可持有“股权证持有卡”，而该持有卡不得显示股数和金额（第14-17

条)；公司要发行职工股必须依照规定事先获得审批（第 18 条)；定向募集公司内部职工股总数不得超过公司股份总数的 2.5%（第 28 条)。

22. 例如：原对外贸易经济合作部、原国家体改委《外经贸股份有限公司内部职工持股试点暂行办法》第 9 条、上海体改委等《关于公司设立职工持股会的试点办法》第 3 条、《深圳市国有企业内部员工持股试点暂行规定》第 30 条。

23. 2001 年《深圳市公司内部员工持股规定》（以下简称《2001 年员工股规定》)。

24. 《2001 年员工股规定》第 10 条。

25. 程东升、刘丽丽：《华为三十年》，贵州人民出版社 2016 年版，第 489 页（附录：《华为简史》)。

26. 国务院 1988 年 6 月发布《私营企业暂行条例》，同年 7 月 1 日起施行。

27. 深圳市人民政府颁发《深圳市人民政府关于鼓励科技人员兴办民间科技企业的暂行规定》的通知（1987)。以下简称《民科企规定》。

28. 深圳市人民政府关于批转市工商局《深圳经济特区民间科技企业登记注册暂行办法》的通知（1987）第 3、10 条。

29. 《民科企规定》第 7 条规定，民间科技企业按集体企业纳税，发展初期可以向税务部门申请减免 1–3 年的企业所得税。

30. 华为的一名前员工转述传闻说，华为最初“挂靠”在深圳市科技局的创业中心名下，性质是“集体所有制企业”，直至1997年才变更注册为民营企业。张贯京：《华为四张脸：海外创始人解密国际化中的华为》，广东经济出版社2007年版，第20页。

31. 20世纪80年代和90年代初，很多私营企业都采取“挂靠”某个公家单位的方式登记为集体企业（即所谓“红帽子企业”）。这些企业首要考虑的是寻求政治安全和合法存在，而不是产权清晰。这种局面在1992年初邓小平“南巡讲话”公布后逐渐改善。例如，号称“中关村第一家民营高科技企业”的北京四通集团，1984年由7名科技人员创办，成立时“挂靠”在海淀区四季青乡，性质为“乡镇企业”，1986年变更为“集体所有制企业”，直至1993年改制为股份有限公司并在香港上市。李甬：《四通产权变局》，载《财经》1999年7月（http://misc.caijing.com.cn/chargeFullNews.jsp?id=110057206&time=1999-07-05&cl=106）。

32. 程东升、刘丽丽，前引书（2016），第174页。

33. 蓝姝、邓羊格：《华为股权：雾中之花?》，载《中外管理》2003年第8期，第15页。

34.《深圳经济特区国营企业股份化试点暂行规定》（1986）第2条规定，集体所有制企业试行股份制，可以参照该“暂行规定”实施，第8条允许股份有限公司向职工发行股份。当然，一家企业要试行股份制，仅靠自己的意愿是不够的，它必须事先获得深圳市政府的批准（《深圳经济特区国营企业股份化试点登记注册的暂行办法》第5条）。

35.《深圳市国有企业内部员工持股试点暂行规定》（以下简称《1997年员工股规定》）。

36.《1997年员工股规定》第2、33、34条。

37.《1997年员工股规定》第3、26条。

38. 蓝姝、邓羊格，前引文（2003），第16页。

39.《1997年员工股规定》第30、33、34条。

40. 孟庆建，前引文（2019），江西生对《金融时报》记者问题的回应。

41. 同上。

42.《公司法》（1994）第20条，《公司法》（2014）第24条。

43.《公司法》（2014）第78条。

44.《证券法》（2006）第10条第2款。

45.《证券法》（2006）第10条第1款。

46. 中国证监会《非上市公众公司监督管理办法》（2012）。

47. 1994年《公司法》没有对股东的资格加以限制。但在这部公司法生效前施行的国家体改委1992年公布的《有限责任公司规范意见》（第24条）和《股份有限公司规范意见》（第19条），都规定股东应当是国家投资机构、企业法人、事业单位法人、社会团体法人或者自然人。《深圳经济特区有限责任公司条例》（1993）第33条也规定，只有“自然人、法人和其他经济组织”可以成为公司股东。

48.《工会法》（2001）第14条。

49. 中华全国总工会《基层工会法人资格登记办法》(1997) 第2条。

50. 民政部办公厅关于暂停对企业内部职工持股会进行社团法人登记的函 (2000)。

51. 《工会法》第9条第5款。

52. 孟庆建，前引文 (2019)，江西生对经济学人和华尔街日报记者的回应。

53. 孟庆建，前引文 (2019)，江西生对金融时报和华尔街日报记者的回应。

54. 《最高人民法院关于适用〈中华人民共和国公司法〉若干问题的规定（三）》(2014)，第24条。

55. 从当前审判实践看，在工会作为“持股载体”持有员工股的情况下，法院通常认定工会和持股员工之间是“名义股东”和“实际出资人”的关系。例如：任彦案，德阳市中级人民法院 (2017) 川06民终445号；尹桂仙等案，自贡市中级人民法院 (2014) 自民再终字第9号。两份判决书均发布于中国裁判文书网 (wenshu. court. gov. cn)。

56. 《最高人民法院关于适用〈中华人民共和国公司法〉若干问题的规定（三）》(2014)，第25条。最高人民法院的一个判决也认为，当“名义股东”的债权人申请法院对该“名义股东”代持的股权强制执行，而该股权的“实际出资人”提出执行异议时，法院应支持“实际出资人”的异议，终止对该笔股权的强制执行。见中国银行股份有限公司西安南郊支行案，最高人民法院民事裁定书（2015）民申字第2381号，天眼查网站发布，2019年7月12日访问。

57. 鲍尔丁、克拉克，前引文（2019），第9页。作者援引了两份规范性文件作为论据：一是《工会财产管理暂行办法》（《中国工会财会》1997年第8期，第26–28页，第18条规定，“工会组织撤销，其财产交上级工会”）；二是全国总工会资产管理局关于破产企业工会资产处置的答复（《中国工会财会》2002年第8期，第43页）。

58. 《工会财产管理暂行办法》第1条。另根据第6条，工会资产的来源主要包括：外部捐赠和援助的资产；政府和行政补助形成的资产；以工会经费投资形成的资产；工会兴办的企事业的资产。

59. 全国总工会关于印发《工会企业财务管理办法》的通知，《中国工会财会》1997年第8期，第24页（见该办法第4条）。

60. 李庆堂：《关于2017年度全国工会资产监督管理情况的报告》，载《中国工会财会》2018年第5期，第6页。该报告披露，在2017年度，全国县以上工会企事业单位资产总额519.18亿元，总收入148.95亿元。而华为2017年度的总资产和销售收入都远远超过上述统计数字，分别是5052.25亿元和6036.21亿元（华为控股2017年年报第7页）。可见，全国总工会事实上也没有将华为工会持有的员工股（以及其他类似企业的员工股）纳入工会资产范围。

61. 事实上，在一个案件中，作为企业工会下属机构的职工持股会解散后，原职工股并未被移交给上级工会。相反，职工请求将自己登记为公司股东，最终得到法院支持。见朱玉明案，江苏省高级人民法院民事判决书（2016）苏民再309号，中国裁判文书网2018年7月12日发布。

62. 鲍尔丁、克拉克，前引文（2019），第10-11页。

63. 鲍尔丁、克拉克，前引文（2019），第11页。

64. 孟庆建，前引文（2019），江西生对CNBC记者问题的回应。

65. 同上。

66. 同上。

67. 集体决策成本是员工直接持股企业最主要的内部治理成本。亨利·汉斯曼（Henry Hansmann）研究了各种雇员所有权的企业后指出：由于雇员在岗位、工作年限等方面的差异，相比投资者，雇员内部更容易产生意见分歧；因此，通常是那些将雇员集体决策成本控制在合理范围内的企业，成功地实施了雇员所有权。[美]亨利·汉斯曼：《企业所有权论》，于静译，中国政法大学出版社2001年版，第130-175页。当然，实行"代议制"难免出现民意与代表之间的紧张关系。不过，因此就把"代议制"完全等同于精英治理，也是过于简单化的看法［有观点认为，持股员工代表会成员可能大多是各部门的中高层管理人员，因此控制华为的实际上是公司管理层。萨里宁，前引文（2010）］。

68. 见本文第三部分对"历史背景"的讨论。

69. 深圳市的两个员工持股法规就分别公布于1997年和2001年，见本文第三部分对“历史背景”的讨论。

70. 刘凝：《独家解析：华为系公司归属权迷雾》，钛媒体2013年11月15日发布（https：//www. tmtpost. com/77614. html）。

71. 鲍尔丁、克拉克，前引文（2019），第5页。

72. 诸如股东的查阅权（《公司法》第33条），股东通过诉讼撤销股东会、董事会决议或者宣告决议无效的权利（第22条），股东提议召开临时股东会会议的权利（第39条）等，是不允许公司章程或者当事人协议取消的。

73. 一些诉讼案件表明，工会或者员工持股会代持员工股的情况下，员工不是工商登记的公司股东，因此法院认为员工没有资格依《公司法》第22条起诉撤销公司股东会决议。例如：周汝安、王一凡等案，淮南市田家庵区人民法院（2015）田民二初字第00379号；张黎花、吴秋菊等案，武汉市武昌区人民法院（2016）鄂0106民初4243号。两份判决书均发布于中国裁判文书网（wenshu. court. gov. cn）。

74. 在2003年一位离职员工起诉华为的案件中，法院尽管不承认原告的股东地位，但并不否认员工与华为之间的合同关系是有法律效力的。谢白清、董娅宇：《第一股权纠纷案原告败诉，华为员工持股谜团难解》，载《粤港信息日报》，搜狐网2003年12月16日转载（http：//business. sohu. com/2003/12/16/43/article216974356. shtml）。

75. 根据《公司法》（2014）第42条的议事和表决规则，

如果公司章程没有保护少数股东的特别规定的话，只要绝对多数股东愿意，就可以合法地使绝对少数股东处于对任何公司事务都没有话语权的地位。

76.《公司法》(2014) 第74、182条。

77. 苏飞龙：《支付宝VIE生死局》，载《经理人》2011年第8期，第97页。

78. 据统计，截至2016年年底，已上市且未退市的151家美国“中概股”企业中，有75家采用VIE架构融资。王喆、林蔚然：《VIE模式会影响企业估值吗?》，载《证券市场导报》2018年第8期，第40页。

重新理解经济发展与自由贸易

——以中国稀土工业为例

郑　戈*

自由贸易与发展：从相克走向相生

“发展中国家”这个概念是二战后美国主导的国际秩序下的产物，由世界银行、国际货币基金组织和其他国际组织演绎而来。围绕这一概念发展起来的一系列发展理论，从早先的依附理论到晚近的国际劳动分工理论和全球价值链理论，都假定发展中国家在全球市场中的主要功能是提供原材料和廉价劳动力，由发达国家来完成高附加值的生产和加工，再卖给发展中国家。这背后的主流理论依据是大卫·李嘉图的“比较优势”理论：一个国家在世界经济体系中的比较优

“发展中国家”这个概念是二战后美国主导的国际秩序下的产物，由世界银行、国际货币基金组织和其他国际组织演绎而来。

* 郑戈，上海交通大学凯原法学院教授。

势取决于对自身“自然赋予的特定力量”的有效利用。[1]这种自然资源上的不均等分配使相互贸易的国家获得了一种重要的机会：每个国家都专注于利用其特有的要素禀赋组合来发展特定的产品和服务，并通过贸易来实现有效率的资源配置。在这种理论框架下，由于率先实现工业化的国家在制造加工的技术水平、生产组织效率和规模经济水平上都远高于后发国家，其比较优势体现在对原材料的加工方面，而发展中国家与其利用粗糙的工艺来加工原材料，并在此过程中造成大量浪费，不如将原材料直接出口给工业化国家，或者由工业化国家到发展中国家投资建厂，直接利用当地原材料和廉价劳动力，然后将高附加值产品投入国际市场。保罗·萨缪尔森借助麦肯锡全球问题研究所的研究成果，引入了直接投资、学习/模仿和公平竞争因素，指出：“那些由生产率最高的国家所进行的对外直接投资（比如日本的汽车生产转移到美国），通过引进先进技术和刺激竞争，有助于生产率的戏剧性提高。通向高生产率进而高生活水平的必由之路是，对贸易、资本和来自最先进国家的思想开放自己的市场，并允许同那些已经使用最先进技术的公司展开强有力的竞争。”[2]这种理论借助的经验研究是美国和日本之间各自的比较优势，而完全忽视了一个完全没有工业基

这种理论借助的经验研究是美国和日本之间各自的比较优势，而完全忽视了一个完全没有工业基础的发展中国家一开始就参与国际竞争所必然出现的全面溃败问题。

础的发展中国家一开始就参与国际竞争所必然出现的全面溃败问题。

在这种国际发展模式下，鲜有“发展中国家”能够发展到可以与发达国家平等竞争的水平。中国的发展经验是一个不受这一“国际秩序”左右的例外。

当然，二战后国际秩序中的发展模式也强调国际组织和发达国家对发展中国家的援助，并且日益强调接受援助的国家应当进行制度改革，引入贸易自由化、私有化和司法独立等体现欧美自由主义价值的制度。因此，发展项目具有了非常明显的政治经济意图，试图将接受援助的发展中国家纳入美国主导的世界秩序，无法保持自己独特的政治和法律制度，也无法把握自己发展的步伐与节奏。在这种国际发展模式下，鲜有“发展中国家”能够发展到可以与发达国家平等竞争的水平。中国的发展经验是一个不受这一“国际秩序”左右的例外。为了不在工业基础十分薄弱的情况下进入工业化国家主导的世界贸易体系并因此沦为原材料和廉价劳动力的永久供应国，新中国成立之后在一段时间内，着力于打造自身的工业基础，控制自身的发展节奏。然后再逐步开放，并加入世界经济体系。一开始我们着力引进外国直接投资，随后逐步实现来华投资企业的技术转让，进而在2001年正式加入世界贸易组织。习近平主席在二十国集团大阪峰会的讲话中说：“当今世界面临的各种难题，追根溯源都与发展鸿沟、发展赤字有关。”[3] 自由贸易加发展援助的模式未能

自由贸易加发展援助的模式未能解决使发展中国家消除贫困、实现可持续发展的问题。

解决使发展中国家消除贫困、实现可持续发展的问题。

实际上，将发展纳入国际关系范畴的最早倡导者之一就是孙中山先生。1919 年 2 月，正值“欧战甫完之夕”，孙中山以中国国民党总理的名义致函美国商务部部长威廉·雷德菲尔德（William C. Redfield）和美国驻华公使芮恩施（Paul S. Reinsch）等美国政要，函件中附有一份六页半的英文文件，题目是“中国之国际发展纲要”，意在呼吁美国牵头打造的以国际联盟为组织机制的一战后世界体系向中国提供资金和技术援助，帮助中国发展现代工业，并论证这样有利于世界和平，也符合欧美各国利益。[4] 其中写道：“威尔逊总统今既以国际同盟防止将来之武力战争，吾更欲以国际共助中国之发展，以免将来之**贸易战争**。则将来战争之最大原因，庶可从根本绝去矣。”[5] 由于美方反应冷淡，孙中山后来把这份纲要扩展为《实业计划》一书，在国内出版，作为指导中国工业化建设的方略。百年之后，一位美国学者评论道：孙中山在一战时期提出的工业化国家协助尚未实现工业化的国家实现发展的构想终于在二战以后成为国际共识。“二战后发展援助的扩展在多大程度上让世界变得更好了，这本身是可以讨论的，但我们不可能否认国际援助已经并将继续在国际关系中扮演重要角色。在这方面没有比中国更好的例子。这个在20世纪上半叶带头说服国际社会接受发展概念以期获得援助的国家，在21世纪成为世界上最重要的援助提供国之一。”[6]

中国加入世界贸易组织时承诺了一些发达国家和发展中国家都没有承诺的额外义务（WTO-plus obligations）。比如，在与本文相关的原材料出口贸易方面，《中国加入世界贸易组织议定书》第11.3条承诺取消所有出口税，而关贸总协定只禁止对出口货物设定数量限制，却允许采用出口关税。[7]主导世界贸易组织规则设计的欧美国家由于本身欠缺自然资源或是为了保护本国可耗竭的自然资源，一方面通过立法限制本国资源的开采，另一方面又通过国际贸易大量进口本国工业所需的自然资源，它们当然希望作为自然资源供应大国的中国对资源出口不做任何限制。然而，尽管承诺了一些额外的义务，中国仍然认真履行了承诺，废止和修改了大量与议定书和WTO规则有冲突的法律法规和政策，培养了大量专门从事WTO相关法律业务的人才，充分利用WTO所搭建的自由贸易体系来实现中国进出口贸易的腾飞。在加入WTO的头十年里，中国的对外贸易额以每年22%的高速增长，从2000年的4743亿美元增加到2010年年底的29727.6亿美元。[8]到2013年，中国货物进出口总额为4.16万亿美元，其中出口额 2.21 万亿美元，进口额 1.95 万亿美元，成为世界第一大货物贸易国。[9]此后于 2016 年被美国反超，但在 2017 年又回到第一的位置。[10]

对此，有国际贸易法学者评论道："在世界贸易组织的语境中，美国和欧盟主导着该组织及其规则的设计与起草。中国直到该组织成立七年之后才被接纳为成员，而且是在极不公平的条件下。中国被迫同意了某些专门针对中国的规则，与 WTO 条约的标准条款相比，这些规则赋予了其他 WTO 成员方更多的针对中国的权利，而中国却享有更少针对其他 WTO 成员方的权利。尽管如此，中国通过自己的法律专业能力建设最终变成了有能力在法律问题上与美国和欧盟据理力争的成员国，可如今美国和欧盟又反过来说 WTO 规则偏向中国。中国成功地从'规则接受者'（rule taker）变成'规则撼动者'（rule shaker），进而又变成'规则制定者'（rule maker）。"[11] 如今，中国是自由贸易和基于规则的多边贸易体制的积极倡导者。正如习近平主席在首届进博会开幕式上的主旨演讲所言："多边主义是维护和平、促进发展的有效路径，世界比以往更加需要多边主义。我国应坚定维护自由贸易和基于规则的多边贸易体制，支持对世贸组织进行必要改革。"[12] 在积极参与推动世界贸易组织改革与缔造多边贸易规则的

中国成功地从"规则接受者"变成"规则撼动者"，进而又变成"规则制定者"。

正如习近平主席在首届进博会开幕式上的主旨演讲所言："多边主义是维护和平、促进发展的有效路径，世界比以往更加需要多边主义。我国应坚定维护自由贸易和基于规则的多边贸易体制，支持对世贸组织进行必要改革。"

过程中，中国致力于代表发展中国家立场，以缩小发展鸿沟为己任。

许多拥有丰富自然资源的发展中国家反而“怀璧其罪”，在发达国家“贸易权”的挟持下被永久地固定在资源输出国的地位上，无法实现产业升级。这就是学者所说的“资源诅咒”。

导致发展鸿沟不断增宽的原因很多，其中之一便是，目前发达国家主导的国际贸易规则未能充分考虑各国所处发展阶段不同、所需发展条件不同的现实，而更多考虑的是发达国家在不破坏本国环境的情况下源源不断地获得原材料的需求。发达国家一方面为了保护本国环境而限制资源开采，同时采取措施为自己储备战略资源，另一方面又反对发展中国家对资源的出口实施限制。许多拥有丰富自然资源的发展中国家反而“怀璧其罪”，在发达国家“贸易权”的挟持下被永久地固定在资源输出国的地位上，无法实现产业升级。这就是学者所说的“资源诅咒”。1970年，发展中国家80.4%的出口贸易收入来自于原材料出口，到1993年降低到34.2%，但这主要归功于东亚和少数拉美国家制造业的发展。其他资源丰富的发展中国家仍然处在依靠出口原材料来获取外汇收入的境地。[13] 在世界银行的“最麻烦”（most troubled）类别（即负债累累的低收入国家）中的36个国家里，有27个都是原材料出口国。[14]

作为一个工业化进程的后来者，中国原本也极有可能落入“资源诅咒”。2014年，欧盟发布了《欧盟所需关键原材料报告》，在 54 种备选材料中最终确定了 20 种现代工业所需的关键原材料，中国是其中 14 种的全球主要供应者。尤其明显的是稀土，中国提供着全球工业所需的 99%的重稀土元素和 87%的轻稀土元素。但是，到了 2018 年，我国全年共进口各类稀土产品 9.84 万吨，其中进口稀土化合物（包括混合碳酸稀土）及稀土金属总量 6.94 万吨，同比增长 102%。特别需要关注的是中国的稀土进口量远大于稀土出口量（同期出口 5.3 万吨），同时稀土精矿和混合碳酸稀土在进口量中显著提高，占比约 60%，中国首次成为稀土资源产品进口大国。[15] 中国是如何摆脱依靠原材料出口来维持经济运转的命运，变成一个稀土加工和以稀土原材料为重要原材料的制造业大国的？现行的国际贸易规则和规则外的贸易战如何影响着我国稀土进出口方面的政策与法律？中国稀土业的故事能够给其他发展中国家何种启示？中国参与的国际贸易新秩序建构应当如何体现中国经验？透过稀土，我们可以看到，面对中国崛起这一事实，世界经济秩序正在发生以及将会发生何种变化。

透过稀土，我们可以看到，面对中国崛起这一事实，世界经济秩序正在发生以及将会发生何种变化。

全球稀土工业格局的变迁与世界贸易秩序

稀土是化学周期表中十七种金属元素的总称，包括镧、铈、镨、钕、钷、钐、铕、钆、铽、镝、钬、铒、铥、镱、镥、钪和钇。其中位于化学元素周期表第57到71号的从镧到镥十五种元素统称为镧系元素。稀土在地壳中含量相对丰富，但已发现的可开采富集稀土矿比其他多数矿种相对较少。稀土资源主要存在于四种地质环境中：碳酸盐岩、碱性火成岩体系、离子吸附矿以及含独居石—磷钇矿的冲积矿。碳酸盐岩及冲积矿是轻稀土的主要来源，而离子吸附矿是重稀土的主要来源。开采稀土矿有很高的技术要求，印度有丰富的独居石矿藏，其中含有大量放射性金属——钍，就是因为技术上无法解决清洁生产问题，所以印度的稀土产业中道陨落。

稀土在现代工业中发挥着重要作用，是再生性能源和绿色环保技术、高科技产品以及国防工业中的必备原料。可以说，离开了稀土，新能源产业、高科技产业和国防工业就会寸步难行。

稀土在现代工业中发挥着重要作用，是再生性能源和绿色环保技术（如风力涡轮机、太阳能电池板和高效照明）、高科技产品（如计算机、智能手机和高效照明）以及国防工业（如导弹制导系统、智能炸弹和潜艇，包括美国的战斧式巡航导弹和艾布拉姆斯坦克）

中的必备原料。[17] 可以说，离开了稀土，新能源产业、高科技产业和国防工业就会寸步难行。比如，永磁技术是如今稀土的主要应用领域之一。与电磁不同，永磁铁可以独立产生强磁场，而无需依靠供电系统。钕铁硼是世界上最强的永磁铁，因此在众多武器系统中处于关键地位，比如喷气式飞机引擎和部件中的发电设备、导弹巡航系统、精准制导武器和智能炸弹、水雷探测系统、反导弹防御系统、激光、卫星通讯系统以及雷达系统。永磁技术可以在更小的部件和超高温条件下无需借助外在能量供给产生强磁。这种属性使得计算机、智能手机和武器变得越来越小而且更加高效。目前，在中国之外的钕铁硼企业全球只有 5 家，分别是德国真空熔炼公司、日立金属、TDK、信越化工、美国钼公司与日本三菱在日本共建的合资企业。而中国有 200 多家钕铁硼企业，贡献了几乎占全球产量 80%的钕铁硼。[18]

全球稀土市场的布局发生了几次大的变化，每一次都具有影响全球价值链的效应。稀土的工业价值得到实现之初，印度是全球最大的稀土供应国，1941 年，美国工业使用的稀土 80%来自于印度，到 1943 年，变为 100%。1946 年，新生的印度政府为了本国工业发展而限制稀土的出口，迫使美国寻找替代性方案。1947

年，美国原子能委员会在艾奥瓦州立大学创办了艾姆斯实验室（Ames Laboratary），任命专门研究稀土的化学家弗兰克·斯佩丁（Frank Spedding）为主任，该实验室研发出了离子交换层析来分离和提取高纯度的单一稀土金属。艾姆斯实验室因此被称为“现代稀土工业的摇篮”和“稀土的麦加”。在美国政府的支持和鼓励下，艾姆斯实验室将相关专利转让给企业，促进了美国稀土工业的迅猛发展。到 1980 年代初，一家名为 Molycorp 的美国公司就为全球市场提供着 70%的稀土。但是，与石油工业的情况不同，美国稀土产业并未在研发上实现全面突破，在产业组织上也没有实现纵向一体化，全盛时期的出口也主要是矿石等原材料的直接出口：“美国稀土产业在其生命周期中保持着相对分散的状态。Molycorp 的生产集中在采矿和原料生产方面，而没有升级到高端制造业。稀土矿供货源的扩展的确刺激和支持了国内稀土技术的发展，但却使 Molycorp 本身面对下一个成本上更划算的稀土供货源时不堪一击（比如美国在 1940 年依靠印度、进入 21 世纪后依靠中国提供稀土）。我们或许可以说，如果美国稀土业实现了垂直整合，在中国进入该产业的竞争后，它本来可以有更多的选择。而中国（通过产业政策设计）有意避免了这种依赖性，因为它不满足于向国际市场出售原材料，而是一开始就打算利用自己的稀土资源储备生产成品。”[19] 由于这种竞争上的劣势，Molycorp 公司的芒廷帕斯（Mountain Pass）矿山在 1990 年代发生矿难导致放射性液体泄露之后，该公司的稀土采矿业务便一落千丈，到 2002 年完全停止。2017 年，总部设在成都的中国 A 股上市企业盛和资源以 2050 万美元的价格成功收购了芒廷帕斯矿山，这家矿山在 2018 年恢复生产。

中国进入世界稀土贸易版图是比较晚近的事情，但发展速度惊人。1927 年，中国著名地质学家丁道衡在内蒙古白云鄂博发现了丰富的金属矿藏。1935 年，何作霖教授对丁道衡教授采集的萤石标本进行了研究，从中发现了两种稀土矿物，“白云矿”和“鄂博矿”。后来，通过分析鉴定，即“氟碳钵矿”和“独居石”。[20] 白云鄂博铁矿是 1956 年开始建矿的，1957 年主矿进入部分临时开采，1958 年、1959 年主矿、东矿全面按大型露天铁矿机械化开采。1963 年，侧重于稀土研究的包头冶金研究院成立，隶属于冶金部。此后，我国的稀土资源开采工作一直在稳步进行，先后在山东微山县（1960 年代）和四川冕宁县（1980 年代）发现了大规模的稀土矿藏。从 1978 年到 1989 年间，中国的稀土产量以每年 40%以上的速度增长，到 1990 年代成为世界上最大的稀土生产国。白云鄂博是世界上最大的稀土矿脉，铁矿储量14亿吨，含铁量35%；稀土矿工业储量4800万吨，在2005年的时候占世界稀土产量的45%，中国的47%。[21]

在1970年代中期，全世界第一次知道，中国拥有全球最大的稀土资源储量，当时估计为3600万吨或全球储量的50%，美国位居第二，拥有全球储量的17%。但当时的中国尚未规模化地开采稀土矿藏，更没有发展出相关的加工产业。从1980年代开始，中国有计划、有步骤地发展自己的稀土工业，打造相应的知识创新和产业架构。“中国稀土之父”徐光宪教授在北大创办了稀土材料化学及应用国家重点实验室。在国家的统一部署下，产学研一体化的稀土工业布局迅速形成。到2010年，全世界90%以上的稀土都来自于中国，而美国的稀土工业则衰落到几近于无的地步，所需稀土完全依靠进口。

由于我国产业结构升级转型，稀土的内需逐渐增加，因此从2006年起便开始实施稀土出口限额。这一措施导致国际市场上稀土价格飙升。对此，2012年3月13日，美国、欧盟和日本三方就“稀土、钨、钼三种原材料出口管制措施”要求与中国磋商。在磋商无果的情况下，三方于当年6月27日向WTO的争端解决机构提出设立专家组，正式指控中国对稀土等原材料实施的出口管制措施（出口税、出口配额及管理分配）违反了《关贸总协定》（GATT）及中国在《入世议定书》和《工作组报告》中所作的特殊承诺。专家组的初裁报告和上诉机构的终裁报告均做出了对我国不利的认定。主要的裁定理由是我国所采取的稀土出口限额制度并未减少国内的稀土开采和利用总量，因此不属于《关贸总协定》第20条出于某些特定目的而进行贸易限制的例外情形，这些目的包括（b）项所提到的为了保护人、动物或植物的生命与健康以及（g）项所提到的为了保护可耗竭性自然资源。[22] 尽管我国对WTO争端解决机构在此案上的裁定存有异议，而且中外许多国际贸易法专家都认为裁定存在重大问题，但我国还是服从裁定，在2015年取消了出口限额。

如何解决原材料内需不断增加与贸易合规之间的张力是一个难题。根据我国宪法，稀土等自然资源属于国家所有（即全民所有），对自然资源的开发利用是社会主义国有经济的组成部分。因此，国家通过产业政策和行政措施来促成自然资源开发利用上下游企业之间的纵向整合是合乎宪法的。国际贸易规则所针对的是进入市场的原材料，但市场机制并不是有效配置资源的唯一途径。早在1937年，科斯便在《企业的性纵向一体化使得采矿企业不再直接将稀土矿石投入市场，而是在企业内部完成从采矿、冶炼、分离到稀土永磁材料、激光材料、储氢蓄能材料、荧光发光材料、催化剂材料、超导材料等材料加工再到智能手机配件、新能源汽车配件、风力发电机配件、飞机和航天器配件以及国防工业产品配件等高端产品制造的全链生产，让稀土变成高附加值产品后再进入市场，参与国际竞争。

质》这篇后来使他获得诺贝尔经济学奖的文章中指出：市场的运作本身有其成本，这是导致企业产生的主要原因。如果企业内部有效配置资源的行政管理成本低于市场成本，企业就会替代市场。通过市场“价格机制”组织生产的最明显成本是信息成本，其次是谈判成本和签订合同的成本。企业的特征就是用内部的组织管理来替代价格机制。[23] 在 1980 年代和 1990 年代，我国稀土行业存在分散和规模效应不足的现象，“挖土卖土”是上游采矿企业的主要商业模式。而在最近几年，我国稀土企业的纵向一体化已大体完成，形成了中国五矿、中铝、北方稀土、厦门钨业、广晟有色、南方稀土等六大集团公司，每一集团公司都具备从采矿到下游高端产品制造的全链条生产能力，原材料的供给不再需要借助市场价格机制，而变成了企业内部各部分之间的分工合作。所谓纵向一体化，是指同一产业链上的企业通过兼并重组、股权置换、资本注入等形式，沿产业链上下游拓展现有业务，使市场外部交易企业内部化的战略行为，包括前向一体化（上游控制下游）和后向一体化（下游控制上游）。[24]纵向一体化使得采矿企业不再直接将稀土矿石投入市场，而是在企业内部完成从采矿、冶炼、分离到稀土永磁材料、激光材料、储氢蓄能材料、荧光发光材料、催化剂材料、超导材料等材料加工再到智能手机配件、新能源汽车配件、风力发电机配件、飞机和航天器配件以及国防工业产品配件等高端产品制造的全链生产，让稀土变成高附加值产品后再进入市场，参与国际竞争。

作为一个社会主义国家，我国政府通过积极引导和规制市场让它为全民服务。因此，政府可以综合应用各种政策和法律手段促进产业升级。经济与政治之间的互动关系，梁漱溟先生在1953年9月11日的政协常委扩大会议上表达得十分清楚：“中国政治改造一定随经济改造而完成；经济进一步，政治进一步，循环推进。”[25] 根据某一行业的发展水平以及整个国家的经济发展状况有针对性地适时调整产业政策，并综合应用区域规划、城市规划、财政、税收、环境保护、公司治理等各个领域的政策与法律工具来促成产业升级和经济结构调整，这是我国的成功经验，被一位美国学者称为“经济治国术”（economic statecraft）。[26] 这位学者在《中国与稀土的地缘政治》一书中将围绕稀土而展开的国际政治图景概括为：首先，随着全球人口的持续增加（到2050年将增长到90亿），尤其是随着包括中国、印度、俄罗斯和巴西（金砖四国）在内的人口大国进入中等收入国家行列，越来越多的人开始追求高品质的（同时也意味着高耗能）的生活。其次，资

作为一个社会主义国家，我国政府通过积极引导和规制市场让它为全民服务。因此，政府可以综合应用各种政策和法律手段促进产业升级。经济与政治之间的互动关系，梁漱溟先生在1953年9月11日的政协常委扩大会议上表达得十分清楚：“中国政治改造一定随经济改造而完成；经济进一步，政治进一步，循环推进。”

源民族主义（resource nationalism）开始兴起，发展中国家不再满足于充当廉价原材料和劳动力的输出国，一方面致力于为自己出口的原材料谋求更高的价格，另一方面发展着自己的下游高附加值产业。第三，纳米技术等新技术的出现使得对各种材料的利用日益广泛，也增加着对稀土元素的需求。第四，尽管如此，某些关键原材料仍然只有少数国家能够产出，这一点最明显地体现在中国在稀土资源方面的绝对优势地位上。[27]

企业纵向一体化与国家区域发展战略相配合产生的效果在北方稀土集团公司和包头市这个例子上得到了清楚的展示。2017年中国稀土产量为16万吨，占世界产量（178 200吨）的89.79%，其中内蒙古包头白云鄂博矿区的稀土产量为85 000-90 000吨，占世界产量的一半左右。[28] 包头因此被誉为世界“稀土之都”。2015年，包头市被确定为国家稀土产业转型升级试点城市，此后三年共争取国家稀土转型升级试点资金7亿元，带动企业投资140亿元。在政策资金的引导下，包头市实施了近百项稀土产业转型升级项目，推动永磁、储氢、抛光、催化等功能材料产业链不断延伸，在航天航空、磁制冷、永磁电机、储氢电池、节能环保等领域形成了一大批具有自主知识产权的稀土应用产品，稀土原材料就地转化率由不足40%提高到85%；

稀土功能材料及应用产业占全市稀土产业的比重由20%提高到51.2%，占比首次超过一半。[29] 北方稀土集团公司经营着包头的整个稀土产业链，建有稀土选矿、冶炼分离、深加工、应用产品、科研等完善的稀土工业体系，能够生产稀土原料（精矿、碳酸稀土、氧化物与盐类、金属）、稀土功能材料（抛光材料、贮氢材料、磁性材料、发光材料）、稀土应用产品（镍氢动力电池、稀土永磁磁共振仪）等门类齐全的稀土产品。这种地方政府与企业深度合作、政府提供政策和资金支持、企业借力实现产业升级和系统整合的模式，是我国经济发展模式的一大优势。

中国稀土的故事告诉我们的恰恰不是一个在某种资源上有绝对优势的国家可以如何利用这种优势采取单边行动为自己谋取利益，而是这个国家如何把握自身发展的节奏，将资源优势转化为技术和产业优势，在获得主宰自己命运的能力之后积极参与多边主义的自由贸易新秩序的塑造。

此外，六大稀土集团公司之间的合作也出现了不依赖市场的新模式。比如，2017年11月1日，北方稀土与厦门钨业同时公告，双方签署战略合作框架协议，合作内容包括稀土产品供应保障合作、贮氢材料产业合作、镧铈镨钕金属生产的合作、研发和管理合作、稀土大集团合作等方面。公告的协议内容显示，北方稀土将保障厦门钨业子公司长汀金龙每月氧化镨钕30-50吨、氧化钕10-30吨的采购供应，后续可逐步增加；将保障厦门钨业贮氢合金粉每月镧40-50吨、镧铈30-40吨的采购供应，后续可逐步增加；优先保障厦门钨业每月40-60吨镨钕金属或每月30-80吨甩带合金片的采购供应，之后根据产能提升及国家稀土总量控制计划调整情况进行调整。同时，厦门钨业子公司长汀金龙将保障北方稀土磁性材料对中重稀土等产品（如金属镝铁、金属铽、金属钆铁、金属钬铁以及特种稀土金属等）的采购需求。厦门钨业缺少镨钕，北方稀土缺少重稀土，双方形成优势互补。[30]

以上这些发展使得我国成为稀土原材料需求大国。2018 年全年，我国进口各类稀土产品 9.84 万吨，其中进口稀土化合物（包括混合碳酸稀土）及稀土金属总量 6.94 万吨，同比增长 102%。特别需要关注的是，我国的稀土进口量远大于稀土出口量（2018 年全年出口 5.3 万吨），同时稀土精矿和混合碳酸稀土在进口量中显著提高，占比约 60%，中国首次成为稀土原材料进口大国。[31] 由此可见，我国虽然是稀土储量世界第一的国家，但同时也是稀土功能材料和成品生产大国，对稀土原材料的需求极大。坊间流传的“中国可以通过稀土禁运扼住与其有贸易摩擦的国家之咽喉”的说法过于简单和异想天开。中国稀土的故事告诉我们的恰恰不是一个在某种资源上有绝对优势的国家可以如何利用这种优势采取单边行动为自己谋取利益，而是这个国家如何把握自身发展的节奏，将资源优势转化为技术和产业优势，在获得主宰自己命运的能力之后积极参与多边主义的自由贸易新秩序的塑造。

发展与自由贸易的时序关系

历史地看，自由贸易的鼓吹者一开始是那些首先由此获利的人，也就是率先实现工业化的那些国家的资本家。借助资本和技术上的比较优势，他们通过主张自己的“贸易权”来迫使尚未实现工业化的国家开放自己的市场，以便使自己获得原材料和廉价劳动力，以及将高污染的制造工厂搬到这些国家，从而规避本国日渐提升的环境标准。关贸总协定以及取而代之的世界贸易组织都是这些先发国家主导建立的维护其贸易权的国际组织建制。随着中国通过自力更生的努力迈入工业化国家的行列，并在此基础上积极参与已有的世界贸易体系，按照其规则来参与竞争，这一体系的建立者和规则设定者却感受到了威胁，不惜破坏自己确立的规则来维护自身的利益。稀土的故事帮助我们看到：

随着中国通过自力更生的努力迈入工业化国家的行列，并在此基础上积极参与已有的世界贸易体系，按照其规则来参与竞争，这一体系的建立者和规则设定者却感受到了威胁，不惜破坏自己确立的规则来维护自身的利益。

首先，一个国家只有把握了自己发展的节奏，才能真正实现发展。因为这些看似公平、互惠的国际规则都是服务于其创造者的利益的。既定的法律规则体在开发稀土资源和发展稀土加工技术的早期，中国并未加入 WTO，没有受制于对自己不公平的国际贸易规则，因此可以通过国内产业政策和相应的法律设计来确保中国稀土工业从采矿、提炼到成品加工的各环节全方位发展，直至成为世界上最主要的稀土矿和稀土制品生产国。

系具有保守的品格，其前提假定是已经形成的发达国家与发展中国家之间的不均衡发展状态是世界的秩序的一部分，发展中国家应当尊重市场规律，让资源流向能够更有效利用这些资源的地方（发达国家），让发达国家来完成高附加值的制造和加工，然后再付出高价买回成品。这套规则没有考虑到发展中国家自身实现发展、从而变得有能力完成对原材料的有效加工所需要的国内产业政策的需要，也就是发展中国家把握自己发展节奏、主宰自己命运的需要。中国稀土工业的发展充分说明了这一点：在开发稀土资源和发展稀土加工技术的早期，中国并未加入 WTO，没有受制于对自己不公平的国际贸易规则，因此可以通过国内产业政策和相应的法律设计来确保中国稀土工业从采矿、提炼到成品加工的各环节全方位发展，直至成为世界上最主要的稀土矿和稀土制品生产国。

其次，对形式背后的实质因素的清醒认识并不意味着因此贬低和抛弃形式，放弃规则和程序。如修昔底德借雅典人之口所言，正义只存在于实力均等之间。在实力悬殊之间，基本事实是：强者为所能为，弱者受所必受。[32] 当一个国家有实力参与规则的塑造和解释的时候，其选择就变得非常重要了，是加入霸权者的同盟来欺凌弱小，是试图打败其他有实力者来独霸天下，还是联合弱小者来塑造更加公平的全球秩序，这些都是中国目前面临的选择。而中国已经做出了自己的选择，那就是坚持所有国家无论大小均可平等参与的多边主义立场。对此，习近平主席有非常明确的表述："二十国集团应该继续发挥引领作用，确保世界经济开放、包容、平衡、普惠发展。我们要加强多边贸易体制，对世界贸易组织进行必要改革。改革的目的是与时俱进，使得世界贸易组织能够更加有效地践行其开放市场、促进发展的宗旨。改革的结果应当有利于维护自由贸易和多边主义，收窄发展鸿沟。"[33] 在建设创新型国家、国内产业升级、生态文明建设成为宪法确定的国家任务的背景下，我国稀土内需逐渐提升，而稀土产量保持稳定，稀土出口就需要在互利互惠、平等协商的基础上通过双边或多边协议的方式来做出安排。

当一个国家有实力参与规则的塑造和解释的时候，其选择就变得非常重要了，是加入霸权者的同盟来欺凌弱小，是试图打败其他有实力者来独霸天下，还是联合弱小者来塑造更加公平的全球秩序，这些都是中国目前面临的选择。而中国已经做出了自己的选择，那就是坚持所有国家无论大小均可平等参与的多边主义立场。

最后，从马克思主义中所包含的国际主义原则出发，中国在实现了自主发展之后仍然将自己定位为一个发展中国家，致力于与其他发展中国家一道参与更加公平的全球秩序的建构。近些年来，我国在和平共处五项原则的基础上，提出了"构建人类命运共同体"的积极倡议，这正是勇于承担大国责任的体现。就稀土供应而言，我国并未因为自身内需的增长和环保标

国际关系中规则的形成有赖于共同遵守规则的互惠往来，而绝不可能依靠霸权主义的单边行动。

准的提高而继续限制稀土的出口，而是遵守 WTO 的规则和裁断，于 2015 年取消了已实施数年的出口限额。但是，如果美国继续为了维持自己的霸权地位而罔顾规则，对中国实施各种关税、禁运和制裁措施，中国也不会排除对美国实施稀土禁运的可能性。子曰：“以德报怨，何以报德？以直报怨，以德报德。”国际关系中规则的形成有赖于共同遵守规则的互惠往来，而绝不可能依靠霸权主义的单边行动。面对美国不断威胁“退群”，导致现有世界贸易体系分崩离析的局面，我国一方面可以同有意向的其他成员合作，尝试“挽救”世界贸易组织的争端解决机制，并在此过程中帮助其实现改革，强化其公平性和效率；另一方面也可以寻求建立替代性的双边和多边贸易协定以及与此相关的争端解决机制，重塑世界贸易秩序。

中国本身就是“一个国家，多个世界”，各区域之间资源储备情况、经济发展水平、科技发展水平和产业结构存在巨大差异，因此可以支持差异化的区际分工和国内贸易。在一定程度上，国际贸易对中国已经不是存亡攸关的事情。这一点与资源匮乏的欧盟各国有显著的区别，比如制造业发达的德国，其关键原材料基本完全依赖进口。美国虽然在一定程度上也可以实现资源自足，但长期吃二战后国际秩序红利所养成的惯性却使得它必须经过离开舒适区的产业政策调整才能实现这一点。2017年，美国元素公司首席执行官迈克尔·希尔弗（Michael Nathan Silver）会见特朗普的战略顾问史蒂夫·班农（Steve Bannon），建议将美国唯一的稀土矿国有化。[34] 同年12月20日，美国总统特朗普签署了一项要求增加关键矿物原料在美国本土产量的行政令。这些矿物主要用于高端制造业，包括铂、锰、稀土等23种关键矿物，影响面涵盖从智能手机到航空发动机等高端制造领域。[35] 欧洲委员会在2008年确定的《欧盟原材料动议》（RMI）政策体现了三项原则：(1) 确保从第三方国家获取原材料的公平竞争环境；(2) 培育欧洲原材料来源，保障可持续供给；(3) 提高原材料利用效率，促进循环利用。[36] 这些情况都表明，随着中国加入工业化国家的行列并代表发展中国家积极参与更加公平的国际贸易的塑造，欧美各国也不得不调整自己的产业政策，重新捡起自己早已放弃的原材料开采行业，自己承担相应的环境后果，而不是一味地将这种后果转嫁给发展中国家。这一事实本身便是迈向公平世界秩序的重要一步。新秩序的建立必然意味着旧秩序的瓦解，也必然会触动既得利益者的利益，冲突和斗争难以避免。但是，从稀土的故事可以看出，任何国家试图依靠本国在某种资源或技术

新秩序的建立必然意味着旧秩序的瓦解，也必然会触动既得利益者的利益，冲突和斗争难以避免。但是，从稀土的故事可以看出，任何国家试图依靠本国在某种资源或技术上的优势地位采取单边行动来维护本国利益、谋求不公平的贸易条件，都是行不通的。

上的优势地位采取单边行动来维护本国利益、谋求不公平的贸易条件，都是行不通的，因为任何国家都不可能在所有资源或技术上都独占鳌头，而且暂时的领先并不意味着可以永远领先。“己欲立而立人，己欲达而达人”的互利共赢之道才是长久之计。

注释

1. See David Ricardo, *On the Principles of Political Economy, and Taxation*, 3rd Edition, London: John Murray, 1821, p. 93.

2. ［美］保罗·萨缪尔森、威廉·诺德豪斯：《经济学》（第 18 版），萧琛主译，人民邮电出版社 2008 年版，第 551 页。

3.《习近平在二十国集团领导人峰会上关于世界经济形势和贸易问题的讲话（全文）》，新华社大阪 2019 年 6 月 28 日电，http://www.xinhuanet.com//2019-06/28/c_1124684186.htm。

4. Sun Yat-sen, *The International Development of China*, 2nd edition, New York: G. P. Putnam's Sons, 1929, pp. xi, 8-9; C. Martin Wilbur, *Sun Yat-sen: FrustratedPatriot*, New York: Columbia University Press, 1976, pp. 96-111.

5. 孙中山：《实业计划》（中英文对照本），《国际共同发展中国实业计划书——补助世界战后整顿实业之方法》，外语教学与研究出版社 2011 年版，第 xv 页。重点为本文作者所加，“贸易战争”一词，原文正是用的 trade war。

6. Amanda Kay McVety, "Weath and Nations: The Origins of International Development Assistance", in Stephen J. Macekura & Erez Manela (eds.), *The Development Century: A Global History*, Cambridge University Press, 2018, p. 39.

7. Julia Ya Qin, "The Predicament of China's 'WTO-Plus' Obligation to Eliminate Export Duties: A Commentary on the China-Raw Materials Case", 11 *Chinese Journal of International Law* (2012), 237-246, p. 238.

8. 《孙振宇大使谈中国加入世贸组织十周年》，载《中国经贸》2011 年 5 月，第 16 页。

9. 商务部：《中国 2013 年成为世界第一货物贸易大国》，载 http://www.mofcom.gov.cn/article/ae/ai/201403/20140300504001.shtml.

10. 罗珊珊：《中国贸易大国地位更加巩固》，载《人民日报海外版》2018 年 12 月 24 日，第 3 版。

11. Gregory Shaffer & Henry Gao, "China's Rise: How It Took on the U.S. at the WTO", 2018 *U. Ill. L. Rev.* 115 (2018), pp. 118-119.

12. 习近平：《共建创新包容的开放型世界经济——在首届中国国际进口博览会开幕式上的主旨演讲》，载《人民日报》2018 年 11 月 6 日，第 3 版。

13. United Nations Conference on Trade and Development (UNCTAD), *Commodity Yearbook* 1995, New York: United Nations, 1995.

14. See Michael L. Ross, "The Political Economy of the Resource Curse", *World Politics*, Vol. 51, No. 2 (Jan., 1999), pp. 297-322.

15. 《中国稀土行业2018年度十件大事》，载《稀土信息》2019年第2期，第5页。

16. *Ad Hoc* Working Group on Defining Critical Raw Materials, *Report on Critical Raw Materials for the EU*, European Commission, May 2014, p. 5.

17. See Marc Humphries, *Rare Earth Elements: The Global Supply Chain*, Congress Research Service, R41341, 2010, pp. 2-4.

18. Marc Humphries, *Rare Earth Elements: The Global Supply Chain*, Congress Research Service, R41341, 2010, p. 4.

19. Joanne Abel Goldman, "The U. S. Rare Earth Industry: Its Growth and Decline", *The Journal of Policy History*, Vol. 26, No. 2, 2014, n. 114, p. 164.

20. 赵长友：《白云鄂博矿区的发现与矿床开采》，载《金属矿山》1982年第5期，第55页。

21. U. S. Geological Survey, 2005 *Minerals Yearbook: Rare Earths*, http://minerals.usgs.gov/minerals/pubs/commodity/rare_ earths/rareemyb05.pdf.

22. Appellate Body Report, *China-Measures Related to the Exportation of Rare Earths, Tungsten, and Molybdenum*, WT/DS431,

432，433/AB/R，2014年8月29日通过。

23. R. H. Coase，"The Nature of the Firm"，*Economica*，4 (16)：386-405 (1937).

24. 王雨佳：《能源产业链整合与企业生产效率：以煤电纵向一体化为例》，载《北京理工大学学报（社会科学版）》2019年第21卷第4期，第30页。

25. 梁漱溟：《1953年9月11日政协扩大会议上的发言草稿》，载《梁漱溟全集》（第七卷），山东人民出版社2009年版，第3页。

26. Sophia Kalantzakos，*China and the Geopolitics of Rare Earth*，Oxford University Press，2018，p. 4.

27. Sophia Kalantzakos，*China and the Geopolitics of Rare Earth*，Oxford University Press，2018，p. 7.

28. 刘思德：《世界稀土资源供给状况》，载《稀土信息》2018年第1期，第28页。

29. 包头市经信委：《十条"新政"助力包头稀土新材料产业园区发展》，载《稀土信息》2018年第8期，第7页。

30. 中证网：《北方稀土与厦门钨业两大稀土集团联手优势互补》，载《稀土信息》2017年第11期，第7页。

31.《中国稀土行业2018年度十件大事》，载《稀土信息》2017年第11期，第5页。

32. Thucydides，*The War of the Peloponnesians and the Athenians*，edited and translated by Jeremy Mynott，Cambridge University

Press, 2013, V. 89, p. 380.

33.《习近平在二十国集团领导人峰会上关于世界经济形势和贸易问题的讲话（全文）》，新华社大阪 2019 年 6 月 28 日电，http：//www. xinhuanet. com//2019-06/28/c_ 1124684186. htm。

34. "This CEO Wants Trump to Nationalize the Only Rare-Earth Mine in the United States", Bloomberg, July 18, 2017, https：//www. bloomberg. com/news/articles/2017-07-18/trump-urged-by-ceo-to-nationalize-the-only-u-s-rare-earths-mine.

35. *Presidential Executive Order on a Federal Strategy to Ensure Secure and Reliable Supplies of Critical Minerals*, White House, December 20, 2017.

36. *Ad Hoc* Working Group on Defining Critical Raw Materials, *Report on Critical Raw Materials for the EU*, European Commission, May 2014, p. 9.

中华文明的复兴和经济理论的创新*

陈　平**

一、中国经济的超常发展改变了工业革命以来的世界格局

在中国共产党的领导下，经过 1950 年以来的基础建设，以及 1978 年以来的超常增长，中国创造了世界史上古文明大国复兴的奇迹。这一现象超出了现有各派经济学理论的解释范围，需要从历史数据出发，构建新的理论分析框架。

从便于国际比较的角度出发，本文没有选用中国国家统计局的统计数据，而采用国际公认的三个数据库：联合国统计局[1]、荷兰麦迪森项目数据库[2]，以及

* 本文原载《东方学刊》2018 冬季刊（复旦大学中国研究院出品），特此致谢。

** 陈平，复旦大学中国研究院研究员，北京大学国家发展研究院教授。经济学家、理论物理学家。

美国中央情报局的《世界概览》(*World Factbook*)[3]，前两者汇总的各国人口和人均GDP的数据截止到2016年，中情局的数据截止到2017年。这三个数据库的中国数据测算依据是中国官方的数据，但是按西方的评价方法做过调整。

本文修正了联合国三次产业的定义，首次提出“广义工业”的概念，即第二产业加上第三产业中的运输和通信。调整后的中国广义工业的实际增加值已经超过美国，比购买力平价计算GDP超过美国更能说明中国经济的国际竞争能力，以及美国经济脱实向虚的后果。

现有的计量经济学和宏观经济学对增长问题的分析，在方法论上有两个重大问题：第一，忽视经济规模的量级差距。[4]计量分析把十几亿人口的超大国家和几百万、几十万人口的小国平等对待，如何能理解中国发展的困难所在？如果演化生物学家把全部生物放在一起，从细菌到哺乳动物按数量做回归分析，如何能发现生物演化的规律？第二，经济分析的线性理论对历史上人均GDP的指数增长没有历史发展的阶段观念[5]。

我们注意到，依据麦迪孙千年经济史的各国可比数据，可以比较各国历史的纵向发展历程。例如，中国的人均GDP，1950年是$448美元，1978年为

＄978, 2010 年达 ＄8032 美元。对比英国和日本：公元 1 年两国人均 GDP 都已经达到＄400 美元，而中国那时已经达到＄450 美元，新中国的起点降到公元初的水平。然后英国和日本都从公元 1000 年开始稳步前进，到工业革命时加速，英国 1600 年达＄974 美元，日本 1890 年达＄1012 美元；英国 1959 年才达＄8240 美元，日本到 1969 年达＄8874 美元。换言之，新中国前 28 年的发展，英国走了 600 年（如果从公元 1000 年算起），日本也走了 890 年；新中国后 32 年的发展，英国花了近 400 年，日本花了 79 年。问题是，中国人口是英国的 15 倍，日本的 8 倍，新加坡的 400 倍。新中国 70 年的发展路程，超过西方发达国家和日本全部工业化的历程。请大家注意，新中国前 28 年在西方封锁条件下给工业化打基础的路程，比后 32 年加入国际分工后的起飞过程艰难得多。这对所有发展中国家都如此。有人试图用后 32 年否定前 28 年的成就，是没有历史观念的。中国的发展道路不同于西方早期的市场经济和苏联的指令经济，是新型的混合经济，兼顾了计划经济的长远建设和市场经济的灵活竞争以及非营利部门的教育和创新。如何总结中国现代化的发展经验，重新检验经济史和经济学各派理论的出发点，是本文探索的目标。

中国的发展道路不同于西方早期的市场经济和苏联的指令经济，是新型的混合经济，兼顾了计划经济的长远建设和市场经济的灵活竞争以及非营利部门的教育和创新。

（一）中国经济增长的幅度和结构演化

表 1 给出了世界人口结构的变化。[6] 从公元 1 年到 1500 年西方殖民主义扩张前，印度和中国的人口各占世界人口的四分之一以上，亚洲人口远超欧洲。殖民主义的扩张使“美国”人口在 1500 年到 1700 年间下降了一半以上，目前印第安原住民的人口比例仅为约 1%。印度在 1500 年到 1950 年间、中国在 1820 年到 1950 年间的人口规模也因殖民和入侵大幅减少，但是中国和印度仍然是世界的人口大国。经过 1500 年到 1950 年 450 年的急剧扩张，欧美人口也只占世界人口的 20%左右。由于老龄化，1990 年后欧美人口占世界人口比例下降到低于 20%。中国人口规模大于欧美日发达国家的总和。所以从人口规模的角度看，新中国现代化的任务大致相当于所有发达国家约五百年的进程（见表 1）。世界人口的历史变迁也有力地驳斥了西方文献对革命战争和反殖民主义运动的攻击。在革命成功和独立之后，中国和印度都恢复了人口增长和经济增长的趋势（参见表 3）。

表 1　世界人口结构的变化
（各国家和地区占世界总人口的比例/%）

年代	国家								世界 /百万人
	中国	印度	日本	西欧	苏联	俄国	美国	土耳其	
1	26.4	33.2	1.3	11.1	1.7		0.3	3.5	226
1500	23.5	37.6	3.5	13.1	3.9		0.5	1.4	438
1700	22.9	27.3	4.5	13.5	4.4		0.2	1.4	603
1820	36.6	20.1	3.0	12.8	5.3		1.0	1.0	1042
1900	25.6	18.2	2.8	14.9	8.0		4.9	1.0	1563
1950	21.6	14.2	3.3	12.1	7.1		6.0	0.8	2528
1978	22.3	15.1	2.7	8.5	6.1		5.2	1.1	4286
1990	21.5	15.9	2.3	7.2	4.3	2.8	4.7	1.1	5269
2017	18.8	17.3	1.7			1.9	4.4	1.1	7405

数据来源：Angus Maddison（2010）的数据从 AD1－2010，这里的西欧包括 30 国。2017 年的人口数据来自 CIA World Factbook。

限于篇幅，本文没有列入亚非和拉美的主要大国。选择比较中国道路的参照样本，这里有三个考虑：一是中国现代化的难度。必须考虑 1 亿人口以上的大国或地区，如美国、西欧（欧盟）、苏联（俄罗斯）和日本。用中小国家（如韩国、新加坡和北欧国家）的经验进行比较在数量级上没有意义。二是经济和科技实力足以影响世界格局。例如只有几千万人口的英国、德国，其在工业革命和科学革命中的影响超过它们的人口规模。三是古文明复兴的艰难。在属于人口大国的伊朗（当年的波斯帝国）、埃及和土耳其中，中东的文明大国只列了土耳其。因为历史上的东罗马（拜占庭）帝国和奥斯曼帝国属于稳定超过千年的大帝国，和中国文明可以一比。土耳其也是发展中国家现代化全盘西化的代表，但是它的现代化进程始终无法摆脱西方控制的阴影。土耳其的战略地位及其与西方的关系将影响北约和伊斯兰世界的格局以及中国“一带一路”倡议的推进。综合考虑在世界历史和发展战略上的地位，比起人口近 1 亿的埃及、墨西哥和人口约 2 亿的印尼、巴西，人口 0.8 亿的土耳其与中国具有更强的可比性。

表 2　世界经济规模的变化
（各国 GDP 占世界总量的比例/%）

年代	国家							
	中国	印度	日本	英国	德国	美国	苏联/俄罗斯	土耳其
1	25.4	32.0	1.1	0.3	1.2	0.3	1.5	4.2
1500	24.9	24.4	3.1	1.1	3.3	0.3	3.1	3.1

续表

年代	国家							
	中国	印度	日本	英国	德国	美国	苏联/俄罗斯	土耳其
1700	22.3	24.5	4.3	10.2	3.7	0.1	4.3	4.3
1820	32.7	16.1	3.0	5.2	3.9	5.4	3.0	3.0
1900	11.1	8.6	2.6	9.4	8.2	15.8	7.8	2.6
1950	4.6	4.0	3.0	6.5	5.0	27.3	3.0	0.6
1978	4.9	3.3	7.6	3.8	5.5	21.6	7.6	1.0
1990	7.8	4.0	8.6	3.5	4.7	21.4	8.6	1.1
2017	18.2	7.4	4.3	2.3	3.3	15.2	3.1	1.7

数据来源：真实 GDP 的数据来自 Angus Maddison（2010），这里的西欧包括 30 国。2017 年的经济总量数据是购买力平价计算的 GDP，来自 CIA World Factbook。

与麦迪孙的纵向历史数据对比，表 2 用各国在世界经济中的相对份额，来描写国际竞争力的兴衰。我们观察到，中国在 1820 年达到高峰，列强入侵后一路下降，到 1950 年后才开始逆转，2017 年超过美国的份额。而西方经济在 1820 年后因为工业革命的驱动一路上升，到 1978 年达到顶峰，然后开始逆转。这说明中国的改革开放逆转了东西方的力量对比。

从表 2 看，中国经济规模在世界的比例于 2017 年在文明大国之中，只有中国在短短40年间，把经济规模占世界经济的比例提升了3倍以上，相当于西方世界250年间的工业化发展水平，在经济、军事、科技、金融等方面，全面进入世界大国的前列，创造了人口1亿以上的大国现代化的奇迹。

重回世界第一的地位。发展中国家印度、土耳其的地位有所上升，但远不如中国。发达国家的相对地位由于中国崛起而相继衰落。其中工业革命的先行者英国回落到1700年前的地位，德国回落到1820年前的地位，美国回落到1900年的地位，日本回落到20世纪60年代的地位，俄罗斯回落到苏联1950年的地位。把中国崛起称为中国复兴是有道理的。中国人口约占世界人口的五分之一。在文明大国之中，只有中国在短短40年间，把经济规模占世界经济的比例提升了3倍以上，相当于西方世界250年间的工业化发展水平，在经济、军事、科技、金融等方面，全面进入世界大国的前列，创造了人口1亿以上的大国现代化的奇迹。

从表2还可以看到，在农业社会的公元1年到1500年的1500年间，印度、中国和土耳其（当时的奥斯曼帝国）是世界三大经济体，其中印度和中国加起来的经济规模接近世界的一半。工业革命使英国的经济规模迅速上升，在1700年达到高峰（世界经济总量的10.2%），但在1900年被美国超过。美国经济规模的高峰于1950年到来，高达27.3%，此后不断下降。2017年，按购买力平价计算的GDP总量中国位列第一（18.2%），欧盟第二（16.4%），美国第三（15.2%）。

在西方工业化进程中，三大文明古国中国、印度、土耳其的经济规模不断下降。中国的经济规模在 1820 年达到了世界历史的最高峰（32.7%），鸦片战争后不断下降，到 1950 年降至最低（4.6%），新中国建立后不断增加，直到 2017 年恢复世界第一。印度从 1978 年后才开始回升。而老牌帝国土耳其在第一次世界大战战败后，虽厉行全盘西化的改革，最早加入北约和西方富国俱乐部，即经济合作与发展组织（OECD），但始终没有恢复世界大国的地位，经济总量排名世界第 14，在意大利和墨西哥之后。令人遗憾的是俄国及其继承者。1900 年俄国的经济总量接近德国，1990 年苏联经济总量与日本相当（8.6%），科技军事实力仅次于美国，但 1991 年苏联解体后便一路下滑，2017 年俄罗斯经济规模占世界经济的比例下降超过一半，只有军事力量依然算是世界强国。大国兴衰的历史充分说明，在现代化进程中，国家战略和国家政策发挥着重大作用，包括英国早先的重商主义，如航海法案。[7]

大国兴衰的历史充分说明，在现代化进程中，国家战略和国家政策发挥着重大作用。

表 3　人均 GDP（购买力平价 2011 $ USD）及其平均增长率

年份	国家							
	中国	印度	日本	英国	德国	美国	苏联	俄罗斯	土耳其
1950	757	1417	2519	9441	5536	15241	5676		1912
1978	1583	1238	18 504	19 124	21 156	29 287	16 958	17 480	7101
2016	12 320	5961	36 425	39 162	46 841	53 015	18 105	23 064	18 784
年平均增长率/%									
1950–1978	2.7	2.6	7.4	2.6	4.9	2.4	4.0		4.8
1978–2016	5.5	4.2	1.8	1.9	2.1	1.6	0.2	0.7	2.6

数据来源：Maddison Project Database(2018)。

从表 3 可见，新中国成立后前 28 年（1950–1978）人均 GDP 的增速高于印度、英国、美国，低于日本、土耳其、苏联。后 38 年（1978–2016）人均 GDP 的增速中中国最高，其次是印度、土耳其等发展中国家，德国、英国、日本、美国等发达国家增速普遍低于发展中国家。转型经济的俄罗斯和苏联国家最低。后 38 年的发展结果表明，休克疗法的自由化、私有化后果远远不如中国的混合经济以及有自主政策的新兴经济，如印度和土耳其。

高科技的发展使人均 GDP 的增长呈现出非线性的

过程，而不是随时间平稳增长。为了展现中国发展的历史进程，我们有必要将其与主要大国历史发展的路径做出对比，见表4。

表4　与中国人均 GDP（购买力平价 2011 $ USD）水平相应的各国各年代及人口比较

国家	年代	人均GDP	人口（百万）	年代	人均GDP	人口（百万）	年代	人均GDP	人口（百万）
中国	1950	$ 757	547	1978	$ 1583	956	2016	$ 12 320	1372
土耳其	1	$ 984	8	1913	$ 1834	15	2005	$ 12 570	72
日本	1600	$ 766	19	1903	$ 1593	46	1970	$ 12 904	104
英国	1000	$ 759	2	1700	$ 1591	9	1961	$ 12 385	53
美国	1650	$ 897	1	1775	$ 1889	9	1941	$ 12 844	134
苏联				1885	$ 1728	110	1970	$ 13 275	245

数据来源：Maddison Project Database（2018）。

从表4可见，新中国前28年走过的人均GDP提高的路途，土耳其花了1900年。原因不难理解，土耳其的前身是东罗马帝国和奥斯曼土耳其帝国，处于东西方的交通要道，早在工业革命之前，就是世界贸易中心和富裕帝国。后来的西方国家能够后来居上，靠的是发现绕过地中海的大西洋航线以及市场规模扩大诱

中国现代化的历史进程，不仅超越了其他文明古国如土耳其，并且先后赶上西方发达国家。

发的工业革命。新中国前28年在农业国的基础上建立了比较完备的工业体系，这一成就英国用了700年，日本300年，美国115年。而中国同期的人口起点规模是土耳其的68倍，英国的273倍，日本的29倍，美国的547倍。新中国后38年，中国从中等收入的基础工业国跃升到中高收入的工业大国的历程，英国用了261年，日本303年，美国166年，苏联85年。土耳其虽然只用了102年，但其科技水平无法和中国以及西方强国相比。而中国同期的人口起点规模，是英国和美国的106倍，日本的21倍，苏联的4倍，土耳其的64倍。由此可见，中国现代化的历史进程，不仅超越了其他文明古国如土耳其，并且先后赶上西方发达国家。

应当指出的是，目前通行的西方GDP和人均GDP的测量，不能反映真实的国家经济实力。尤其是美国20世纪80年代开始去工业化之后，虚增的第三产业GDP，有不少是对国计民生有害的成分，例如过度医疗、过度诉讼、过度军费等。产业的分类也不科学。西方把运输、通信等现代工业划入第三产业，和传统的商业、餐饮、旅馆等服务业放在一起，掩盖了美国经济脱实向虚的有害趋势。本文采用修正的工业定义，将第二产业加上运输、通信合称为广义工业，将第三产业扣除运输、通信合称为狭义服务业，其类比物理学的广义相对论和狭义相对论。重新分类的产业结构见表5。

表5　中国与各国产业结构比较

产业	国家				
	中国	美国	德国	日本	苏联/俄罗斯
农业	43.9/6.1	0.7/1.0	1.4/0.6	2.6/0.7	6.6/4.0
广义工业	32.1/62.9	40.3/37.6	65.0/59.1	44.6/49.1	69.3/51.7
狭义服务业	23.9/31.1	59.1/61.4	33.5/44.4	44.6/50.1	24.0/44.3

数据来源：联合国统计局。真实GDP的基准价格是1990年美元不变价格。

从表5可见，中国广义工业的比例最高，后38年比例提高近乎翻倍，德国、俄罗斯、日本次之，美国去实向虚的趋势最明显。虽然美国按市场汇率计算的GDP总量依然大于中国，但是中国2016年的广义工业总量已经超过了美国。美国中央情报局公布的购买力平价GDP中国第一，欧盟第二，美国第三。（见表6）

美国中央情报局公布的购买力平价GDP中国第一，欧盟第二，美国第三。

表6 中国、美国、欧盟各类GDP比较

数据来源	联合国 UN（2016）		中央情报局 CIA（2017）	
项目	真实 GDP	广义工业 GDP	汇率 GDP	购买力平价 GDP
中国	12.5	7.8	11.9	23.1
美国	18.4	6.9	19.4	19.4
欧盟				20.9

数据来源：联合国统计局（2010 $ USD），CIA World Factbook（现价美元）。

由表6可见，中国广义工业的总量和购买力平价的GDP总量已经超过美国。美国按汇率计算的GDP总量依然大于中国。中国的人口分别是美国的4.2倍，欧盟的2.7倍，俄罗斯的10倍。相应地，美国的人均GDP是中国的3.5倍，欧盟是中国的2.4倍，俄罗斯是中国的1.6倍。

由于西方主导着国际贸易体系，高科技和金融服务的定价权在西方跨国公司手中，才会有西方已经无法支撑的高收入（人均GDP），因为收入越高，过度消费、过度借债的可能越大，失去国际竞争力的速度越快，从而造成实体经济外移。所以中国提出的全面建成小康社会是可实现、可持续的，西方的高收入高消费是不可能持续的。这是美国发动贸易战、转嫁国内经济危机的原因。

（二）中国与西方调控经济能力的比较

近三十年来，新自由主义经济学对大萧条后20世纪40年代到70年代的凯恩斯经济学进行了全面的攻击和逆转，诱发了2008年的金融危机，其严重程度仅次于大萧条。特朗普最近发动的贸易战使世界经济重新受到大衰退的威胁。近年来，中国国内有经济学家也在反对凯恩斯经济学的旗号下，反对中国的产业政策和中国政府在危机中的干预政策。本文将通过对中国和西方政府干预经济的效果进行比较，以观察各国的经济周期和经济衰退的长度、深度及恢复期（见表7和表8）。

近三十年来，新自由主义经济学对大萧条后20世纪40年代到70年代的凯恩斯经济学进行了全面的攻击和逆转，诱发了2008年的金融危机，其严重程度仅次于大萧条。

依据荷兰世界经济史的人口数据（表7和表8），近代工业革命以来，人口下降10%以上（即峰谷人口小于90%）的历史事件有11次。其中最严重的当数英国殖民者对美国印第安人的土地掠夺导致的人口大规模减员，使1600年–1700年间的美国人口减少了三分之一，目前美国原住民的人口仅为美国人口的1%。

战争和动乱造成的人口大规模减员有5次。包括波兰在二战中人口下降到75.7%，印巴分治的动乱致使人口下降到83.3%，中国的鸦片战争和太平天国事件等使人口下降到86.9%，柬埔寨战争后人口下降到88.5%，苏联在二战后人口下降到88.7%。

令人惊奇的是，在美国主流经济学家指导下的休克疗法给东欧和苏联国家造成的人口减员，影响比两次大战还要严重。最严重的是拉脱维亚，人口下降到73.5%（持续29年至今）。其次依序是：立陶宛77.6%（持续28年至今），保加利亚79.5%（持续27年至今），爱沙尼亚81.9%（持续29年至今），乌克兰85.2%（持续23年至今）（见表8）。与此形成对比，中国三年自然灾害时期，人口纯减少1%，恢复时期只有2年；俄罗斯转型期人口下降3.6%，恢复期长达7年。

联合国给出的人口数据更令人震惊。1989年到2016年的27年间，东欧人口从3.83亿人下降到2.93亿人，人口减少了8920万，即1989年人口总数的23%。同期，西欧人口只增加了1847万。1970年到1997年的27年间，西欧人口增长了1.097倍。如果保持同样的人口增长率，西欧1989年后增加的人口，到2016年应当到1.93亿，实际上却有1.94亿人。如此，可能源于移民的只有100万人。所以，剔除移民等其他因素，东欧转型 27 年间“非正常减员”的人口数，估计至少有 8000 万人，即 21%。人口减少的原因可能是老弱者死亡、年轻人推迟婚姻和生育等。

（三）各国经济增长速度比较（1978–2016）

表 7　世界史上的人口降升与恢复周期的比较

国家	年代	R/%	L/年	年代	R/%	L/年	年代	R/%	L/年
中国	1840–70	86.9	36	1960–61	99.0	2			
印度	1946–47	83.3	11						
土耳其	1913–23	92.5	7						
柬埔寨	1974–79	88.5	5						
利比亚	2010–11	94.4	3						
美国*	1600–1700	66.7	?						
日本**	1944–45	98.8	1	2007–16	98.8	9?			
德国	1915–19	91.4	25	1942–46	91.3	11	2004–11	98.8	5
法国	1913–18	93	12	1938–44	92.7	6			
英国	1917–19	99.8	1	1920–21	94.1	14	1949–50	99.2	2
意大利	1916–19	97.7	4	2014–16	99.9	?			
西班牙	2012–14	99.3	4?						

续表

国家	年代	R/%	L/年	年代	R/%	L/年	年代	R/%	L/年
葡萄牙	2010-16	97.7	6?						
希腊	1913-26	99.1	1	2010-16	96.7	6?			

数据来源：Maddison Project Database（2018）。降低比例 R（%）是指峰谷和峰顶的人口比值。恢复期长度 L 是指走出峰谷，恢复峰值所需的年份。

*美国印第安人现有的人口仅占美国人口的1%。美国1820年后人口的大幅增加，主要来自移民，而非本地居民的人口增长。

**日本的恢复期：9?，是说到2016年（数据截止期）还未恢复，持续时间将长于现有的9年。后面的?号表示人口下降目前还在继续。(下表同)

表8　转型经济的人口降升

国家	年代	R/%	L/年	年代	R/%	L/年	年代	R/%	L/年
波兰	1913-20	89.7	3	1939-47	75.7	19	1998-2016	99.6	18?
匈牙利	1944-45	95	7	1981-2016	91.7	35?			
罗马尼亚	1990-2016	94.5	16?						
保加利亚	1989-2016	79.5	27?						
捷克	1988-2003	98.6	5						
阿尔巴尼亚	1990-2009	91.9	9?						
苏联	1920-22	98.6	2	1940-46	88.7	16	1993-2008	97.4	8
俄罗斯	1993-2008	96.4	7						

续表

国家	年代	R/%	L/年	年代	R/%	L/年	年代	R/%	L/年
乌克兰	1993-2016	85.2	23?						
白俄罗斯	1993-2016	93.4	23?						
哈萨克斯坦	1992-2000	92.5	10						
爱沙尼亚	1989-2016	81.9	29?						
拉脱维亚	1989-2016	73.5	29?						
立陶宛	1990-2016	77.6	28?						
前南斯拉夫	1913-20	91.4	7	1991-2016	94.5	25?			

数据来源：Maddison Project Database（2018）。R（%）是峰谷和峰顶的人口比值。恢复期长度L单位为年 。

表9 各国真实GDP的年平均增长速度（1978-2016）

	中国	印度	巴西	土耳其	美国	日本	英国	德国	法国
增长率（%）	9.6	6.0	2.5	4.3	2.6	2.1	2.2	1.8	1.8

数据来源：联合国统计局，单位2010的美元 。

表10 各国经济衰退幅度和恢复期的比较（1970-2016）

项目	中国	韩国	印度	巴西	土耳其	俄罗斯	美国	日本	英国	德国	法国
时间	1976	1980	1979	1983	1980	1998	1975	1974	1975	1975	2009
R/%	98.4	98.2	95.0	93.7	96.9	57.4	99.3	98.7	96.1	99.1	97.1

续表

项目	中国	韩国	印度	巴西	土耳其	俄罗斯	美国	日本	英国	德国	法国
L/年	1	1	1	2	1	9	1	1	2	1	2
时间		1998		1990	1994		1982	1999	1981	1993	
R/%		94.5		95.7	94.5		98.0	98.6	97.2	99.0	
L/年		1		3	1		1	1	2	1	
时间				2009	2001		2009	2009	1991	2003	
R/%				99.9	94.1		96.9	93.5	98.9	99.2	
L					1		2	4	2	1	
时间					2009				2009	2009	
R/%					95.3				95.4	94.4	
L/年					1				4	2	

数据来源：联合国统计局（2018）的最新数据只截止到2016年。

从表7可见，近半个世纪以来，各大国经济衰退幅度最大的是苏联及其继承者俄罗斯，休克疗法使其经济下降达43%，恢复期长达9年。经济衰退超过5%的有6次，按衰退深度排序，分别是日本2009年的衰退6.5%，巴西1983年债务危机的衰退6.3%，土耳其2001年的衰退5.9%，德国2009年的衰退5.6%，韩国1998年的亚洲金融危机衰退5.5%，印度1975年的衰退5%。值得注意的是，2008年金融危机的源头美国只下降了3.1%，下降较少的可能原因是美国的金融霸权使其得以对外转嫁危机。中国1976年的衰退只有1.6%，远低于英国自由化改革导致的1975年和1981年的两次衰退（-3.9%、-2.8%）。由此可见，中国管理宏观经济稳定的有效性，不仅远高于拉美和东欧，而且优于东亚和西欧国家，包括日本、韩国和德国。

如果考虑中国经济持续高增长的规模和幅度，可以毫不夸张地说，中国经济的高速和稳定发展是现代化进程中的奇迹，超越了西方和东亚的工业化模式。这是本文研究的前期观察基础。中国经济学家过去对新中国前28年的发展成就估计不足，对中国学习现代化过程中的代价估计过高，包括对三年困难时期人口减员影响的估计以及"文革"经济损失的估计，都没有考虑国际比较的历史而言过其实。

中国经济学家过去对新中国前28年的发展成就估计不足，对中国学习现代化过程中的代价估计过高，包括对三年困难时期人口减员影响的估计以及"文革"经济损失的估计，都没有考虑国际比较的历史而言过其实。

对此，西方主流经济学没有能力破解西方经济的困境。我们下面就来分析，哪些经济学理论无法理解中国经济的复兴和西方经济的衰落。

二、中国经济的发展颠覆了西方主流经济学理论的预言

新中国前28年和后38年的经济增长，加上中国发展出原子弹、导弹、核潜艇、载人空间飞船、北斗卫星导航系统、高铁、全球先进的电网、核反应堆、高速计算机以及高产优质粮食品种等成就，远远超过了北约扶持下的土耳其，依赖美国经济的亚洲小龙和拉美、非洲的大国，如巴西、墨西哥、南非等。只有个别中小国家，如几千万人口的韩国和几百万人口的新加坡，可以在少数领域取得骄人成就，但是和日本、德国等依赖美国的大国一样，没有中国这样独立自主的科学、工业和国防体系，也就没有类似中国央行制定的这样独立自主的货币政策。

下面具体讨论中国道路的发展历史挑战了哪些经济学的流行理论 。[8]

（一）新古典经济学的增长理论

包括索洛的外生增长论[9]和罗默的内生增长论[10]在内，新古典经济学的增长理论都无法解释现代化过

程中大国兴衰的历史。[11] 理由很简单，索洛外生增长理论假设规模报酬不变或递减，推论是经济增长速度必然趋同；罗默内生增长理论假设知识资本的规模报酬递增，推论是先进与后进国家的差距必然发散，这和世界史上大国兴衰的事实相矛盾。我们观察到的技术革命史都有生命周期，其规模经济从发育期的规模报酬递增，到成熟期的规模报酬不变，再到衰老期的规模报酬递减以至衰亡，是技术竞争中必然出现的优胜劣汰的自然选择过程。因此，才有历史上观察到的后起国家的后来居上。

> 我们观察到的技术革命史都有生命周期，其规模经济从发育期的规模报酬递增，到成熟期的规模报酬不变，再到衰老期的规模报酬递减以至衰亡，是技术竞争中必然出现的优胜劣汰的自然选择过程。

从方法论上看，新古典经济学的线性模型是没有历史观的优化模型的。技术革命有巨大的不确定性，不可能进行优化设计。我们提出的代谢增长论，依据生态学的物种竞争模型（数学表达是非线性动力学模型和小波表象）取代索洛模型（用噪声驱动来描写技术创新），如此才能兼顾经济增长理论的长期非线性趋势和经济周期的中期结构演变，否定新古典经济学用短期随机游走模型夸大“看不见的手”在经济增长中的作用。所谓的索洛剩余（Solow residual）只是经济增长未知因素（或黑箱）的代名词，和技术创新没有可观测的关系。新古典经济学的计量增长模型一向无力解释世界经济的大历史，包括殖民主义、世界大战和军备竞赛对当代经济社会的最大影响。

（二）交易成本理论和新制度经济学

新制度经济学试图取代马克思的历史唯物主义来解释资本主义的起源和国家贫富差距的原因。影响最大的当数科斯（Ronald H. Coase）的交易成本理论[12]以及依据交易成本理论发展的新制度经济学。[13]交易成本理论的核心是用市场交易取代政府监管，以及否认经济组织的成长是消耗能量而非节省能量的生物过程。[14]诺思（Douglas C. North）后来也发现，美国从1870年到1970年的交易成本在GDP中的比例从25%增加到50%。[15]美国制造业外移到中国的一个重要原因是美国的交易成本太高。私有化并没有节约所谓的交易成本，包括营销成本和诉讼成本。从中国改革的经验可以发现：政府监管和市场投机是一个竞争过程。

美国制造业外移到中国的一个重要原因是美国的交易成本太高。私有化并没有节约所谓的交易成本，包括营销成本和诉讼成本。

放松监管可能促进竞争，也可能增加漏洞引发更多破坏性的投机。[16]科技发展也会相应增加对监管的需求，以促进建设性的合作。单靠“看不见的手”不能保证市场的健康发展。

20世纪50年代，西方最看好的亚洲国家应当是菲律宾。因为在两千万人口以上的中等国家中，菲律宾的资源、海运条件最好，人均GDP比韩国、泰国、印度尼西亚、印度等国都高，又是美国的前殖民地，完全照搬美国法律，英文和教育普及，保护私人产权，经济政策是标准的“看不见的手”，所以亚行也设在菲律宾的首都马尼拉。然而，几十年过去后，亚洲四小龙不仅远超菲律宾，而且人均 GDP 也增加到菲律宾的数倍；人均 GDP 在 1950 年不及菲律宾一半的中国，如今人均 GDP 几乎是菲律宾的两倍。对此，一个重要的原因是菲律宾没有搞过土地改革，所以大地主家族垄断经济和政治资源。中国和亚洲四小龙都在不同程度上推行了土改和产业政策，才会比菲律宾有更高的经济增长率。内生增长论片面强调知识和教育的重要性，没有强调知识的更新换代。菲律宾的技术升级落后，经济政策的观念落伍。新制度经济学强调保护私有产权，却不区分鼓励创新还是保护收租的私有产权。[17] 在南亚和拉美，受保护的是私人大地主和外国公司寡头的产权，而不是中小企业和农民的产权，所以才会导致巨大的贫富分化和经济发展停滞。

中国和亚洲四小龙都在不同程度上推行了土改和产业政策，才会比菲律宾有更高的经济增长率。

（三）新自由主义和华盛顿共识

20 世纪 70 年代发生了石油危机和美元与黄金的脱钩，80 年代美国出现了高通胀和高失业并存的滞胀现象，引发了卢卡斯（Robert E. Lucas, Jr.）发起的反凯恩斯革命，其理论依据是所谓的微观基础论和理性预期论，[18] 其方法论的核心是宏观经济学的动态一般均衡理论。卢卡斯否认西方宏观经济学观察到的经济周期是内生不稳定性造成的，他认为大萧条也是工人的理性选择，即工资水平下降时，工人会选择休假而非工作，所以无需政府干预。他看不到金融巨头引发的投资波动的幅度远大于家庭消费波动的幅度。[19] 弗里德曼（Milton Friedman）更是鼓吹市场自由化可以解决一切西方的社会问题，[20] 包括经济危机和社会问题，例如失业、通胀、贫困、婚姻、教育、吸毒、犯罪等等，他认为市场竞争会自动稳定市场经济，而没有看到投机竞争会放大市场的不稳定性。[21] 弗里德曼亲自出马，为深陷债务危机的拉美国家政府献策，后来被西方国际机构总结为“华盛顿共识”，[22] 其先后在拉美和东欧国家推行，又被称之为“休克疗法”。[23] 该理论的推行在拉美造成了严重的债务危机和金融危机，在东欧和俄罗斯造成长达一二十年的转型萧条，按 GDP 计算的经济损失超过两次世界大战。乌克兰等国至今尚未摆脱经济和人口持续下滑的趋势。历史经验证明，经济政策的调整和经济结构的演变是非线性的延时过程，调节时间可能长达几年到几十年。一般均衡理论假设市场调节的速度极快、代价极小，这完全没有理论和实践的依据，只是黑板经济学的纸上谈兵。

以芝加哥学派为代表的新自由主义经济学的问题，是对市场经济发展内生矛盾和历史条件的否定。[24] 其核心政策是只考虑资本自由运作的空间，无视民众的利益和后果，也不理解西方发达国家和发展中国家不同发展阶段有不同的结构性问题，而采用一刀切的“私有化”和“自由化”的方案。分别由撒切尔夫人和里根总统在英美主导的自由化只造成了短期的繁荣，但是导致了英美经济脱实向虚的结果和西方衰落的长期后果，而华盛顿共识在拉美和休克疗法在东欧推行的自由化也遭遇到意想不到的挫折。例如，英国铁路的私有化降低而非提高了铁路的效率，因为私营的铁路公司各管一段，破坏了铁路的网络效应。里根同时减税和扩军，导致财政赤字和大量负债，使金融资本主义架空军火工业集团主导的实体经济，直接埋下 2008 年金融危机的定时炸弹。金融寡头主导的拉美经济，在油价高涨时过度借债，在油价大跌时又陷入债务危机，对民生造成了严重影响。

值得注意的是，新自由主义的经济政策对发达国家和发展中国家采取双重标准。例如，国际货币基金组织（IMF）对拉美、东亚和东欧国家的危机援助，都采取所谓的“硬约束”：在金融危机发生时，要求发展

新自由主义的经济政策对发达国家和发展中国家采取双重标准。

中国家保护外国债权人而非本国企业和人民的利益，即要求政府削减开支、提高利率、汇率贬值以及金融自由化。这使外国金融资本可以廉价收购发展中国家的核心企业，包括韩国这样已经进入高收入行业的亚洲小龙。东亚金融危机前，韩国排名前十的大企业，外国资本拥有的股份不到百分之五，而金融危机后则超过百分之五十。在2008年的金融危机中，美欧日采用的量化宽松政策，则大规模推行保护垄断资本的"软约束"，与IMF的传统方针背道而驰、政府加大财政赤字，降低利率，央行购入巨量垄断企业的坏债和股权，以避免金融寡头和核心产业，如美国的三大汽车公司破产，阻止外国资本收购核心企业和高科技企业，同时炒高股票市场并捍卫汇率，让投机资本大规模冲击新兴市场，转嫁金融危机的损失。西方主流经济学的双重标准，值得发展中国家的经济学家和政府高度警惕。推行新自由主义的国家，都出现了巨大的贫富分化，包括中产阶级萎缩、社会过半的财富向百分之一的人口集中，造成了日益加剧的社会动荡。

推行新自由主义的国家，都出现了巨大的贫富分化，包括中产阶级萎缩，社会过半的财富向百分之一的人口集中，造成了日益加剧的社会动荡。

三、中国文明的复兴和经济学理论的检验

中国文明的复兴对经济学理论的基础提出了新的挑战，包括以亚当·斯密（Adam Smith）为代表的古典经济学和马克思开创的历史唯物主义与政治经济学。[25] 斯密的国富论片面强调市场对劳动分工的作用，低估了分工带来的规模经济产生的市场不稳定性，以及政府在协调市场分工上的关键作用。马克思没有看到亚细亚生产方式和西欧模式的不同，中国和印度现代化的道路也不同。中国文明的复兴突破了几派西方经济学的预言，我们需要重新考虑和发展经济学的理论基础。

中国文明的复兴对经济学理论的基础提出了新的挑战，包括以亚当·斯密为代表的古典经济学和马克思开创的历史唯物主义与政治经济学。

（一）亚当·斯密理论的局限和矛盾

亚当·斯密的《国富论》在1776年发表时，英国还处在工业革命初期。斯密只注意到工场手工业的分工模式只需要小政府，没有预见到铁路出现后，协调国际和国内的劳动分工远非“看不见的手”可以企及。这其中包含了深刻的内在矛盾，也隐藏了我们发展新经济学的理论基础。斯密公认的贡献是提出劳动分工

提高了生产效率，同时他也承认“分工受限于市场规模”。[26] 这被斯蒂格勒（George Joseph Stigler）称为“斯密定理”[27]。斯密定理有两个严重后果，却完全被当代的新古典经济学忽视。第一，市场份额的限制首先源于自然资源的限制，这是非线性理论生态学的基础。它为马尔萨斯的人口论和达尔文的生物演化论开辟了道路。其理论含义是演化经济学否定无视资源限制的人性自私假设，也否定新古典经济学的消费驱动经济增长的观念，因为在生态资源上不可持续。第二，市场规模竞争意味着规模报酬递增和多均衡态的存在。这就挑战了新古典经济学的一般均衡理论和有效市场假设。因为规模经济不存在唯一稳定的均衡解。多均衡态产生系统内生不稳定性，必然要求政府在出现危机时进行干预。[28]

更为严重的是，斯密的两个错误猜测误导了西方的古典经济学。第一个错误是斯密认为市场交易会自动导致贸易平衡，不用政府干预。他在《国富论》第四卷第二章里举了个案例，说的是海上马车夫荷兰人从东欧的哥尼斯堡运了一船粮食到西欧的葡萄牙去卖，返程的船会装上葡萄牙的水果和葡萄酒，运回东部去卖。这样，贸易这只“看不见的手”就可以自动实现贸易平衡。斯密的错误在于忽略不同货物的重量、体积和单价不一样，往返贸易实现的总价值不一定相等，这也是美国要和欧洲、日本以及中国打贸易战的原因。当年英国为了扭转从18世纪开始的对中国的茶叶贸易逆差，中间发动了两次鸦片战争不够，还得加上在印度种茶和修铁路运茶，持续了170年才得以在20世纪初逆转。[29] 美国贸易逆差从1971年到现在，进行了多少次贸易战，还逼日本签署广场协议，依然没有解决贸易不平衡的问题。亚当·斯密的错误在于，他的市场是原子论，而非网络和层级论的世界观，形成的原因是国际分工的格局在资源、交通和技术条件上都不是平等的交易关系。

第二个错误是分工不能保证国富。斯密的问题是他自己不知道财富是什么。因为在市场规模竞争下的定价权不是平等的。斯密不得不承认霍布斯（Thomas Hobbes）的话，“财富就是权势”（Wealth is power）。在西方的殖民主义史上，垄断海运的暴利加上先进的军事技术，可以供养强大的海军，侵占海外殖民地，抢劫其他国家的财富。西方列强的兴衰史是列强“看得见的手”的争霸史。“自由贸易”只是强国打开弱国市场的口号，一旦强国自己的竞争力下降，就会转而采用贸易保护主义。这已被目前的贸易战证实。

西方列强的兴衰史是列强“看得见的手”的争霸史。“自由贸易”只是强国打开弱国市场的口号，一旦强国自己的竞争力下降，就会转而采用贸易保护主义。这已被目前的贸易战证实。

所以，我们必须发展新的劳动分工理论和非均衡竞争下的经济学，同时关注科技、经济、政治、军事和金融之间的关系。不存在新古典经济学所宣称的纯粹的经济行为。

（二）马克思经济学的发展必须总结中国经验

马克思的历史唯物主义揭示了人类社会发展的一般规律。马克思的政治经济学深刻揭示了资本主义社会的内部矛盾，预言了社会主义将会取代资本主义，产生世界性的社会主义运动。历史上没有任何社会科学理论能产生如此巨大的社会效果。马克思主义对中国革命和建设的影响是巨大的。

我们应当总结当代的新经验，发展马克思经济学，回答当代中国与世界的新问题。

因为马克思本人没有看到苏联和中国的革命建设，所以马克思经济学不足以回答中国革命和建设的新问题。中国实践的经验突破了以西欧经验为基础的马克思经济学。我们应当总结当代的新经验，发展马克思经济学，回答当代中国与世界的新问题。有三个新问题值得马克思经济学研究。

第一，生产力和生产关系之间的辩证相互作用。马克思原来的设想是，生产关系的变革应当发生在生产力先进的地方。当时马克思认为生产力水平较高的是英国，后来寄希望于德国。他没有想到的是，革命先发生在半资本主义的俄国，之后是还处于小农经济的中国。苏联和中国的革命经验表明，科技革命引发的国际分工的发展是非均衡的。科技先进的资本主义国家可以剥削发展中国家来赎买发达国家的工人阶级，阻止革命和改革的发生。所以，社会主义革命首先会爆发在国家资本主义的边缘区，而非核心区。列宁预测社会主义革命可以在一国首先胜利，毛泽东提出农村包围城市，均突破了马克思的预言。苏联和中国的经验证明，革命和建设都需要发挥政党、领袖和干部的领导作用。生产资料的公有制不能自动保证社会主义经济的发展和政治的稳定。毛泽东认识到，社会主义也有发生和平演变的可能性。生产力和生产关系之间，有复杂而非单向的因果关系。

第二，社会主义和资本主义的竞争，不仅发生在经济分配领域，也会发生在科技创新领域。如果片面强调分配公平，片面强调计划经济，会忽视科技创新的不确定性和经济发展的多样性，这一缺陷一度使苏联模式的社会主义经济落后于西方的资本主义经济。中国改革开放条件下发展的混合经济，必须兼顾马克思经济学的按劳分配、西方经济学的流通效率以及熊彼特经济学的创新机制。否则，不能兼顾社会稳定、经济繁荣和科技创新，也就不能保障中国特色社会主义的国际竞争力。

第三，苏联解体、东欧剧变让人们看到，一些社会主义国家在转型时期低估了文化、宗教的影响，被西方的颜色革命钻了空子。富裕起来的中国社会，如果不重视精神文明和基层社区的建设，任由西方私有产权膨胀的高消费主导，中国面临的挑战不是什么“中等收入陷阱”，而是西方的“高收入陷阱”，包括经济的脱实向虚，社会老龄化和依靠外劳，染上富贵病“富不过三代”，如此等等。要想实现中国的可持续增长，必须研究和发扬中华人优秀的传统文化，发展多样和健康的生活方式。政治经济学应当和文化经济学一并合作研究。

四、从代谢经济学的新视角理解中国道路的发展经验

我们准备把解释中国复兴的“代谢增长论”发展为更一般的“代谢经济学”，以实现毛泽东的非均衡发展理念和邓小平科学技术是第一生产力的思想，并整合各派经济学的成就。具体思路如下：

（一）自主型的开放和双轨制的改革

将中国改革开放的经验描写为“市场化改革”和“对美国开放”是简单片面的，它不能说明为什么拉美、东欧的对美国开放和自由化改革遭遇了重大挫折，而只有中国的改革开放取得了出乎西方预料的成果。真正的原因在于，中国是自主型开放，东欧是单方面开放，而拉美是依赖型开放。中国改革开放的进程始终依据中国发展的实际，推行的是渐进自主开放。开放的时间、范围和速度取决于中国经济实际的需要和竞争力。中国首先开放少数经济特区，引进国外资本、技术和管理经验，同时让特区内的中国企业和地方政府在与外国公司的竞争与合作过程中学习和提升中国的技术和管理经验，培养自己的人才。这给中国企业和政府带来了宝贵的学习机遇和调整空间。以家电产业为例，中国迅速引进日本的生产线和中国香港、台湾地区的营销渠道，从进口日美产品到迅速打入国际市场，中国的对外贸易也从逆差转为顺差，再实现人民币双轨制的并轨，取消外汇兑换券。在调整过程中，中国经济始终保持高增长。而东欧采取的是片面对西方开放，但西方没有取消贸易壁垒，这导致巨额贸易逆差，货币大幅贬值，企业大量倒闭，核心国企被跨

真正的原因在于，中国是自主型开放，东欧是单方面开放，而拉美是依赖型开放。

国公司廉价收购。拉美是在国有和民族企业缺乏竞争力的情况下对美国资本的开放，被跨国资本控制了本国的自然资源和金融市场。即使技术先进的德国和日本，也因为没有摆脱对美国的依赖，在2008年经济危机中蒙受了比美国还严重的经济损失。有上述前车之鉴，加上美国一直没有解除对中国的高科技禁运，所以如果只片面强调对西方资本开放，而低估中国独立自主的科学技术体系和经济政策，就无法理解中国道路的自主性。换言之，经济体系的开放只是发展经济和科技的必要条件，但不是充分条件。历史上，对西方的经济开放带来的经济政治风险，包括国际资本对民族资本的兼并和压制，以及分离和瓦解中国的政治经济体制的可能乃至战争的风险，都必须保持警惕。因为斯密自己承认，国家财富是一种权势，必须依靠科技、军事、金融和政治的强权来保卫。单纯依靠经济分工，不可能掌握国际市场的定价权和控制权。中国的开放能够自主，关键在于坚持实行国有经济、集体经济和私有经济、国际资本的双轨制，实行混合经济但依然坚持国有经济的主导权。即使是英国和美国这样的老牌资本主义国家，也都在实行不同形式的双轨制，不存在新制度经济学鼓吹的纯粹的私有制。

（二）中国的竞争优势在规模经济和产业集群

美国总统特朗普发动的中美“贸易战”，凸显了西方经济学的自相矛盾，说明经济复杂性研究的重要性。中国在2001年加入世界贸易组织时，许多西方和中国的主流经济学家都认为，中国的三大产业，包括金融、汽车和农业，必败无疑。理由是，中国金融业的坏账率高，产权不清，银行对国企是“软约束”，汽车业的技术落后西方近半个世纪，农业的规模经营和生产技术与西方的差距更大。但是，十几年之后，中国的四大国有银行排名居世界前十名之首，超过美国的银行巨头。汽车产量和销售量世界第一，与西方的技术差距迅速缩短。农业不仅产量世界第一，品种数量也是世界第一，中国人餐桌上食品越来越丰富。此外，中国大量的小商品和机电产品价廉物美，畅销世界，严重打击了美欧产品传统的垄断地位。西方经济学家无法消解中国商品的国际竞争力，只好求助于反倾销法，不给中国市场经济地位。其经济学理论完全自相矛盾。

西方经济学家无法消解中国商品的国际竞争力，只好求助于反倾销法，不给中国市场经济地位。其经济学理论完全自相矛盾。

如果西方经济学能自圆其说，私有经济效率高于国有经济或混合经济的假设成立，则中国的“非市场经济地位”只会在国际竞争中失败，怎么可能打败美欧企业？其实西方媒体经过调查已经发现，中国商品的竞争力在于规模经济，因为大批量生产可以降低企业的平均成本。这证实了斯密定理的观察，即规模经济在国际劳动分工的竞争中具有决定性的优势。这就否定了新古典经济学的基本假设，即市场优化的条件是只存在规模报酬递减和规模报酬不变。但是在规模报酬递增的条件下，市场这只看不见的手就无法自动保持市场稳定性，包括国际贸易的自动平衡。

经济复杂性的研究表明：规模报酬递增是类似硅谷那样典型的非均衡集聚过程。[30] 美国市值超万亿美元的苹果手机只能在美国研发，但是必须在中国生产，因为中国珠江三角洲和长江三角洲的产业集群有高效的零部件配套能力。

值得注意的是，如果新古典经济学的比较优势理论成立，则中国在资源优势上不如东欧和拉美，在劳工成本和私有产权保护上不如印度和南亚，在资本和技术输入上不及多数发展中国家。然而古老文明中唯有中国能够复兴，一个最基本的原因是，中国保持了两千多年的中央集权制度和文化的统一。这一点使中国按购买力平价计算的 GDP 和欧盟、美国相当，但是人口规模高于发达国家之和。这一点使中国的基础建设，包括电网、互联网和高铁的规模效应高于美欧日等发达大国，而中国执政党的长期规划和全国协作能

古老文明中唯有中国能够复兴，一个最基本的原因是，中国保持了两千多年的中央集权制度和文化的统一。

力远高于联邦制的美国和邦联制的欧盟，西方议会制国家高铁选线和征地的困难尤其如此。发展基于规模经济的复杂经济学是我们从 20 世纪 80 年代经济混沌研究开始的原创贡献。[31]

（三）技术竞争的学习能力是比资本更重要的决定因素

古典经济学和政治经济学都把资本的原始积累作为现代化和工业化的起点。中国是后起的发展中国家，没有英国、法国、俄罗斯、美国和日本以殖民扩张积累原始资本的可能；中国的人均自然资源又在世界平均水平之下；国民教育素质和人均 GDP 也不如东欧和中东国家。按照新古典经济学的土地、劳动力和资本的三要素理论，加上西方国家在资本和技术输出上对中国的限制等不利条件，在 2000 年之前，没有任何西方主流经济学家预言中国经济会崛起。

按照新古典经济学的土地、劳动力和资本的三要素理论，加上西方国家在资本和技术输出上对中国的限制等不利条件，在 2000 年之前，没有任何西方主流经济学家预言中国经济会崛起。

只有我们在 1987 年提出的劳动分工模型引入了技术竞争的学习能力和文化因素，发现了后起的集体主义文化。如 20 世纪 70 年代的日本和 80 年代以后的中国，如果人均消耗资源比西方的个人主义文化节省资源，同时学习新技术的速度超越西方，则有可能在经济竞争中获胜。我们同时发现，集体主义经济的稳定性也优于个人主义经济。这一结论在 1987 年复杂系统的国际研讨会上引起演化生态学家和军备竞赛研究者的注意，[32] 2014 年则以“代谢增长论”的新视角赢得熊彼特经济学家和演化经济学家的认同，成为我们发展“代谢经济学”的理论基础。

（四）产业生命周期的四阶段论和政府作用的相应演变

政府和市场的关系是西方经济学没有解决的问题。西方经济学对“东亚模式”和“中国模式”质疑的一个焦点，就是政府的产业政策是否需要和是否有效。美国总统特朗普发动的中美“贸易战”的一个核心问题，就是攻击中国制造 2025 的产业政策威胁到美国的优势地位。这从反面证明了中国目前的产业政策比日本 20 世纪 70 年代的产业政策更能削弱美国竞争力。

古典经济学、新古典经济学和奥地利学派都主张小政府甚至无政府，所以他们都无法解释西方列强的军备扩张。凯恩斯经济学只重视从财政和货币政策的角度调节宏观经济的波动，但是没有讨论科技创新对经济发展的影响，也就没有注意军备扩张推动的产业，如核能、航天、计算机、互联网、GPS 等，不是单靠“看不见的手”或央行加财政部的干预就可以产生的。

原因在于，新古典微观经济学和新制度经济学都假设企业寿命无限，没有技术和产业的新陈代谢，所以无需政府干预。

代谢增长论把生命小波引入产业的新陈代谢过程，可将其区分为发育期—生长期—成熟期—衰老期等四个阶段，[33] 这有助于理解政府在产业发展不同阶段的不同作用。

在发育期，技术发展的不确定性很大，只有政府研究机构和非营利的大学能够投入基础研究。在生长期，基础研发进入应用阶段，企业竞争使市场迅速扩大，实现了规模递增，此时多种所有制的市场竞争起主导作用。政府监管的作用是及时制定技术标准，同时防止出现经济过热。

在成熟期，规模报酬不变，新古典经济学的研究主要针对这一阶段。政府的反垄断法有助于防止成熟产业的既得利益形成垄断，阻碍新技术的进入。

在衰老期，规模报酬递减的结果可能不是趋于均衡，而是走向衰亡。政府需要帮助夕阳企业转型，包括给失业工人提供救助和技术再教育等等。

中国政府在这四个阶段的发展经验，都值得东欧和其他发展中国家借鉴。在代谢增长论的框架之下，我们解决了在混合经济的条件下市场和政府的兼容问题以及产业政策的作用问题。

考虑到各国工业革命的经验，我们没有理由认为私有产权优于混合产权。关于产业发育期的基础研究，显然是非营利机构占主导地位。在成长期和成熟期，混合经济也可以兼顾民营经济的灵活性、集体经济的稳定性和国有企业的攻坚力。中国经济改革开放期间的高增长和低动荡显示了混合经济比单纯私有经济具有更大的优越性。

“

中国经济改革开放期间的高增长和低动荡显示了混合经济比单纯私有经济具有更大的优越性。

（五）理解市场功能的三个维度，发展经济学的统一理论

中国特色的社会主义经济制度显然不同于苏联的计划经济，也不同于西方的市场经济，这曾引起国内外经济学家的不少误解。虽然中国在发展过程中让几亿人口摆脱了贫困，但是中国社会依然与西方的福利社会有着巨大差距。有人认为中国是国家资本主义或重商主义，还有人则认为中国是专制集权主义。他们看不到中国的国有企业及官员的选拔都面临着比西方跨国公司和议会民主更激烈的竞争淘汰过程。中国在兼顾发展和民生方面的成就瞩目。

有人认为中国是国家资本主义或重商主义，还有人则认为中国是专制集权主义。他们看不到中国的国有企业及官员的选拔都面临着比西方跨国公司和议会民主更激烈的竞争淘汰过程。中国在兼顾发展和民生方面的成就瞩目。

为了澄清经济学的理论混乱，理解中国混合经济的复杂性和多样性，我们认为市场经济的功能有三个维度，即交易、分配和竞争。新古典经济学只考虑市场的交易功能，马克思经济学强调生产资料所有权决定的分配功能，熊彼特经济学强调新旧产业的竞争功能。而邓小平的改革开放政策需要我们同时兼顾市场的交易、分配和竞争功能，如此才能在发展过程中正确处理三者的关系。日益发展的国际劳动分工，要求日益紧密的社会协作，包括国家间的协调。单靠市场交易不可能稳定国际分工市场，解决社会分化的矛盾冲突。

新古典经济学的一个简单概念，即线性交叉的需求和供给曲线产生唯一稳定的市场均衡（见图1）。因为消费者喜欢价廉量多，而生产者喜欢价高量多。由此推理认为，人性是自私的。

新古典经济学的线性需求曲线DD（斜率为负）和线性供给曲线SS（斜率为正），只有一个均衡交点。

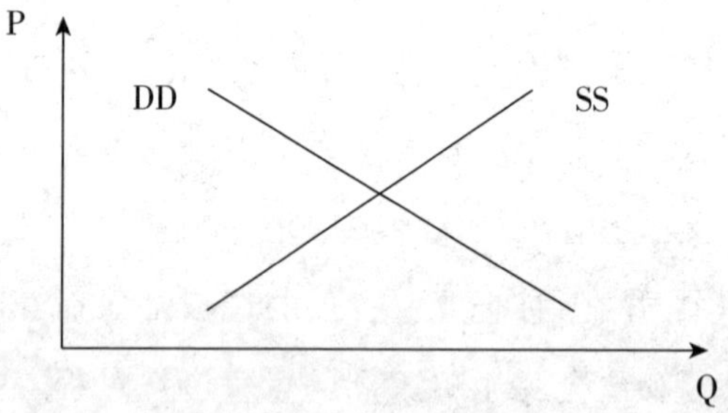

图1　各国经济衰退幅度和恢复期的比较（1970-2016）/%

图1描绘的是新古典经济学构造的理想市场。因

为线性的需求曲线 DD 和供给曲线 SS 只有一个交点，即唯一稳定的均衡态，代表市场可以自动平衡。没有经济周期和经济危机的可能，当然就无需政府干预。

与新古典经济学的线性供求曲线不同，经济复杂性研究引进有限的资源约束，得到非线性的供求曲线，市场行为就复杂得多（见图 2）。

（a）行为经济学的 S 形需求曲线 DD(Becker,1991)。同一价格水平线 ABC 可以产生三个交点，其中左右两个均衡 A 和 C 是亚稳的，中间的 B 是不稳的。这里描写的是从众行为的不稳定性。从冷门 A 到热门 C 的跃变，或反向行为，都是难以预测的。

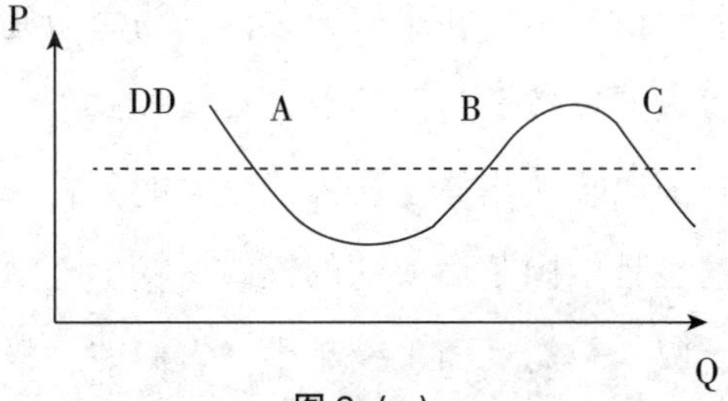

图 2（a）

（b）信息经济学 Z 形效率工资供给曲线 (Stiglitz,1976)。小康区 BC 斜率为正，多薪多劳。贫困区 AB 低于生存限 B，斜率为负，越穷越干。富裕区 CD 高于饱和限，斜率为负，高薪少劳。转而追求非物质享受。

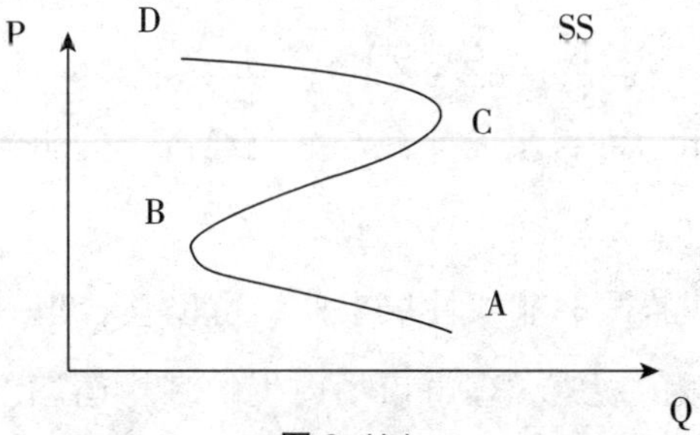

图 2（b）

图 2　非线性的供求曲线和多均衡态

图 2（a）给出行为经济学的 S 形需求曲线描写从

众行为。市场可能在冷门和热门的两个亚稳态之间大涨大落[34]，金融市场也有类似行为。（b）图是信息经济学描写的效率工资，产生 Z 形的劳动供给曲线，[35] 可以描写不同工资等级之间激励机制的效果不同。

依据演化经济学的理论，生命过程存在物质的生存下限和饱和上限。所以，劳力的供给曲线是 Z 形，而非正斜率的直线。在小康区之内，物质激励有积极作用，可以实行按劳付酬的混合经济模式。生存线以下，是抱团取暖的集体主义模式，才能牺牲小我拯救大我。这也是中国革命成功的模式。在生存区的饱和线以上，收入越高反而工作越少，人们的积极性不是来自物质奖励，而是兴趣爱好。这是我们在若干北欧国家已经观察到的经济模式，将来可以成为走向共产主义的创新社区。高科技时代的信息分享、开源代码、免费资讯和可再生的能源与绿色经济，可能会创造新的经济社会模式。

在小康区之内，物质激励有积极作用，可以实行按劳付酬的混合经济模式。生存线以下，是抱团取暖的集体主义模式，才能牺牲小我拯救大我。这也是中国革命成功的模式。在生存区的饱和线以上，收入越高反而工作越少，人们的积极性不是来自物质奖励，而是兴趣爱好。

这里描写的非线性供求曲线可以整合现有经济学不同学派的观察，理解市场内生的多均衡态、不稳定性以及物质和精神的多种激励机制。中国特色的社会主义可能在国有、集体和民营的多种所有制下，兼顾市场的稳定和创新。

结论

如果用从毛泽东、邓小平直到习近平等中国领导人的思想来总结中国发展的道路，总结出一个中国的经济发展理论，就必须做出比对，从头检验从斯密开始的西方经济学。当然，也要发展马克思的经济学并吸收熊彼特的创新经济学。我们的一个初步尝试就是将代谢增长论系统化为代谢经济学，用技术和产业新陈代谢的视角来理解邓小平的“科学技术是第一生产力”。推动中国文明复兴和超常增长的动力，不是资本，而是技术和产业的新陈代谢。资本和劳动力只有与新技术结合才能创造价值。劳动分工只有经过社会协作，才能利用有限的自然资源，实现可持续的经济发展。

推动中国文明复兴和超常增长的动力，不是资本，而是技术和产业的新陈代谢。资本和劳动力只有与新技术结合才能创造价值。劳动分工只有经过社会协作，才能利用有限的自然资源，实现可持续的经济发展。

注释

1. United Nations Statistics Division, National Accounts Main Aggregates Data Base: https://unstats.un.org/unsd/snaama/selbasicFast.asp.

2. Maddison Project Database 2018：https：//www.rug.nl/ggdc/historicaldevelopment/maddison/releases/maddison-project-database-2018.

3. The CIA World Factbook：https：//www.cia.gov/library/publications/the-world-factbook/.

4. Xu Chenggang，"The Fundamental Institutions of China's Reforms and Development"，*Journal of Economic Literature*， 49（4），2011，pp. 1076-1151.

5. 陈平：《中国道路的争议和新古典经济学的迷思》，载《政治经济学评论》2012 年第 3 卷第 2 期，第 39-75 页。

6. Maddison Database 2010：https：//www.rug.nl/ggdc/historicaldevelopment/maddison/releases/maddison-database-2010.

7. 参见文一：《伟大的中国工业革命——"发展政治经济学"一般原理批判纲要》，清华大学出版社 2016 年版。

8. 陈平：《历史作为检验经济学理论的自然实验》，载《政治经济学评论》2016 年第 5 期。

9. Solow，R. M.，"A Contribution to the Theory of Economic Growth"，*Quarterly Journal of Economics*， 70（1），1956，pp. 65-94. ［美］R. 索洛编著：《经济增长论文集》，平新乔译，北京经济学院出版社 1989 年版。

10. Romer，Paul M.，"Increasing Returns and Long - Run Growth"，*Journal of Political Economy*，94（5），1986，pp. 1002-1038.

11. Chen Ping，"Metabolic Growth Theory：Market-Share Competition, Learning Uncertainty, and Technology Wavelets", *Journal of Evolutionary Economics*, 24 (2), 2014, pp. 239-262.

12. Coase, Ronald H., *The Firm, the Market, and the Law*, University of Chicago Press, 1988. [英] 罗纳德·H. 科斯：《企业、市场与法律》，盛洪、陈郁译，格致出版社 2014 年版。

13. North, Douglas C., Institutions, *Institutional Change and Economic Performance*, Cambridge University Press, 1990. [美] 道格拉斯·C. 诺思：《制度、制度变迁与经济绩效》，杭行译，格致出版社 2014 年版。

14. 陈平：《科斯问题和普里戈金视角：来自工业和科学的实践经验》，载《学术界》2014 年第 1 期，第 29-37 页。

15. Wallis, J. J. and D. C. North, "Measuring the Transaction Sector in the American Economy, 1870-1970", pp. 95-148, and "Comments" by Lance E. Davis, pp. 149-161, in Engerman, Stanley L. and Robert E. Gallman eds., *Long-term Factors in American Economic Growth*, *Studies on Income and Wealth*, vol. 51 (National Bureau of Economic Research), University of Chicago Press, 1986.

16. 陈平：《交易成本的复杂性与公司治理的演化》，载《演化与创新经济学评论》2010 年第 1 辑，第 1-12 页。

17. 陈平：《中国道路的本质和中国未来的选择》，载《经济社会体制比较》2012 年第 3 期，第 1-23 页。

18. Lucas, R. E. Jr., *Studies in Business - Cycle Theory*, Cambridge: MIT Press, 1981. ［美］小罗伯特·E. 卢卡斯：《经济周期理论研究》，商务印书馆 2012 年版。

19. 陈平：《宏观涨落的微观基础和概率论的基本规律：大数原理和理性预期下的套利行为》，载陈平：《文明分岔、经济混沌和演化经济动力学》，北京大学出版社 2004 年版，第 3.6 章。

20. Friedman, M., *Free to Choose: A Personal Statement*, Harcourt, 1980.

21. 陈平：《宏观经济动力学和劳动分工的生物学框架：持续经济周期、裂变，与经济稳定性与复杂性之间的消长》，载陈平：《文明分岔、经济混沌和演化经济动力学》，第 3.7 章。

22. Williamson, J., "What Washington Means by Policy Reform?", In John Williamson (ed.), *Latin America Adjustment: How Much Has Happened?*, Washington DC: Institute for International Economics, 1990.

23. Sachs, Jeffrey, *Poland's Jump to the Market Economy*, MA: Cambridge: MIT Press, 1993.

24. 陈平：《从华盛顿共识失败看经济学变革方向》，载《红旗文稿》2005 年第 11 期，第 13–15 页。

25. 陈平：《重新反思中国和西方的历史定位：兼论中国未来的发展战略》，载《中信大讲堂中国道路系列讲座》第 13 期，2016 年 7 月 6 日；《观察者网》，2016 年 7 月 24 日、31 日，

8月7日。

26. Smith, A., *The Wealth of Nations, An Inquiry into the Nature and Causes of the Wealth of Nations*, University of Chicago Press, 1776, 1977. [英] 亚当·斯密:《国富论》,中央编译出版社2011年版,见第1部第1卷第3章的标题。

27. Stigler, G. J., "The Division of Labor is Limited by the Extent of the Market", *Journal of Political Economy*, 59 (3), 1951, pp. 185-193.

28. Chen Ping, *Economic Complexity and Equilibrium Illusion: Essays on Market Instability and Macro Vitality*, London: Routledge, 2010. 陈平:《经济复杂与均衡幻象:关于市场非稳定与宏观生机的论文集》,载《演化与创新经济学评论》2010年第3辑,第16-26页。

29. 参见Kenneth Pomeranz, and Steven Topik, *The World That Trade Created: Society, Culture, and the World Economy, 1400 to the Present*, 2nd Ed., New York: M. E. Sharpe, 2006。[美] 彭慕兰、史蒂夫·托皮克:《贸易打造的世界——社会、文化与世界经济》,黄中宪、吴莉苇译,陕西师范大学出版社2008年版。

30. See Arthur, W. Brain, *Increasing Returns and Path Dependence in the Economy*, MI: Ann Arbor: University of Michigan Press, 1994.

31. See Chen Ping, *Economic Complexity and Equilibrium Illusion: Essays on Market Instability and Macro Vitality*, Chapter

14, London: Routledge, 2010.

32. Chen Ping, "Origin of the Division of Labor and a Stochastic Mechanism of Differentiation", *European Journal of Operational Research*, 30 (3), 1987, pp. 246–250. 陈平：《劳动分工的起源和社会分化的随机模型》，载陈平：《文明分岔、经济混沌和演化经济动力学》，第179–188页。

33. 陈平：《代谢增长论：市场份额竞争，学习不确定性和技术小波》，载《清华政治经济学报》2014年第2卷第1期，第26–52页。

34. Becker, G., "A Note on Restaurant Pricing and Other Examples of Social Influences on Price", *Journal of Political Economy*, 99 (5), 1991, pp. 1106–1116.

35. Stiglitz, J. E., "The Efficient Wage Hypothesis, Surplus Labor, and the Distribution of Income in L. D. C. s", *Oxford Economic Papers*, 28 (2), 1976, pp. 185–207.

人类命运共同体：探索超越“霸权主义”逻辑的全球新秩序

柯贵福*

当代中国的“世界意识觉醒”

中华人民共和国的成立仅仅只是一个开始，中华民族重新塑造和中华文明政治体的现代转型，将是一个漫长而艰巨的历程，是一个在与外部世界的复杂互动中不断自我定义和自我革新的动态历程。

中国人与近代世界秩序的初步接触，是在现代武力的巨大压迫之下进行的。在西方文明的巨大冲击下，原本支配着中国人思想的“天下秩序”逐步崩解；在外部武力的直接威胁下，“天朝上国”的自满迅速转化为“保国保种”的生存焦虑。从此，外部世界不再是“蛮夷之疆”与“化外之地”，而是强有力的他者。中华文明也不再是世界之中心，它只是众多文明之一。这种危机感激发了古老文明体内部强烈的救亡意识。

* 柯贵福，《文化纵横》杂志研究部主任，清华大学人文学院博士生，专注于政治思想史、国家理论研究。

此种意识是在过去的辉煌与当下的困境的强烈对比之下产生的，是一种极为强烈的集体激情。它有利于凝聚人心和积蓄力量，但也容易激化为对自身传统和外部世界的怨恨与悲情。这种集体激情成为近代塑造中华文明新主体——新的民族、新的国家、新的政党——的重要条件。然而，它同样也需要一个相对漫长的时间历程来消化与激情伴生的怨恨和悲情。从这个意义上来说，中华人民共和国的成立仅仅只是一个开始，中华民族重新塑造和中华文明政治体的现代转型，将是一个漫长而艰巨的历程，是一个在与外部世界的复杂互动中不断自我定义和自我革新的动态历程。

中国的民族复兴，不能简单地等同于历史上的“大国崛起”，因为只注重自身利益与荣耀的“大国崛起”，势必因为搅动传统利益格局而带来“霸权争夺”的新动荡。

2010 年以来，随着中国国力的进一步增长，不论是思想界还是普通民众，对中国自身传统、中国发展道路的自信都在迅速增长。在思想界，关于“中国道路”“中国经验”的讨论不断展开，力图突破一元化的、以西方为中心的现代化历史叙述；[1] 在大众文化产品领域中，也出现了《战狼 2》《流浪地球》这样具有较强主体性意识的现象级文化产品，激发出了普遍的民族自豪感。[2] 以上现象也遭遇到了一些激烈的批评甚至是反对。抛开一般的情绪性反应，值得重视的批评和反对意见大致可以总结为以下两种理由：其一，民族自信心的过度膨胀会带来狭隘的民族主义，导致中国与西方、中国与外部世界的对抗性风险加剧；其二，中国自身的实践并没有突破西方资本主义现代化的普遍性经验[3]，而且，随着中国的进一步发展，中国社会也将日益与西方或国际社会趋同，当代中国自身社会问题的解决，也需要学习和复制西方国家摸索出的制约资本主义问题的政治经验和社会价值。[4]

19世纪以来，世界史叙事（包括政治史、社会史、思想史）主要以欧洲、美国的历史事件和人物为内容，亦即所谓的西方中心论的世界史叙事。

对于第一种批评意见，确实可以加以吸收，根本问题就是必须处理好“民族复兴”与外部世界的关系：中国的民族复兴，不能简单地等同于历史上的“大国崛起”，因为只注重自身利益与荣耀的“大国崛起”，势必因为搅动传统利益格局而带来“霸权争夺”的新动荡。对于第二种批评意见，则需要进一步加以分析，关键在于对“普遍性”的理解。而对“普遍性”的理解，往往与世界史叙事存在深刻关联。19世纪以来，世界史叙事（包括政治史、社会史、思想史）主要以欧洲、美国的历史事件和人物为内容，亦即所谓的西方中心论的世界史叙事，此种中心论叙事的物质基础在于，欧美区域是近代生产力革命的中心区域，并对世界其他区域产生了主导性影响。普遍性叙事层面的“中心—边缘”结构与物质生产力层面的“中心—边缘”结构存在相互支撑的关系。到了今天，此种形成于19世纪的世界史意识或世界秩序观，依然深刻地影

到了今天，此种形成于19世纪的世界史意识或世界秩序观，依然深刻地影响着人们的观念结构，与当代世界的复杂演化进程并不匹配，也促使人们探索和思考新的政治和社会运转模式。

响着人们的观念结构，与当代世界的复杂演化进程并不匹配，也促使人们探索和思考新的政治和社会运转模式。20世纪中后期，随着全球化进程的加速，很多学者开始反思传统世界史叙事和世界观结构的局限，不仅仅包括来自非西方国家的思想家，也包括西方内部的思考者们，他们都逐步意识到，要增加对非西方文明、非西方国家的历史梳理，并由此创新世界史叙事，建立一种与全球化相匹配的全球史视野。[5]此种新兴的全球史研究思路，可以提供很多新颖的史料和解释视角，有助于帮助我们开阔视野。但是，我们不能放弃自主性思考，因为在全球史研究背后，存在着对世界秩序原理的探寻和追问，存在着人类行动主体对理想秩序的期待和想象。从这个意义上看，对当代世界的整体性认知，绝非仅仅是一种属于学术精英的“知识生产”与“知识创新”，也是对于所有行动主体而言必须参与的最根本性的“政治实践”。

对当代世界的整体性认知，绝非仅仅是一种属于学术精英的“知识生产”与“知识创新”，也是对于所有行动主体而言必须参与的最根本性的“政治实践”。

因此，对于当代中国而言，我们亟需一种“世界意识”的深度觉醒。一方面，这是因为“中国”需要在世界之中被重新加以理解。随着中国深度融入全球经济体系，中国与世界的边界越来越模糊，此种不确定性导致了共同体意识面临危机，碎片性的认同观念与利益、族群、地域等要素纠缠在一起，进而影响着

对于当代中国而言，我们亟需一种“世界意识”的深度觉醒。

国家的政治统一。[6] 另一方面，这是因为全球性的变局正在对所有国家产生深刻影响。20 世纪中叶以来，以信息化、金融化为代表的新型服务业正在改变着工业化时代的经济运行规则，生产形态发生着新的变革。这些新的变革，将在多大程度上改变以往的产业分布规律和经济运行规则，在多大程度和何种意义上改变国际政治经济结构和人们的日常生活，不仅取决于技术突破的方向，也取决于类似于行动主体对于技术方向与政治社会治理的博弈、取舍与协调。

这样一种“世界意识觉醒”，意味着中国的思考者和行动者们，既要跳出西方中心主义又要避免简单的反西方中心主义的逻辑，对动态、多元、东西交融的复线世界历史进程有着更为自觉的认知与参与，对中国利益与全球利益的互动结构有着更为深刻的理解与促进。

这样一种“世界意识觉醒”，意味着中国的思考者和行动者们，既要跳出西方中心主义又要避免简单的反西方中心主义的逻辑，对动态、多元、东西交融的复线世界历史进程有着更为自觉的认知与参与，对中国利益与全球利益的互动结构有着更为深刻的理解与促进。这样一种“世界意识觉醒”，包括三个层次：第一个层次，是建立对外部世界进行系统性认知的自主意识，不仅仅是知识精英“开眼看世界”的知识性积累，也包括普通民众对外部世界直观性、参与性的经验体会，以及建立在直观经验与理性分析基础上的公共知识生产体系。第二个层次，建立对世界进行总体性认知的自主意识，包括对作为推动世界变局的主要力量——物质生产形态变迁的认知和理解，集中体现为政治经济学层面的积累和突破。第三个层次，是建立对世界秩序的批判性认知与建构性想象的自主性意识，此种意义上的世界秩序构想，是建立在前两个层次认知基础上的，不是“一厢情愿”式的“空想”，而是现实的“理想主义”——对旧有世界秩序的些许改善都是值得追求的。

这样一种“世界意识觉醒”，其现实的契机是中国正在深度参与和影响全球化进程。2013 年以来，中国领导人提出“一带一路”倡议、建议“亚投行”等国际战略新思路，标志着中国与外部世界的关系到了一个新的阶段：从被动地融入世界秩序到开始主动地布局，将自身发展与世界发展结合到一起；从对西方现代化、全球化理论和经验的迷信，到自觉分析现代化、全球化的多元性、复杂性面向；将“民族复兴”这一目标，更为自觉地放置在“人类命运共同体”的理念中加以定义。此种思路转变，启发着所有中国人对中国与世界的相互影响进行新的评价与定位，并在更深刻理解全球化变局的基础上，共同探索塑造更理想的世界秩序的可能性。

将“民族复兴”这一目标，更为自觉地放置在“人类命运共同体”的理念中加以定义。此种思路转变，启发着所有中国人对中国与世界的相互影响进行新的评价与定位，并在更深刻理解全球化变局的基础上，共同探索塑造更理想的世界秩序的可能性。

全球化：从欧洲中心、美国主导到新世纪变迁

改革开放以来，尤其是1992年中国市场化改革加速以来，中国的主流人群对世界的认识和理解，经历了一个巨大的转变，即从全球社会主义革命和世界解放的理想图景，转变为社会主义与资本主义长期共存，甚至是融入西方主导的“主流国际秩序”体系。“全球化”成为此种观念和思潮的集中体现。“全球化”过程及其观念在中国的展开，与中国加入WTO（世界贸易组织）的历程相互重叠。

现代资本主义体系诞生于欧洲，欧洲各政治实体开启的殖民化进程、工业化进程与民族国家化进程相互缠绕、相互支撑，最终依靠强大的物质生产能力和社会组织能力建立起对非西方世界的巨大优势。此种欧洲中心国际秩序的特点在于，具有普遍主义诉求的国际法体系与欧洲中心的世界资本主义支配结构存在着复杂的互动。

“全球化”这一概念，与自由贸易、全球市场、全球生产链这些经济领域的实质性内涵密切相关。也因为如此，全球化与现代资本主义体系之间存在着复杂的继承关系。现代资本主义体系诞生于欧洲，欧洲各政治实体开启的殖民化进程、工业化进程与民族国家化进程相互缠绕、相互支撑，最终依靠强大的物质生产能力和社会组织能力建立起对非西方世界的巨大优势。此种欧洲中心国际秩序的特点在于，具有普遍主义诉求的国际法体系与欧洲中心的世界资本主义支配结构存在着复杂的互动。它建立在欧洲国家内部实力

的相对均衡与欧洲国家相对于外部国家巨大的实力差距的基础之上。如果欧洲国家内部出现不均衡发展态势，或是欧洲外部国家出现爆发性增长，这一国际体系的稳定性就会遭遇重大挑战，第一次世界大战的爆发正是其不稳定性的集中体现。

如何超越此种欧洲中心的国际秩序，列宁和威尔逊分别从社会主义、资本主义角度提出了改善旧秩序的新构想。其中的共同之处，是引入“民族自决”原则改善欧洲殖民体系带来的巨大不平等。[7]尽管二者对“民族自决”的实质内涵和行动边界存在重大差异，但两种构想及其政治实践对于改善非欧洲国家、广大殖民地地区的国际地位和生存环境无疑具有重大意义，也对广大殖民地、半殖民地地区的民族解放运动起到了重要的激励作用。[8]第二次世界大战之后，欧洲中心的资本主义国际秩序，被两极世界格局取代，而以民族自决原则和主权国家形式平等为基础的联合国体系，成为两极格局的接榫点。表面上看，两极格局似乎意味着世界的分裂，但与欧洲中心的国际秩序相比，两极格局下的世界政治经济融合的深度却依然在加强：一方面，资本主义体系的融合程度加强，原本受到殖民帝国体系分割的资本主义国际市场，在去殖民化的背景下反而更加开放，从两次世界大战中受到教训的

第二次世界大战之后，欧洲中心的资本主义国际秩序，被两极世界格局取代，而以民族自决原则和主权国家形式平等为基础的联合国体系，成为两极格局的接榫点。

西方国家，逐步建立起一系列范围更广、层次更高的机制加强相互之间的内部协调；另一方面，在世界社会主义革命运动的影响下，广大殖民地、半殖民地地区的国家独立化运动持续推进，并开启工业化、现代化进程。在两极格局下，资本主义国际一体化和社会主义国际一体化都取得了一定的进展。但是，社会主义国家无论在资本积累、技术积累、资源条件和治理经验方面，都与资本主义国家之间存在着巨大差距，社会主义国际体系在内外的巨大压力之下走向解体，原本的社会主义国家乃至广大发展中国家被纳入全球市场经济体制，美国主导的资本主义经济体系开始真正覆盖全球范围，建立起一种全球化秩序。[9]

1970年代中后期，中美关系重新定位之时，也是世界市场进一步扩张之时。改革开放更是中国主动追求加入世界市场和融入世界秩序的象征。西方世界对中国的接纳，来自于它们对于可以引导中国进行转变的自信：经济上融入世界市场进行的自由化改革，需要政治上为削减交易成本而进行的政治民主化作为后续。[10]

与欧洲中心的资本主义支配结构相比，美国主导的全球化秩序并没有将其主要精力投入到发动殖民战争上，也没有通过直接的领土占领和直接统治来建立领导地位，而是采取相对间接的手段，更多地通过生产力优势、技术优势、金融优势以及军事威慑力和国际规则主导权来扩张其全球影响力。

与欧洲中心的资本主义支配结构相比，美国主导的全球化秩序并没有将其主要精力投入到发动殖民战争上，也没有通过直接的领土占领和直接统治来建立领导地位，而是采取相对间接的手段，更多地通过生产力优势、技术优势、金融优势以及军事威慑力和国际规则主导权来扩张其全球影响力：在物质层面，全球化不仅仅意味着贸易的全球化，也意味着生产过程的全球分布，意味着投资和金融的全球化，以互联网为代表的信息技术突破构成其基本条件；在理念层面，全球化意味着通过普遍抽象规则和双边、多边协议而形成的资本、技术、资源等的自由流通和自由交换，国际标准、国际协定和国际组织是其得以实现的支撑力量。从表面上看，这些生产结构、投资结构、国际标准和国际组织具有开放性，对不同国家、组织和个体普遍开放；实际上，生产结构和投资结构中的主导权，以及全球化规则的制定权，依然掌握在以美国为代表的西方政府、跨国企业和跨国资本手中，可以作为强权制造封闭性的手段。因此，这一阶段的全球化秩序，尽管与欧洲中心时代相比更为进步，尽管与两极时代相比更具开放性，但其内在结构的民主性与平等性依然存在巨大问题。[11]

进入新世纪以来，随着全球化进程的日益深入，逐步出现两个趋势，开始出现全球化进程与全球化秩序的不平衡与不匹配问题。

第一，从国际分工和国家间发展层面，出现了以中国为代表的“新兴市场国家”的经济崛起。具有一定工业基础、教育基础和社会组织基础的非西方国家，如中国、印度、土耳其、越南、印尼等国依靠自身的劳动力优势、社会组织优势承接来自西方国家的生产链条外移浪潮，逐步成长为全球生产链条中的制造业聚集地，另一些国家如俄罗斯、巴西、中东国家、非洲国家，则因为制造业聚集国家需求上升以及不具备资源定价权的特征，而一度享受到资源产品价格上涨的红利。尤其是在2008年金融危机爆发之后，由于中国等新兴市场国家经济的快速增长，“南方国家”与“北方国家”在世界GDP中的占比差距不断缩小，甚至出现了大致平衡的趋势。这一趋势对以“南北国家实力差距”为基础的全球经济治理体系（如国际货币基金组织、世界贸易组织等）造成了严重冲击。[12]

2008年金融危机爆发之后，由于中国等新兴市场国家经济的快速增长，“南方国家”与“北方国家”在世界GDP中的占比差距不断缩小，甚至出现了大致平衡的趋势。

第二，以跨国公司（如苹果公司）、跨国金融投资集团（如黑石、黑岩公司）、非政府组织等新的权力主体不断成长壮大，冲击着国家这一传统权力主体。以跨国资本和跨国企业为例，在全球经济竞争的背景下，它们可以通过对投资流向的控制、对尖端技术和知识产权的占有、对供应链体系的终端控制，分享和占据很多原本由国家所享有的权力，甚至不断侵蚀国家的权力基础。[13] 这些新权力主体，在很大程度上还缺乏相

全球性的贫富差距扩大和国家的资本化愈发严重，动摇和影响了国家的文化和政治认同，也使得既有政治形式的整合能力受到严重削弱，各国普遍出现政治共同体危机。

应的“政治性”与“公共性”——由于资本的私人属性、盈利属性和全球流动属性，这些新权力主体无法与其驻在地的多数公民建立一种“责任—保护”关系，而是在为“客户”、“投资者”和“代理人”带来巨大利益的同时，瓦解各国内部原本存在的社会结构与权力结构的脆弱平衡，资本的全球流动性使其获得了更大的议价能力，复杂的国际分工体系使得劳动者的联合远比大工业时代更为困难，因此，全球性的贫富差距扩大和国家的资本化愈发严重，动摇和影响了国家的文化和政治认同，也使得既有政治形式的整合能力受到严重削弱，各国普遍出现政治共同体危机。

以上双重趋势对于过去一段时间以来全球化进程的主要推动力量——美国，造成了巨大的现实与观念冲击。一方面，由于中国等新兴市场国家的高速发展和南北国家经济差距的缩小，美国社会对于其全球领导力的自信心受到严重影响。并且，面对中国等新兴市场国家要求改革不平等国际经济治理体系和治理结构的呼声，美国精英层更多地感受到的是对于美国主导地位的威胁和对于这些国家“没有承担国际责任”和“搭便车”的愤恨。[14] 另一方面，由于新权力主体的快速膨胀和对社会结构的深刻冲击，美国国内部分经济和政治精英为了迎合在全球化过程中受损的蓝领在美国国内推行实质性改革的目标很难实现，更为现实的行动则是基于内部多种力量的博弈与平衡之后，把造成全球化红利分配不平衡的原因归结于外部，归结于诸如中国这样目标相对明显的“替罪羊”。

阶层、传统白领阶层，力图以贸易保护主义政策、再工业化政策对全球化红利进行再分配，重塑美国社会。但是，若要真正解决美国国内的政治和社会分裂，势必需要对跨国企业、跨国资本这些权力主体进行有效治理，改变其权力与责任不匹配的基本状况，这不仅会触及作为美国式自由的核心理念，如“企业自由”等等，还会受到美国政府与跨国企业、跨国资本存在深刻的相互需求的客观制约，例如美国企业在其他国家的知识产权利益的实现，需要以美国的政治与法律威慑力（如“长臂管辖权”）为条件，使得政府针对跨国企业、跨国资本的监管和限制很难持续，还会出现更深度的联合。[15] 因此，在美国国内推行实质性改革的目标很难实现，更为现实的行动则是基于内部多种力量的博弈与平衡之后，把造成全球化红利分配不平衡的原因归结于外部，归结于诸如中国这样目标相对明显的“替罪羊”。

随着“全球化”乐观情绪的消退，“霸权主义”的逻辑也再度展现在中国人面前。然而，我们既要意识到霸权主义的存在，又不能以“成为新霸权”的姿态来反对“霸权”，在“大国争霸”的历史轮回中泥足深陷。

进入 2019 年，美国针对以中国为代表的贸易伙伴出台了一系列限制和打击政策，随之而来的连锁反应被人们视为国际局势进入了某种贸易战的对抗状态。美国官方人士中甚至出现了以“文明冲突”来看待当前中美关系的言论。[16] 随着“全球化”乐观情绪的消退，“霸权主义”的逻辑也再度展现在中国人面前。然而，我们既要意识到霸权主义的存在，又不能以“成为新霸权”的姿态来反对“霸权”，在“大国争霸”的历史轮回中泥足深陷。从欧洲中心时代到美国主导的全球化时代，国际秩序中时常出现霸权转移的逻辑，正如基辛格在《大外交》的开篇所说：“每一个世纪都会出现有实力、有智力、有知识和道德动力，企图根据本身价值观塑造整个国际体系的国家。”[17] 但是霸权格局也存在深刻的问题：尽管“领导国家”提供的规则秩序具有一定的开放性，具有一定的普遍主义倾向，但它也不可避免地受到该国内政治结构的影响，受到该国国家利益的制约，从某种意义上来说，这样的国际秩序是“领导国家”内政秩序某种程度的外化。尽管在一定时期内，这一“领导国家”的国家利益与其他国家、国际秩序的整体利益具有相互匹配、相互促进的作用，但更容易出现“领导国家”将一国私利凌驾于他国利益之上的问题。更为严重的是，当这些“领导国家”的内部治理也出现重大危机，如出现社会撕裂、阶层分化、治理失效、不平等加剧等问题时，其所主导的国际秩序也会因此受到严重扭曲。比如当前美国挑起的贸易争端问题，美国针对中国采取的限制性政策，与其说是为了解决问题，不如说是为了转移矛盾。在“贸易战”或“文明冲突论”的舆论尘嚣

当前美国挑起的贸易争端问题，美国针对中国采取的限制性政策问题，与其说是为了解决问题，不如说是为了转移矛盾。

真正解决这些问题，需要的是更为有效的全球治理架构，而传统的霸权秩序非但不能解决问题，反而会使问题加剧。

超越西方经验，不能只是简单地回归到中国经验，从“西方中心主义”滑向“中国中心主义”，在旧有的逻辑中循环。

中，全球化进程带来的真正挑战被掩盖了，如全球经济融合与全球政治协调的不平衡与不匹配、全球化红利与全球化成本的不均衡分配问题。真正解决这些问题，需要的是更为有效的全球治理架构，而传统的霸权秩序非但不能解决问题，反而会使问题加剧。

从这个意义上来说，对霸权秩序的真正超越，不仅仅需要在物质生产领域具备制约霸权的实力基础，还意味着我们必须想象与探索一种不同于西方殖民主义和帝国主义扩张经验的国际交往原则的可能性。超越西方经验，不能只是简单地回归到中国经验，从“西方中心主义”滑向“中国中心主义”，在旧有的逻辑中循环。“一带一路”倡议正提供了这样一个既超越西方经验，也超越单纯的中国经验的现实契机。

“人类命运共同体”的理念和构想，则代表着突破传统相对静态、固化的文明中心论叙事和世界秩序想象，发展出一种全球史叙事与全球新秩序的可能性。

尽管当前各种以反全球化姿态出现的保护主义、极端主义声浪此起彼伏，但是，作为全球化负面效果的全球性社会、政治与生态危机，势必无法依靠闭关锁国或是以邻为壑的方式加以解决，而是需要一种更具平衡性、更具包容性以及更高层次的全球化与全球协作加以克服。“人类命运共同体”的理念和构想，则代表着突破传统相对静态、固化的文明中心论叙事和世界秩序想象，发展出一种全球史叙事与全球新秩序的可能性。它也进一步提示我们，从亚欧非这一世界岛的整体视野出发，重新认识世界历史的复杂性、多元性与交汇性。

“人类命运共同体”与全球新秩序的想象

2013年以来，中国提出的“一带一路”倡议日益获得全球性关注。“一带一路”倡议，既反映着中国国内的资本实体、商业主体和民间力量“走出去”的客观需求，也是保证国家安全、统一的现实要求，更是中国扩大对外开放、促进共同发展繁荣、改善全球治理体系、推动构建人类命运共同体的理想追求。因此，“一带一路”倡议不能仅仅延续自由贸易那种简单重复资本、商品输出的旧有思路和传统逻辑。若是如此，中国不但会面临来自沿线国家内部复杂局势的风险和压力，还必然会面对来自西方国家的反对和阻挠。[18]“一带一路”倡议，必须成为一种调动中国与周边国家、各国企业、广大民众多方力量参与的共同事业；“一带一路”倡议，必须超越单纯的经济效益逻辑，包含政治、文化、社会交流与协调的多元性诉求和多重性面向，作为改善全球治理结构的多层次实践；“一带一路”倡议，必须以“人类命运共同体”理念来指引，

“一带一路”倡议不能仅仅延续自由贸易那种简单重复资本、商品输出的旧有思路和传统逻辑。若是如此，中国不但会面临来自沿线国家内部复杂局势的风险和压力，还必然会面对来自西方国家的反对和阻挠。

而不是重复美国式全球化秩序的旧有逻辑，需要通过推动经济合作实现真正的互利共赢，实现国内不同地域社会的平衡发展与国际地缘经济的版图优化，通过实行“共同富裕”、跨国产业配置、区域一体化，努力实现对全球秩序的改善与“再平衡”。

在“一带一路”倡议中，“一带”涵盖的“丝绸之路经济带”和“一路”指涉的“21世纪海上丝绸之路”，都与“丝绸之路”存在着密切的联系，这绝非仅仅只是一种历史想象的简单重复，而是体现了一种以“丝路”、以亚欧非世界岛为出发点的整体性世界视野。作为世界岛的亚欧非大陆，在长达数千年的历史长河中，曾经是人类迁徙与聚散、冲突与交流、战争与协作的壮阔舞台。尽管掠夺与征服也曾无数次地在此上演，但是，一条将亚欧非连接在一起，互通有无、互利互惠的“丝绸之路”也陆续存在了两千余年；尽管在过去的数百年间，“丝绸之路”代表的古典秩序曾经被西方主导的重商主义和殖民主义世界秩序覆盖和替代，但随着工业生产能力普遍提升、南北差距的缩小、各国各地区的相互需求日益增长，这种以互通有无、互联互通为基本内涵的国际秩序观，或许将会以“一带一路”倡议的实践形式，在更广阔的范围内得到实施和探索，也有可能在“人类命运共同体”理念的指引下，在更高层次上得以弘扬和发展。

“救亡图存”时代，我们需要一个具备抵抗性、具备明确疆域边界、具备明确国民识别标准以支持“民族国家建构”的民族主义历史叙述，相比较而言，今天的我们对中国历史和传统的理解，更应该突出中国传统的开放性、包容性等特征。我们需要更为明确地意识到，大一统中国的普遍性、多元性、复杂性也被今日的中华人民共和国所继承，这些构成了当下中国突破西方的典型现代性模式的重要资源。对于已经具备相当国力基础的中国而言，对边疆区域、对非中原区域、非汉族文化的理解和把握，有助于摆脱游牧与农耕、汉族与异族、中国与西方决然对立的历史观念和文化情绪，帮助我们建立包含中国性、亚洲性和西方性在内的新传统。而之所以具有这种可能性，与中国本身具有的两个复杂特质密切相关。

“救亡图存”时代，我们需要一个具备抵抗性、具备明确疆域边界、具备明确国民识别标准以支持“民族国家建构”的民族主义历史叙述，相比较而言，今天的我们对中国历史和传统的理解，更应该突出中国传统的开放性、包容性等特征。

第一，中国的国家概念中包含着复杂的平等观。中国在漫长历史中形成的“家—国—天下”多元一体的复杂国家概念与欧洲民族国家概念相比，更具丰富性，包含着不同于同质性平等观的更为复杂的平等观念。如前文所述，以公民、社会和文化的同质性为基础的民族国家（nation-state）在以多元性、异质性、复杂性为特征的全球化时代已经疲态尽显。而中国的国家形态，尽管在近代以来一度经历过“伪装成民族国家”的过程，但其内在特质与民族国家形态并不一致，它更具复杂性和多元性。[19] 它自身当然存在一些问题，但同时也有着更多的可能性。

我们过去对于“大一统”历史的叙述，更多强调的是“书同文、车同轨”的一面，今天，对“大一统”的理解和解释，更应该强调的是游牧与农耕、中原与边疆在丰富中华文明上的正面价值，强调“大一统”背后的多元性与平衡性。正如同汉族本身就是一个不断融合而成的民族一样，我们今天更应该发掘中国国家内部既具有多元性，又具有包容性的大一统结构。这个包容性的“大一统”，意味着是对“平等”这一基本原则的重新定义：它不是西方意义上的同质性、排他性的平等，而是如费孝通所言的“各美其美，美美与共”意义上的平等，保持差异，又能保持统一。[20] 这种平等不能是自由主义意义上的形式上、法律上的平等，也不仅仅是简单的分配平等，而是发展机会与发展权利的平等。这就要求，我们需要重新去理解国内政治中平等的问题，探索以共同发展为原则的国际交往新模式；我们需要认识到各地区经济发展阶段与社会文化的差异性，以此形成对于发展权平等的保障。延伸到世界秩序上，就是要反思和跳出现有的

我们过去对于“大一统”历史的叙述，更多强调的是“书同文、车同轨”的一面，今天，对“大一统”的理解和解释，更应该强调的是游牧与农耕、中原与边疆在丰富中华文明上的正面价值，强调“大一统”背后的多元性与平衡性。

建立在原子化的个体观之上的同质性的社会和政治制度的同质性平等观。从这个角度来看，“人类命运共同体”的理念，意味着要去探索一种具有包容性的、平等的发展道路的可能性，需要思考在全球化的背景下如何理解平等、如何重新解释平等和如何实现平等的问题。这或许将成为中国在全球化时代所肩负的世界历史使命。

第二，中国的国家形态具有介入生产的能力。传统中国就已经形成一套以复杂庞大的官僚体系来组织经济活动运行的机制，这是一种人为主导而非市场主导的分工体系。[21] 尽管这种分工可能存在很多不合理之处，但此种分工和组织能力的存在本身，就代表着国家可以不完全依赖商业逻辑创造社会的信用运行机制。今天，在欧美式的信用国家机制由于金融危机和福利制度难以为继而普遍面临信用危机的背景下，中国依然可以依靠执政党和政府的组织能力来维系创造社会机制，依然可以通过国有企业和国有资本等形态介入生产环节，维系经济发展。在今天，作为“一带一路”倡议的倡导者，中国在“一带一路”沿线地区可以发挥引导作用的物质基础在于掌握着生产领域的结构性优势——强大的工业生产能力和大规模的资本持有量。中国处在世界经济结构的节点上，不仅连接着作为资

中国处在世界经济结构的节点上，不仅连接着作为资源提供者的发展中国家，也连接着作为主要消费者的发达国家。

源提供者的发展中国家，也连接着作为主要消费者的发达国家。与此同时，在中国与东亚、东南亚国家之间逐步形成一个以中国为核心的生产链条网络，亚洲地区开始成为世界性的生产基地。如果中国能从与周边国家的交往中找到既促进他国发展也有利于我们发展的分工结构，就可以逐步探索落实“共同发展”的承诺。“共同发展”所追求的，就是根据区域内不同国家、地域、民族的不同发展阶段、不同任务和不同挑战，以差异性的工业化布局、产业布局来推进区域经济的一体化。

“丝绸之路”作为多元文明交汇、冲突与共存的历史舞台，见证过各种形式的文明中心论的起落消长，有助于我们摆脱单一的文明中心论视野的限制，超越非此即彼的文明冲突论历史观，更为宏观地看待人类文明冲突与融合的历史趋势。

对中国所具有的上述两大特质的认识，还需要放在以“丝绸之路”为代表的古典国际秩序背景下加以分析。以“丝绸之路”为代表的古典国际秩序，与现代世界秩序相比，显得更为自发和缺乏建构性，表面上似乎缺乏系统性和明确性，也不能排除战争、暴力和纷争的影响。[22] 但是，与现代世界秩序相比，它依然具备突出的优势和特征，其根本在于，“丝绸之路”作为多元文明交汇、冲突与共存的历史舞台，见证过各种形式的文明中心论的起落消长，有助于我们摆脱单一的文明中心论视野的限制，超越非此即彼的文明冲突论历史观，更为宏观地看待人类文明冲突与融合的历史趋势。如前所述，现代世界秩序，经历了从欧洲中心到美国主导的转变历程，尽管此种中心论或主导论有着物质生产的中心地位作为支撑，但依旧不可避免地出现将世界的部分经验、部分历史抽象为整体性、普遍性规律的内在冲动。欧洲古典时代希腊文明与波斯文明的冲突，欧洲基督教文明与亚洲伊斯兰文明的冲突，都对欧洲人的历史记忆造成了巨大影响，并且固化为“西方与东方”对立的世界历史和世界秩序想象。[23] 在西方文明因为工业革命、政治革命和社会革命而建立起对非西方世界重大优势的历史阶段，西方国家、西方精英和民众拥有强大的自信，认为西方代表了历史普遍性的方向，认为非西方必然会和西方世界趋同，西方化与现代化被视为同一趋势。[24] 在非西方国家也取得重大发展的当下，此种自负有所消退，但西方部分精英和民众又退回到西方与非西方“文明对立”与“文明冲突”的历史想象中，这种在自负与焦虑之间来回摆荡的社会与历史情绪，实际上恰恰是封闭心态的集中体现。[25]

因此，我们在今天回顾“丝绸之路”的古典秩序，并不是要从中找到可以直接运用的国际交往原则，并不是要将“丝绸之路”过度理想化，而是要调整我们看待世界历史的视野局限和心态局限，而是要在全球化时代重塑我们的历史唯物主义和辩证法思维。这不

我们在今天回顾“丝绸之路”的古典秩序，并不是要从中找到可以直接运用的国际交往原则，并不是要将“丝绸之路”过度理想化，而是要调整我们看待世界历史的视野局限和心态局限，而是要在全球化时代重塑我们的历史唯物主义和辩证法思维。这不仅丰富我们对世界历史的理解，也重新定义我们对中国传统内涵的理解。

仅丰富我们对世界历史的理解，也重新定义我们对中国传统内涵的理解。

“人类命运共同体”理念不仅意味着对多元共存的古典国际秩序在更高层次上的实现，也意味着对旧有的西方现代化理念、全球化理念内在封闭性的超越，意味着对开放性的更深层次的理解。

今天，在全球化的趋势下，人类社会需要探索空间更广、层次更高的政治协调与整合形态，来应对由于跨国企业、跨国机构成长所造成的政治保护机制的失衡问题，来应对由于全球化红利分配不平衡带来的全球性的阶层分裂问题，来应对全球化带来的超大规模信息、人员流动问题，来应对新技术、新产业、新生产方式对社会和政治结构的冲击问题。从这个角度出发，“人类命运共同体”理念不仅意味着对多元共存的古典国际秩序在更高层次上的实现，也意味着对旧有的西方现代化理念、全球化理念内在封闭性的超越，意味着对开放性的更深层次的理解。最为关键的是，这种探索，不能停留在纯粹的学理层面，而是需要依托共建“一带一路”这样的实践过程。从这个意义上来说，中国与全球化深度相融的历史进程，同时也是一个中国历史叙述重新书写和国家观念重塑的历程，它指向未来，又以未来定义当下和历史。

注释

1. 具体讨论参见潘维主编：《中国模式——解读人民共和国的60年》，中央编译出版社2009年版；郑永年：《中国模式：经验与困局》，浙江人民出版社2010年版；甘阳：《中国道路还是中国模式?》，载《文化纵横》2011年10月号。

2. 相关电影在互联网和新媒体平台上得到热烈讨论，也在学术界激起了一些较为严肃地讨论，参见强世功：《陆地、海洋与文明秩序》，载《读书》2019年第5期。

3. 参见《大卫·哈维答中国记者问：中国特殊吗?》，载澎湃新闻网，https：//www.thepaper.cn/newsDetail_ forward_ 1480571。

4. 参见吴敬琏：《市场化改革的中国经济面临两种前途》，载《时代经贸》2010年第3期。

5. 参见［美］哈里·李伯森、乐吕良：《什么是全球史?——新讨论与新趋势》，载《社会科学战线》2019年第3期。

6. 参见汪晖：《亚洲视野：中国历史的叙述》，牛津大学出版社2010年版；葛兆光：《何为“中国”：疆域、民族、文化与历史》，牛津大学出版社2014年版。

7. 一战后期，时任美国总统的伍德罗·威尔逊提出了再造世界和平的三项原则：“(1) 每个民族有权选择生活其中的国家，(2) 世界上的小国和大国同样有权享有大国所期望并坚持的对其主权和领土完整的尊重，(3) 世界有权免遭源于侵略和对国家与民族权利的蔑视而导致的任何对和平的破坏。”列宁在

1913年到1914年相继发表了《民族问题提纲》、《关于民族问题的决议草稿》、《关于民族问题的批评意见》和《论民族自决权》等重要文章。这些文章内含的原则和精神，在十月革命后不久由全俄工农兵苏维埃第二次代表大会通过并同时颁布的《和平法令》中得以集中体现：争取不割地、不赔款的和平；反对殖民占领；尊重民族自决的权利，尊重民族的愿望；反对帝国主义者战争；反对秘密外交；向英、法、德三国工人阶级发出和平呼吁。参见 Robert W. Tucker, Woodrow Wilson's “New Diplomacy”, *World Politic Journal*, 2004, pp. 97-98。《列宁全集》第33卷，人民出版社1985年版，第10-11页。

8. Mishra, Pankaj, *From the Ruins of Empire*: *The Intellectuals Who Remade Asia*, New York: Farrar, 2012, pp. 221-222.

9. ［美］丹尼·罗德里克：《全球化的悖论》，廖丽华译，中国人民大学出版社2011年版。

10. 参见黄鹏：《跨世纪的美国外交战略与中美关系》，载《未来与发展》1998年第6期；安德鲁·布朗：《美对华“建设性接触”共识瓦解》，载《华尔街日报》2015年6月16日。转引自观察者网，https://www.guancha.cn/AndrewBrowne/2015_06_16_323486.shtml。

11. 参见高柏、草苍：《为什么全球化会发生逆转——逆全球化现象的因果机制分析》，载《文化纵横》2016年12月号。

12. 根据国际货币基金组织（IMF）的估算，按购买力平价法计算，2013年发展中国家GDP占全球的50.4%（汇率法为

39. 4%)，历史上首次超过发达国家，预计 2018 年将提高到 53. 9%。信息来源：国家统计局：《地区格局悄然变化，增长动力略有增强——2013 年世界经济回顾及 2014 年展望》，载国家统计局官方网站，http：//www. stats. gov. cn/tjsj/zxfb/201402/t20140227_ 516899. html。

13. 参见汉斯-尤根·雅各布斯：《谁改变了世界——全球资本主义的权力结构》(一)(二)，载《经济导刊》2019 年第 4、5 期。

14. Robert Atkinson, "Who Lost China?", *National Review*, July 26, 2018, https：//www. nationalreview. com/magazine/2018/08/13/us-china-relations-who-lost-them/? from=groupmessage.

15. 参见孟鑫：《长臂管辖权在美国的晚近发展》，载《法制与经济》2016 年第 10 期。

16. 2019 年 4 月 29 日，美国国务院政策规划司司长基伦·斯金纳就中美关系发表谈话，将中美关系界定为"文明较量"，并称美正在制定基于"文明冲突"的对华关系框架。转引自新华时评：《危险的中美"文明冲突说"》，http：//www. xinhuanet. com/world/2019-05/12/c_ 112448 2932. htm。

17. ［美］亨利·基辛格：《大外交》，顾淑馨、林添贵译，海南人民出版社 1997 年版，第 4 页。

18. 自 2013 年以来，围绕着中国"一带一路"倡议和对外投资行动的疑虑和指责时有发生，不仅出现在西方国家，也在"一带一路"沿线国家内部有所体现，对此问题，必须加以重视。在中国资本走出去的过程中，必须加以引导，虽然中国与投资所在国具有共同利益和共同目标，存在“命运共同性”，但也必然会存在一些利益和观点分歧，尤其是在该国内部政治社会局势较为复杂的局面下，中国需要进一步探索管控分歧和利益分配的实践手段。相关代表性言论参见 BBC News，Rex Tillerson slams China's relationship with Africa，https：//www.bbc. com/news/world-us-canada-43307461。

19. 美国汉学家白鲁恂（Pye Lucian）的论断一度比较有影响力。参见 Pye Lucian，“China：Erratic State，Frustrated Society”，*Foreign Affairs*，Vol. 69，Issue 4，1990：56-74.

20. 费孝通：《开创学术新风气》，载《费孝通论文化与文化自觉》，群言出版社 2005 年版，第 217 页。

21. 参见郑永年：《国家与发展：探索中国政治经济学模式》，载《文化纵横》2019 年 2 月号。

22. 正像罗新所指出的：“浪漫化的丝绸之路固然吸引人，也多少表达了历史的某一个面向，不过历史更多是灰色的，甚至是黑暗的。但是人类的本性里有理想、有希望，渴望和别人交流，这就是美好的。”罗新：《“丝绸之路”的永恒主题是阻隔与沟通》，载澎湃新闻网，https：//www. thepaper. cn/newsDetail_ forward_ 1437333。

23. 参见［美］安东尼·帕戈登：《两个世界的战争：2500 年来东方与西方的竞逐》，方宇译，民主与建设出版社 2018 年版。

24. 参见［德］黑格尔：《历史哲学》，王造时译，世纪出版集团、上海书店出版社 2006 年版。

25. 参见［美］萨缪尔·亨廷顿：《文明的冲突与世界秩序的重建》，周琪译，新华出版社 2010 年版。

图书在版编目(C I P)数据

超越陷阱:从中美贸易摩擦说起/强世功等著

北京:当代世界出版社,2020.1

ISBN 978-7-5090-1555-1

Ⅰ.①超… Ⅱ.①强… Ⅲ.①中美关系-双边贸易-文集 Ⅳ.①F752.771.2-53

中国版本图书馆 CIP 数据核字(2019)第 292126 号

书　　名:超越陷阱:从中美贸易摩擦说起
出版发行:当代世界出版社
地　　址:北京市东城区地安门东大街 70-9 号
网　　址:http://www.worldpress.org.cn
编务电话:(010)83907528
发行电话:(010)83908410
经　　销:新华书店
印　　刷:北京中科印刷有限公司
开　　本:880 毫米×1230 毫米　1/32
印　　张:11.5
字　　数:200 千字
版　　次:2020 年 1 月第 1 版
印　　次:2020 年 1 月第 1 次
书　　号:978-7-5090-1555-1
定　　价:69.00 元